传媒实操小红书：
不可不知的采编小技巧
978-7-5115-7606-4
定价：48.00 元

传媒实操小红书：
不容错过的爆款小经验
978-7-5115-7607-1
定价：47.00 元

传媒实操小红书：
不能不说的避雷小建议
978-7-5115-7608-8
定价：49.00 元

好新闻的样子：
中国新闻奖作品赏析
978-7-5115-6974-5
68.00 元

好新闻的味道：
中国新闻奖消息作品赏析
978-7-5115-7312-4
69.00 元

好新闻的气质：
中国新闻奖融合作品赏析
978-7-5115-7808-2
60.00 元

人民日报
传媒书系 SERIES OF THE BEST MEDIA BOOKS

传媒人的宝藏书单
总有惊喜在等你

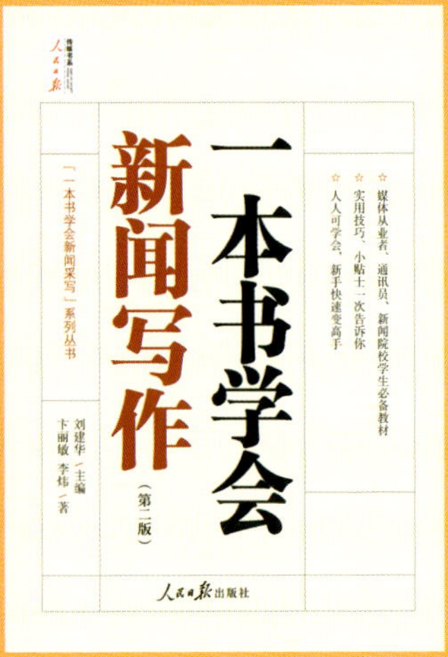

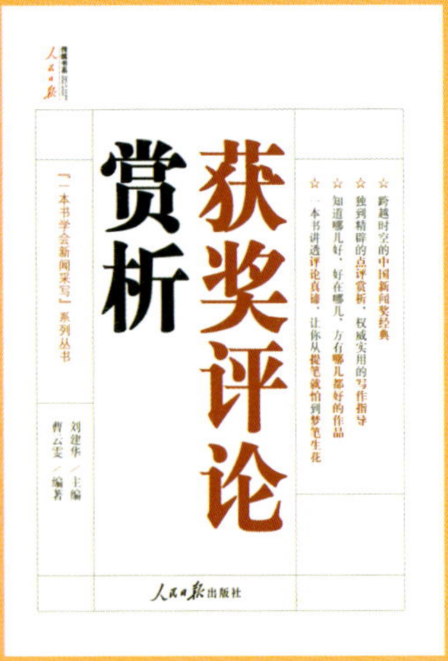

南周评论写作课：
怎样表达一个观点
978-7-5115-7025-3
69.00 元

一本书学会新闻写作
（第二版）
978-7-5115-7048-2
49.00 元

获奖评论赏析
978-7-5115-6685-0
59.00 元

从菜鸟到专业：
萌新记者成长手册
978-7-5115-6443-6
39.80 元

通讯员新闻采写一本通
（第二版）
978-7-5115-5337-9
46.00 元

新闻标题制作一点通
978-7-5115-6530-3
46.00 元

人民日报
传媒书系 SERIES OF THE BEST MEDIA BOOKS

传媒人的宝藏书单
总有惊喜在等你

人民日报记者说

好稿怎样写到位

费伟伟 著

人民日报出版社
北 京

图书在版编目（CIP）数据

人民日报记者说.好稿怎样写到位/费伟伟著.—北京：人民日报出版社，2023.6

ISBN 978-7-5115-7807-5

Ⅰ.①人… Ⅱ.①费… Ⅲ.①新闻写作 Ⅳ.①G21

中国国家版本馆CIP数据核字（2023）第085840号

书　　名：人民日报记者说：好稿怎样写到位

RENMINRIBAO JIZHESHUO：HAOGAO ZENYANG XIEDAOWEI

著　　者：费伟伟

出 版 人：刘华新

责任编辑：林　薇　梁雪云

版式设计：九章文化

出版发行：人民日报出版社

社　　址：北京金台西路2号

邮政编码：100733

发行热线：(010) 65369509　65369527　65369846　65369512

邮购热线：(010) 65369530　65363527

编辑热线：(010) 65369526

网　　址：www.peopledailypress.com

经　　销：新华书店

印　　刷：河北大厂回族自治县彩虹印刷有限公司

法律顾问：北京科宇律师事务所　010-83622312

开　　本：710mm×1000mm　1/16

字　　数：270千字

印　　张：18.25

版　　次：2023年8月第1版　　2025年1月第3次印刷

书　　号：ISBN 978-7-5115-7807-5

定　　价：56.00元

自序

真读作品　真说实话

您现在打开的，是“人民日报记者说”系列的第五本书。

在这个系列之前，我还出版过其他三种研讨新闻业务的书。

2005年3月，人民日报社编委会把我从经济部派到《市场报》任副总编辑。我不禁心底暗忖：再回人民日报怕是难了。便琢磨给自己出个作品集。

两年前刚出过一个新闻作品集《体验生命》，那是送给自己的“生日蛋糕”——2002年我四十整。再选新闻作品显然不行，刚好那几年写过一批研讨新闻业务的文章。

步入21世纪，我从事新闻已近20年，在经济部任组长一职后，渐觉管理担子日重，除了本组，凡来部里实习的，领导也多让我带。“传、帮、带”中，我对新闻采编业务生发不少思考，于是结合自己多年实战，陆续写了二三十篇针对具体采编业务实际的研讨文章，有的还受到报社领导表扬。

别让这些文章飘散了，便结了个集——《编采逸兴》（人民日报出版社，2005年5月）。这是我第一本研讨新闻业务的书。

在《市场报》工作期间，《中国海洋石油报》总编辑刘俊山请我给他们评报。老朋友盛情难却，评了一年多，直到他调任。这些评报文字后来也结了个集——《新闻采编评析》（知识产权出版社，2009年1月）。

2009年5月，《市场报》停刊，改办《中国能源报》，我任副总编辑。偶尔有能源企业请我去讲讲课，不少人建议我把在人民日报社经济部跑能源口十几年采写的报道编本书，谈谈那些稿子的成因和感悟。集子编讫，幸获公开竞聘机会重返人民日报，任福建分社社长，于是请分管副总编辑米博华作“序”。米总道：“费伟伟在新闻作品之后附写的札记，使我看到了每一篇新闻报道的创作工艺，看到了比较、鉴别、判断等属于新闻采写的高难动作。”原拟的书名是“能源新闻采写评”，米总认为这些“创作工艺”适用所有报道，建议去掉“能源”二字，便是第三本书——《新闻采写评》（知识产权出版社，2011年1月）。

这三本书有共同点，正如时任人民日报社经济部主任皮树义给《编采逸兴》写的“序”中所概括：“费伟伟同志的新闻业务研究，不是书斋里的研究，而是实践中的研究。从具体的报道中总结经验，探讨规律，理论与实际紧密结合。……几乎每一篇文章都是针对一个具体的报道，大都是作者亲身经历，有感而发；即使一些文章是点评他人，也是深有同感，有话要说。”

出版界有这样一句话：书籍的生命是从第二次印刷开始的。而这三本书都只印了一次。为什么书里的文章都有针对性，“有感而发”“有话要说”，却都“一轮游”呢？

这自然是我不得不深思的。

2013年7月，我由人民日报社福建分社调回地方部（原记者部）任副主任，此时，做新闻已整整30年。30年里，由编到采，由采到编，在采与编、大报与小报、中央与地方多岗位间轮作，再来看分社记者稿，影影绰绰常见当初的自己，看见自己当初曾走过的弯路，而这些问题往往又具普遍性，作个别交流的话成本太高，有些话面对面反而不好说，也说不清，于是，重执研讨之笔的想法益炽。

针对当时人物报道量大面广、存在问题又多的情况，我先赶编了一本“急就章”——《人民日报记者说·典型人物采访与写作》（人民日报出版社，2016年4月），把多年来地方部在人物通讯采写实战中总结出的那些宝贵经验汇总起来，以期“互相参照，相得益彰，极大增值”。同时，笔耕不辍，在继续保持“每一篇文章都是针对一个具体的报道”这个特点的同时，注意不仅

“有话要说”，还对话题是否抓人、剖析是否到位、是否娓娓道来说得让人入耳入心，多了不少斟酌功夫。积少成多，2018年起陆续推出“人民日报记者说”之“好稿”系列丛书：

《好稿是怎样“修炼”成的》，人民日报出版社，2018年7月；

《好稿怎样开头结尾》，人民日报出版社，2019年11月；

《好稿怎样讲故事》，人民日报出版社，2021年7月；

及至此次结集《好稿怎样写到位》。

十分令人欣慰的是，这一系列丛书得到了读者——市场的认可：四本书出版后都获多次印刷。其中，《好稿是怎样“修炼”成的》出版四年多来，已印刷19次逾10万册（截至2023年5月）。

还是作新闻业务研讨，却由“一轮游”，变为“一再印”，是不是有啥经验可说道说道呢？感觉有这么几点或可分享。

首先，抓准话题后，要有放胆敢言的勇气。

我在有篇文章里曾说到新闻界存在这样一种生态：“几个记者在一起议论某个热点话题，跑口的记者往往说得头头是道，有事实，有见解。一个重要原因：他有‘专业’优势，采访过，情况熟悉，知道哪儿是人家的软肋，明白问题的实质和要害。如果听的人说：呀，你说得太好了，写出来吧。他往往赶紧摆手：别介，别介，以后还得同他们打交道呢。立马高挂免战牌。”

新闻业务评论的生态也是如此。评论是要迎着问题上的，因此，见识固然不可或缺，然而“无胆则笔墨萎缩”（清・叶燮）。事实上，见识，也是胆识。汉语里有个词叫作“有胆有识”，那个“胆”字，是放在“识”之前的。无胆，则见识萎缩不出。

反之，有胆就有识。有胆才敢于冲破樊篱，放出一段眼光，去深化自己对某个问题的思考，从而提炼出见识——由粗糙的异见到深刻的意见，到入木三分、高出一筹。我同意这样一种看法：批评需要知识、感悟，更需要一种理想、一点天真。

我的同事、人民日报社上海分社副社长李泓冰曾有文章写道：“（费伟伟）总是俯就着一支秃笔、几页稿纸，盯个不休、想个没完、议个不停，偶一抬眼也是说稿子，不管不顾，好的坏的直抒胸臆，有时还不那么通人情世故。他在谈稿子的时候，并不在意你是谁，你的五官估计在近视的费老眼里，是全然模糊的，只有稿子栩栩如生，骨骼腠理看得一清二楚，被他用手术刀庖丁解牛一般切割，‘以神遇而不以目视，官知止而神欲行’，试图去赘生肌，让手下的‘牛’从疲疲沓沓变得虎虎生风，或从健硕走向更健康，他则满足地‘提刀而立，为之四顾’。”（《慧眼和鹰眼：好稿背后的炯炯双眸》，《新闻战线》2018年17期）

如韩羽的戏曲人物画，笔墨夸张，但风神已出。

再者，或褒或贬，无论评谁，为文要真诚。《易传》曰“修辞立其诚”，这一古训，一直是千百年来中国立言者的信条。

从子报刊兜兜转转六七年又回大报，从远离京畿的地方分社再回总部，有位老同事见我摇着一支秃笔又企图“兴风作浪”，曾坦诚相告：少写，容易被误解。

一片冰心在玉壶！迎着问题上，误解在所难免，然而，只要抱着一颗赤诚的心，就会减少误解，假以时日，有些误解也会冰释。我一直这么想。

正如“无胆则笔墨萎缩”一样，真诚是可以主导批评的。我在《好稿怎样讲故事》一书的“后记”中说了这样一段话：“优良传统的传承不可能都在风和日丽中，风雨交加怎么办？需要我们有一种敢于迎着刺骨的风、敢于顶着冰冷的雨风雨兼程的精神。要保持这支队伍业务精湛的作风，需要有人较真、叫板，当战士，而不是做绅士。”

真诚，需要评者把个人得失放到一边，把其他动机屏蔽在千里之外；真诚，即对价值的坚持，对愿景的向往，对自己精神追求的坚守。

而这真诚落到笔端，便是“实事求是”四个字，不是说好话、说坏话，而是说真话，有一说一，有二说二。即便说好话，也万万不可泛泛表扬，同样要针对存在的问题“有的放矢”，以期为解决或纾缓报道中存在的问题提供借鉴，给人启发。

毛泽东主席曾说过，“批评应该是严正的、尖锐的，但又应该是诚恳的、坦白的、与人为善的”（延安《解放日报》，1942年4月2日）。针对新闻业务开展批评，更要怀揣一份商榷的诚意，有弹性、有宽度、有温度，留下讨论的余地，助引众人去推敲。

职业生涯近40年，其间，我历经多种岗位，不断在记者与编辑间转换角色，深知个中甘苦，更觉自己落笔时应倍加真诚，公平公允，善意提醒，恳切指出，并辅之一个过来人相对开阔的眼界。

在《好稿是怎样“修炼”成的》一书的“后记”里，我提到“为弥补（研讨文章）随笔式杂感式的散漫，加进了若干早些时候的部分相关旧作，努力增加点宽度，增强点系统性、条理性，以期相辅相济”。这当然是一种比较冠冕堂皇的说法，其实还包含了一层用意，就是对此前“一轮游”出的三本书里有些文章作个“拯救”。本书也收进了几篇。首先，当然要看与主题是否契合；还有一条，就是看是否真诚地指向问题，并于当下仍具切中的时效。

而重中之重，还是要依据文本。

我大学读的是中文，干新闻非行当本色，干上了渴望边学边悟，特别注意阅读那些分析、解读优秀新闻作品的文章，发现不少颇是参伍理论而洋洋洒洒写来的文章甚或著述，往往求之愈深，而去文愈远，如隔靴搔痒。

采编业务评论应指向具体作品，做到“具体而微”。只有依据作品才能够贴得近、评得准。离开具体作品作评点，看似侃侃而谈，实则华而不实。因此，一定要认认真真研读新闻报道，从文本出发，把批评建立在有理有据、对报道本身吃透悟透上。

批评无疑应摆事实，讲道理。我虽读中文，却没受过文艺理论训练，这方面功底不行，不敢热衷于讲道理，只好多摆事实。让事实跃然纸上，或许便无须再啰唆道理了，而摆事实岂能离了文本？

鲁迅先生晚年曾说：“凡是已有定评的大作家，他的作品，全部就说明着‘应该怎样写’。只是读者很不容易看出，也就不能领悟。因为在学习者一方面，是必须知道了‘不应该那么写’，这才会明白‘应该怎样写’的。”（《不应该那么写·且介亭杂文二集》）

那么，这“不应该那么写”，又如何知道呢？也只能依据文本，拿具体的稿件特别是被修改的部分来说话。从具体报道切入，由特殊到一般，源于文本最终又超越文本，力争由“术”入“道”。

人民日报原副总编辑卢新宁给《好稿是怎样“修炼”成的》一书所作的“序”中，有句话可谓概括了这套系列丛书的共同点：“详细记录并还原了一些稿件的幕后编采过程与业务研讨内容，……不仅有助于读者了解一篇优秀新闻稿件是如何诞生的，相信对一般意义上的写作也具有指导价值。”这“详细记录并还原了一些稿件的幕后编采过程”，也即我对从“一轮游”变“一再印”的反思中，深感要让人“悦读”而有意加强的依据文本的方式。

“好的评论它无私地一次次邀请你去读原作，去赶赴现场，去真实地感受和理解。”有评论者如是说。“能拔出脓来就是好膏药”，我是相信这句老话的，知道自己未必能评说得那么精准到位，索性尽量把原作附上，让读者自己去感受和批判，而增加“发现的惊喜”。某种意义上，也算一种拙笨的邀请。

啰里啰唆努力梳理了几条，归拢来无非两句话，一要真读作品，一要真说实话。

最后，就本书再简单说几句。

和前几本书一样，本书还是试图紧贴住日常采编工作实际的一个方面，着重谈谈报道写作中的文风问题。所谓着重，盖相对而言探讨“说”的篇章稍多些。“真实”“结实”“平实”的说法，是我初略概括的，一点浅见散之各辑文章里而不再作具体梳理，无非是多求言之有物，少问言之有理。言不及物，那是自说自话；若以理为重，恐怕难免阐释过度。何况我还不具备把这些概念厘清阐释的能力，无力展开也就不做展开了。

其实，前几本书也都存在这个问题。“墙上芦苇，头重脚轻根底浅。”理论和学养上的不足，不是多出了一本书就能解决的。我深知，于新闻理论，自己实在没啥贡献可言。好在这也不是写这几本书的初衷，我所追求的，就是从报道中来，到报道中去，能对喜欢采写报道的同志产生一点切实的指导帮助，让喜欢新闻甚至是喜欢写作的人，开卷有益，豁然有悟，不走或少走几步弯路。

目录

Contents

第一辑　真实

第二辑　结实

第三辑　平实

第一辑　真实

带着意义去现场

“纵览今年的‘新春走基层’活动，有令人感动的故事，有令人欣喜的亮点，也有令人惋惜的缺憾。”（《写出不一样的稿件》）“新春走基层”活动终篇之际，地方部值班编辑叶琦在业务研讨中这样说。

令人惋惜的缺憾是什么呢？“察实情、说实话，讲故事、动真情，栏目在转文风方面积累了不少经验。‘精度’‘温度’有了，‘高度’‘深度’上能否更进一步？”总编室一版副主编吴丹委婉道出（《巧策划出新闻　精编排出精品》）。

2022年的活动有上百名记者参加，也刊出了上百篇稿件，但只在2022年2月11日以组合方式上了一次头版头条：《黑龙江北大荒宝泉岭农场——优质田管护落在实处》《湖南益阳市南县白吟浪村——高标准农田建设提速》，两篇都围绕建设“高标准农田”，前者扣着“管”，后者抓住“建”，再用一篇“今日谈”评论点睛：《耕地提质量，丰产增底气》。这样的组合式头条报道，内容厚重丰富，思想性也极大提升。

吴丹介绍了这个头条的策划经过：

> 2021年12月，中央农村工作会议在北京召开。会前，习近平总书记主持召开中央政治局常委会会议专题研究“三农”工作并发表重要讲话，强调耕地保护要求要非常明确，18亿亩耕地必须实至名归，农田就是农田，而且必须是良田。总书记对耕地一以贯之的关注和重视，凸显了这

一新闻选题的重要性。

“湖南分社孙超写的建设高标准农田一稿，脱颖而出。”但“一篇小稿作头条，有些‘势单力薄’”。于是，“版面主动约请黑龙江分社就‘高标准农田’选题采写稿件”。还“约请经社部跑口记者朱隽撰写‘今日谈’并请评论部把关，为版面点睛”。“有点有面，衬得起头版头条分量。”

连续好几年了，“新春走基层”活动都没有单篇报道上过头版头条，上过的几个头条，都是两篇以上的组合式报道。原因便如吴丹所言：“势单力薄。”即单篇报道的“精度”“温度”是有了，而“高度”“深度”不够。

几年前，我也参加过“新春走基层”活动，采写的报道《“金张渚”又回来了》（见附文），作为专栏开栏之作刊登在本报头版头条。这个单篇报道为何能上头版头条呢?

或认为写得生动，现场感强，没有冗余和涣散信息，所有细节都被结结实实地捆在一起。

其实，若说细节扎实，不如说内容厚实，富有思想性。

回顾一下此稿的采访经过，或许能给年轻记者一点启发。

2018年“新春走基层”活动前夕，我因老父亲病重，在即将值夜班前匆匆回了趟老家无锡，时间紧没作采访安排。恰值江苏省委宣传部组织驻苏中央媒体到无锡采访，本报由分社贺社长带队。无锡很重视，将由主要领导出面介绍情况。就在活动前一天，贺社长突然让我代他出个场，道省里有重要活动，他分身乏术。

奉命替补。听完会就中午了。用工作餐时，邻座是位副市长，一问，管农业。我对工业比较熟悉，在经济部时当过多年工业组组长，对农业农村这块较陌生，可又不想错过眼皮底下的机会。聊点啥呢?

“农，天下之大业也。”2017年10月召开的党的十九大，提出实施乡村振兴战略，并写入党章。会议强调，“巩固和完善农村基本经营制度，深化农村土地制度改革，完善承包地‘三权分置’制度”。2017年底召开的中央农村工作会议提出，“完善承包地‘三权分置’制度，完善农民闲置宅基地和闲置农房政策，深入推进农村集体产权制度改革”。因此，完善农民闲置宅基地和闲置农房政策，探索宅基地所有权、资格权、使用权“三权分置”改革，成为当时社会热议的一个话题。

无锡人杰地灵，领风气先，素来崇尚“务实习动”，用明末东林党人的说法便是“家事、国事、天下事，事事关心”。想来在“适度放活宅基地和农民房屋使用权”这方面，当不会甘居人后吧？

果然，我给那位副市长抛出这个问题后，他兴致倍增，报道线索就这样聊出来了。

好选题岂容错过。第二天我就请市委宣传部的同志带路直奔宜兴张渚镇，来个“新春走基层”。

这个选题切口小，线索清晰，采访量不大。来龙去脉问清后，由村干部领着，我把龙隐江南一期14户村民出让的15幢房，能看的都看了一遍，回到酒店又和大家漫聊。60多岁的本村员工卞菊仙路过时，龙隐江南酒店董事长杨伟春把她喊了进来，他对大家说：“卞阿姨是公认的最佳员工，吃年夜饭时我要给她发一个大红包。”

此前大家一直在闲聊，气氛很轻松，村党总支书记杨来强便笑着接过口：“你那个哪里能叫‘大红包’，这次农村工作会，中央给我们发的才叫‘大红包’嘛。”在场的几位镇、村干部乐了，你一句我一言地说笑了一番。听着他们的对话，我顿时眉头一展。

一同采访的市委宣传部的同志后来说，开始看你采访，一步一步地能猜到你想做啥。可转了几个村民家都差不多，你却还要转，回到酒店又是东一搭、西一搭漫无目的地聊，就觉得有点不大靠谱。等报道登出来，看了文章结尾那部分，才明白你东问问西问问的，原来脑子里先已有个东西在那里了。

我笑。脑子里先有的这个东西，就是对大局的把握、对故事背景的理解。如果不了解大局，不了解以前农民闲置宅基地和闲置农房的状况，就认识不到这个话题所具有的鲜明的时代特点。

“新春走基层”专栏稿的文体特色是现场特写，特别强调现场感。但现场感并不等于就是到了现场多描写点场景，如果场景写了不少，无非只是堆在一起的碎片，那么，这样的现场又有何意义呢？

普利策奖评委、1988年普利策新闻专题写作奖获得者雅基·巴纳金斯基说过这样的话："故事，是寓意之言。要带着意义去写故事、整理故事，讲出属于你自己的故事。只有这样，每一个传说才能超越它本身的边界，承载某种更大、更重要的讯息。"

这次采访，由于在抵达现场前已明确所要采访的故事的意义，所以采访的每一步自己心里都很清楚。故事本身采访不难，难在如何通过现场，自然而然地写出故事所蕴含的意义。有意多转多聊、营造聊天氛围，正是为了催生并捕捉住那些"带着意义"、富有张力的话语和场景。

从另一种意义说，这是更高层次的现场感，不只是观察和感受现实场景，不只是依赖于现场、局限在现场，而要突破时空，融入记者自身的感受、对时代的感受、对历史变迁的感受。人民日报是第一党报，人民日报记者的责任、使命也格外重大，有情怀，报道才不会局限于一己一地的小世界；有情怀，才会有境界、有胸怀，超越一事一策的眼光，超脱一时一地的格局。

这篇"新春走基层"报道刊于2018年2月2日。就在两天后，本报第二版以五分之三篇幅，由中央农办主任韩俊解读中央一号文件，核心话题就是：适度放活宅基地和农民房屋使用权，不是让城里人到农村买房置地，而是吸引资金、技术、人才等要素流向农村，使农民闲置住房成为发展乡村旅游、养老、文化、教育等产业的有效载体。

由此也可见，《"金张渚"又回来了》这篇报道与中央政策的响应度之高。

因此，"新春走基层"要发现、采写的现场，既要典型，又要能见出思想，才能以事见理。就像一棵大树，只是长得高大，但木质不密，根系不深，仍算不得好材料。也就是我们常说的：小切口要反映大主题，微故事能透视大格局。这就要求生动之外，记者要对故事的意义，具备透彻、深刻的把握和理解。

编后小记

此文得到人民日报总编辑于绍良的肯定。

2022年3月24日，于绍良在人民日报社地方部报送的《业务研讨快讯》（2022年第24期）上批示：

费伟伟同志《带着意义去现场》这篇业务文章值得国内分社每位记者认真研学，以不断提高“四力”，更好用小切口反映大主题。

附：

“金张渚”又回来了

开栏的话

冬止阳生，年味渐浓。新春已在路上，新时代已向我们展开。过去的一年过得怎么样？面向新时代心里又添多少憧憬希望？

即日起，本报开设“新春走基层”专栏，记者分赴大江南北、沿海边陲，进农村、进社区、进企业，与工农商学兵一道，共同感受新时代、新气象、新作为。在新时代的脉动中，捕捉美好的新春气息、发展气象，见证伟大复兴中的砥砺精神、奋进力量。

欣看眼前生意满，且迎东风绿参差。敬请关注。

寒冬腊月，雨雪交加，不是旅游佳季。然而，位于江苏省宜兴市张渚镇省庄村的龙隐江南度假酒店，却红火依旧。

白墙、青砖、黑瓦，木廊、流水、篱笆，江南民居风格；屋里、墙上、路边，罐、瓮、坛等泛着光，地方特色浓郁；最令人欢喜的，是纯朴的村民，房是他们的，让设计师一打扮，就变成了乡风扑面、吴冠中的画一般美，而他们就生活在画里，也工作在画里。龙隐江南50多个员工，47个是本村村民，原先在家弄弄菜地、带带小孩的阿婆、阿姨，现在操着吴风土音的普通话，和游客打着招呼，说地谈天。

南接浙江长兴，西南与安徽广德相望，张渚一脚踏三省，历史上商贸发达，有“金张渚”美名，但随着社会变迁商贸改道，逐渐被边缘化，前些年村村炸山采石搞加工。“那时你晴天来，开车要开防雾灯。雨天来，只有刮雨器那块干净。”副镇长胥静逸说，“外面笑话我们，说‘张渚’得改‘脏渚’。”

“我们村采平了两座百来米高的小山。”省庄村党总支书记杨来强接上话茬，“幸亏市里按中央绿色发展要求，关停矿场，用竹海茶洲打造苏南生态旅游核心区，老百姓人人说好。”

但张渚该如何振兴？镇里调研发现，不少村民进镇入城，留下老人守着一幢幢闲置空房，能不能用来发展“民宿”带动旅游呢？

这事阿婆阿姨们做不来，社会资本又不肯做一家一户生意，得政府组织，可这却与宅基地政策相左。张渚镇探索：宅基地所有权、资格权不变，在使用权上做文章——引资租赁经营。在宜兴经营了近20年酒店业的杨伟春2016年欣然而至。他与镇政府、村委会签下经营15年的三方协议，省庄村金家组77户村民，有14户出让15幢房，流转20多亩地。龙隐江南对这些农房结构不动，外立面强化民居元素，内部设施全部现代化，装了地暖，冬天也不冷。

手机拨通，那端传来龙小强妻子罗传红的笑声，“感谢村里给我们办了桩大好事，现在一年就能多得四万五房租。”龙小强全村最困难，父母借十几万为他盖房结婚，房盖完都没装修。不久，母亲车祸身亡，父亲治癌症又欠十几万。送走父亲，夫妇俩进城打工还钱，没想到这闲下七八年的空房变成了摇钱树。“2018年我们就可以把账还清了。”罗传红笑着说。

64岁的卞菊仙也受益匪浅。她33岁那年丈夫采石摔伤瘫痪，独自把一双儿女带大。去年初送走丈夫，就到龙隐江南上班，一个月3200元，每天还有两餐饭。看她辛苦了几十年的老姐妹说，她从前像只煨灶猫没精打采，现在走路都带风。龙隐江南董事长杨伟春更满意：“卞阿姨是公认的最佳员工，吃年夜饭我要给她发红包。”

“你那是‘小红包’，党中央给我们发的才是‘大红包’。”杨来强说，

“去年底中央农村工作会议明确了宅基地三权分置政策，我们一颗心落进肚皮里，中央这不发了‘大红包’嘛。”

一句话落满堂笑。“对对，我今年要上二期、三期，摸过底了，村民看我们做得这么红火，又有45户想加入。”杨伟春说。

“现在张渚真的成了苏南生态旅游核心区的核心，”胥副镇长透露，有3个度假酒店也建成运营，今年还有5个项目准备开工，“我们‘金张渚’的好名声又回来了！”

（费伟伟，《人民日报》2018年2月2日，获人民日报2018年1—2月好新闻一等奖）

“美人在骨不在皮”

9月的旷野，阳光仍然炙热。陈卫东蹲在地头，认真地分拣牡丹苗。一天下来，他要分拣3000株，装满两个大编织袋。

陈卫东原是山西潞安集团石圪节煤矿机电一队党委书记，在山西煤炭去产能中，石圪节矿被关闭。

职工除一部分分流到其他矿，剩下1000多人大多数种上了油牡丹。陈卫东就是其中一员。“过去挖1吨煤，要破坏2.48吨水。现在种一亩牡丹，可以涵养168立方米水源。”

有人，有事，有场景，有细节。这不一个挺生动的开头吗？

然而，2019年11月17日一版头条消息《山西　创新牵引产业转型》刊出时，把这个生动的开头删掉了，改成这样：

300多块钱一吨的“臭煤”，现在能卖到每吨1万多块。奇迹就发生在山西潞安集团。

“臭煤”即高硫煤，燃烧中不仅会产生大量二氧化硫带来污染，而且有很重的硫臭。山西潞安集团通过采用全球领先的气化炉，运用国际先进技术，对高硫煤进行加工，变成煤基合成Ⅲ+基础油。“经清洁高效利用，如今变身成为我们的‘太行’牌润滑油。”潞安集团副总经理马军祥自豪地给我们解谜。

“使用太行润滑油，家用轿车换油里程可以从目前的5000公里延长到20000公里。”马军祥介绍，目前国内Ⅲ+类和Ⅳ类高端合成基础油长期依赖进口。潞安煤基合成Ⅲ+基础油有望改变这一局面，缓解我国对高端润滑油日益增长的消费需求和对国外高端基础油的依赖程度，替代国外进口基础油。

哪个生动？无疑是前者。后者篇幅长，专业术语多，工作味也重。

但是，再仔细品味一下，便会发现，前者虽然写得生动，事情却并不新鲜。这些年几个主要产煤省区煤矿关停工作一直在进行，矿山关停后职工转行，或务工，或务农，这类故事我们的报道中已见得太多。特别是，这篇报道的主题是山西要争当“能源革命排头兵”，反映此前不久中央深改委会议审议通过《关于在山西开展能源革命综合改革试点的意见》后，山西实施能源革命综合改革试点新的思路和举措。

那么，从山西吹响能源革命“冲锋号”这个主题看，这两个故事哪个更贴近呢？显然，不是前者，而是后者。原先不招人待见、一吨才卖300多块钱的“臭煤”，现在能卖到1万多块钱，正是得益于“能源革命”——一项革命性能源科技成果的运用。

当然，如果记者此前就能认识到这一点，采访“臭煤”时再深入一些，故事讲得再具体一些，这个报道还能写得更生动一些。因要配合山西省一项相关活动，此稿只好匆忙改写后刊出，于是把原稿中“臭煤”的故事拎到前面作了开头。

稿子刊出后，有个反响也颇能说明一点问题。据山西分社的同志反映，第二天正值省里开记协理事会，山西日报总编辑焦玉强说，《人民日报》这个头条报道，采写中摒弃了熟门熟路的老套套，更生动，看了让人印象深刻。

这个生动，恐怕既指开头讲故事这种形式，也指内容。

常言说：“美人在骨不在皮。”道美人之美，在其独特的气质、内在的魅力，而不只是外貌颜值。文章也是如此。一篇文章的骨相，指的是整体架构、叙事逻辑、丰富内涵，而语言修辞、故事细节只是依附其上的皮相。当然，皮相之美也会让稿件看起来摇曳多姿、生动可读，但那仍还只停留在“看起来很美”的层面上。

一个真正的记者，也要勇于摒弃“看起来很美”的生动，让笔触直抵报道的骨相——字里行间折射出时代的风采。

卞民德在地方部2021年4月的一篇一周采编业务述评中，说了这样一个事：

> 4月2日第14版《一元公交，开进太行深处》，报道当地推进公交惠民，其中提及过去到一个距离147公里远的景区票价要38元钱，现在政府全盘接手、取缔社会运营线路，票价只需1元钱。表面上看，这个故事很有说服力，群众得的实惠确实很大。但是，值得思考的是，这样的做法能否在其他地方推广？而同样是写公交惠民，3月30日第11版的《农村客运车成了老乡“购物车”》，则聚焦当地利用通村公交线路，发力打通偏远乡村物流“最后一公里”、方便村民收件寄件问题。两篇稿件相比，高下自然立判。

何以“高下自然立判”？

就在前者用心于把故事讲得好听，“看起来很美”，对政府应该怎样真正惠民认识较浅，理解不够到位。惠民不是作秀，不能靠一时的“好评如潮”。一个距离147公里远的景区，原票价要38元钱，政府运营后惠民公交票价只需1元。不单是“这样的做法能否在其他地方推广”，即使在当地，这样的做法立得住吗？又能持续多久呢？不尊重市场规律，单靠财政补助，起初似是让群众得了实惠，而往往“其兴也勃焉，其亡也忽焉”，往往最终眼前利益会损害长远利益。近年来有些地方财政负债累累、时不时爆雷的事我们听得还少吗？即便眼下群众很满意，但在报道这样的“看起来很美”的故事前，记者心里一定要多打几个问号。

卞民德这篇周评的标题叫《有意思，还要有意义》，概括得精准到位，意味深长。

“美人在骨不在皮”，我们写报道，也应当既求笔下有风采，更要笔端见风骨——直抵本质，发现真美。

附：

争当全国能源革命排头兵

山西　创新牵引产业转型

300多块钱一吨的“臭煤”，现在能卖到每吨1万多块。奇迹就发生在山西潞安集团。

“臭煤”即高硫煤，燃烧中不仅会产生大量二氧化硫带来污染，而且有很重的硫臭。山西潞安集团通过采用全球领先的气化炉，运用国际先进技术，对高硫煤进行加工，变成煤基合成Ⅲ+基础油。“经清洁高效利用，如今变身成为我们的‘太行’牌润滑油。”潞安集团副总经理马军祥自豪地给我们解谜。

“使用太行润滑油，家用轿车换油里程可以从目前的5000公里延长到20000公里。”马军祥介绍，目前国内Ⅲ+类和Ⅳ类高端合成基础油长期依赖进口。潞安煤基合成Ⅲ+基础油有望改变这一局面，缓解我国对高端润滑油日益增长的消费需求和对国外高端基础油的依赖程度，替代国外进口基础油。

煤炭资源丰富的山西，经历结构失衡、经济停滞、生态破坏的切肤之痛后，对能源革命尤为迫切和主动。2017年6月以来，山西围绕习近平总书记提出的“争当全国能源革命排头兵”的目标，在能源供应、能源消费、能源体制方面，进行了一系列的改革和创新。近两年，山西煤炭产业年均增长1.7%，而制造业年均增长9%，经济年均增速达到6.9%。

高硫煤由废变宝，在山西能源领域，这样的创新并非个案。山西阳泉煤炭资源丰富，但煤层气（瓦斯）含量普遍较高，严重威胁煤矿安全。如今，这种和煤炭伴生的“煤矿杀手”正成为清洁能源新渠道。在晋能集团阳泉上社煤业煤层气储备站，从地下开采的煤层气，经过管道输送进入发电站变成电力。发电站负责人田李军介绍，按照设计容量，这处电站每年可节约标煤10万吨，减排二氧化碳120万吨，二氧化硫1万吨。2018年，山西煤层气利用量已占到全国的90%左右，正在深入推进的煤层气勘查开采体制改革，将进一步实现煤层气、页岩气、致密气“三气”综合开发。

煤层气不仅是优质清洁能源，还能变身高端材料。太原理工大学的科研团队经过艰苦攻关，成功实现用煤层气生产出自然界最坚硬的物质——金刚石。“我们现在做一克拉金刚石最低端产品需要10立方米的煤层气，成本约30元；一克拉金刚石按最低价可卖近200元，价值涨了6倍。”项目负责人于盛旺教授说。

“能源革命、牵引转型，国内示范、全球影响”，成为山西“争当全国能源革命排头兵”的鲜明态度。今年5月，中央全面深化改革委员会第八次会议审议通过《关于在山西开展能源革命综合改革试点的意见》。山西立即着手制定了《山西能源革命综合改革试点行动方案》及今明两年任务清单。山西将努力在煤炭开采利用方式、非常规天然气勘采用、新能源可持续发展模式、电力建设运营、能源消费方式、能源科技创新、能源商品流通、能源革命相关企业发展方式八个方面的变革上以及拓展能源领域对外合作上取得突破，蹚出一条具有山西特色的能源发展新路。山西能源革命综合改革试点，正承担着引领示范我国能源革命的新使命。

（胡健、周亚军，《人民日报》2019年11月17日，获人民日报2019年11—12月好新闻二等奖）

要重视逻辑

“巧女魏月花，种植西兰花。脱贫花木兰，跟着有钱赚。种地是能手，幸福跟党走……”河南省扶沟县吕潭乡杨村岗，10多个妇女哼唱着，跟着魏月花收摘西兰花。

这是特写《种地能手魏月花》（2022年1月21日）一稿的开头，出画面，带声响，场景生动。

但是，当周地方部夜班评报时有编辑认为，这个场景有点假，魏月花不过是村里的致富带头人之一，“10多个妇女哼唱着”，把魏月花唱进歌里，可信度不太高。令人生疑，不如不用。

批评得有道理吗？有。

可一个致富带头人有没有可能编成歌被群众传唱呢？也不能说没有。

且看报道：“多年前，杨村岗是远近闻名的贫困村。”“如今，杨村岗西蓝花成功进入东南亚市场。杨村岗带动吕潭以及周边乡镇种植西蓝花十几万亩，吕潭乡也成为闻名全国的西蓝花小镇。”而魏月花是村里最早一批种西兰花的，还贷款建了村里第一座冷库，带领村民共同富裕，功劳的确不小，村民感激她编了小曲哼唱一番也合情理。

那么，为什么读来让人感觉“可信度不太高”呢？关键就在于，报道里少了一笔交代，提一下这“10多个妇女哼唱”的歌，由来是什么。

细心看报的话，常会看出我们报道中的此类问题。地方部地方新闻编辑室副主编谢雨写过一篇题为《逻辑严密才有力量》的一周采编业务述评，里面提道：

> 此前曾在本报读到一个村医的故事。说这位村医乐善好施，行医25年里收了40多万元欠条。而对于他这么做的原因，只在最后点了一句，“能为村民的身体健康提供力所能及的帮助，我心里就觉得踏实”。到底为何觉得踏实？收下巨额欠条，村医自己一家生计怎么办？当地政府有没有采取帮助措施？读者难免产生疑问。

本报报道的这个村医的故事，发生在“辽宁最为贫困的地区之一”。40多万元摊到25年里的话，一年小两万。我们知道，脱贫标准人均年收入还不到万元。毕竟报道对象只是位普通村医，不是誉满杏林的名医。又是“辽宁最为贫困的地区之一”这样的背景，确实不能不令人产生“村医自己一家生计怎么办”的担忧。

问题出在哪儿？就出在报道的内在逻辑发生了断裂，或者说不够严密。地方党委政府提供的材料，人物本身的真实性总体说不该有问题，问题是记者笔下如何恰如其分写出这份真实。对于可能影响真实性的地方，一定要注意用相关细节做必要的铺垫、交代、说明。

特别是采写先进人物时，他们的言谈举止首先要符合日常行为逻辑，符合普遍社情民意，让人觉得真实可信，这样的“人”才会打动人，这样的人物形象才能让读者入脑入心。逻辑上断裂、不严密，就会让人觉得人物信不过，还怎么发挥榜样的力量正面引导人、教育人呢？

因此，要讲逻辑——尊重思维的客观规律，这是我们在采写中必须引起重视的，大到情节、细节，小到语言、用词。

谢雨在那篇述评里也谈到了语言逻辑的问题，并举了个例子说明。

> 2017年本报《党的十九大特刊》在十九大开幕后用一整版反映各地群众收看习近平总书记作报告的盛况，西藏分社记者琼达卓嘎的《今天

是个喜庆日子》(2017年10月20日第14版),报道了拉萨市城关区塔玛村藏族同胞收看的场景:“收看结束后,66岁的老党员其美旺堆激动地告诉记者,习近平总书记的报告我虽然不能完全听懂,但我们藏族人相信中国共产党,相信习近平总书记,对未来充满了信心。”

“我虽然不能完全听懂”,由于是少数民族,这位老党员的汉语可能不是很好;也可能是总书记的报告提出了很多新理念、新观点,需要深入学习才能弄懂悟透。因此,“不能完全听懂”可谓实事求是,语言逻辑严丝合缝。这句朴实的话,真实、真切、真挚。

这是一个从正面来说的例子,其实针对性很强,针对的就是我们编稿中经常发现的问题,不少这类稿件,记者有时会拔高采访对象说的话,明明是个普通群众,一张口官腔官调净是大词大话,与人物身份很不一致,不符合语言逻辑。这个责任首先自然得由记者负,但有时,“好心的”编辑也会画蛇添足。

本报2017年1月2日第1版刊出的《撸起袖子干 日子更亮堂》,说的是新疆哈密市巴里坤县阿依娜布拉克村贫困户木哈买提江脱贫的故事,政府发给他家8只“扶贫羊”,“加上环卫工一个月1000元工资,还有在工地打工的钱,我一算账,现在全家人一年下来,平均每人5500元以上,比脱贫线冒出一大块呢!”

这个村的45户贫困户,也都通过让“扶贫羊”入股,省出时间干别的,收入都比过去增加不少。此稿编讫送版,结尾是这样的:

“这一年下来,咱们的收入都不少,这贫困帽该摘了。”木哈买提江的提议,得到了其他贫困户的赞同。

但报道刊出时,发现不知哪位编辑在这个结尾后面又加了两句:

“只要咱们撸起袖子干,往后的日子会越来越亮堂!”

电视上收看了习近平总书记发表新年贺词，木哈买提江更是信心十足。

且不说木哈买提江是不是同意，原结尾怎么就不行呢？自自然然的，内容好，语气与村民身份也吻合，为何非要那么生拔硬拽一下呢？唱响主旋律并不是喊口号。或许，究其根源，正在于对语言逻辑的漠视。

地方部编辑宋飞写过一篇题为《作文不“作”》的业务研讨文章，强调好文不“作”：

好文之好，好在不“作”。“作”，是“作态”“无中生有”“夸大其词”之义，实质是一种“情感贫乏后遗症”。

处理本周部分来稿时看到一些表述，就明显让人感觉到了有意为之的别扭劲儿。比如，有的宣讲稿，说某某听众“激动万分地说”，或听众“掌声雷动”等，待去细考究却发现，文中细节实在看不出“激动”“雷动”的缘由，宣讲者所讲的无非是些平常话。

本报原副总编辑谢国明，对此类现象也曾提出过批评。在总编室《值班手记》上他做过这样一个批示：

今晚指令稿不少，光移风易俗就来了5篇。有的稿件质量不甚理想，如有一篇移风易俗稿件写社区布告栏张贴了“三字经”，“引来无数村民驻足观看”，明显是不过脑子，一个社区哪来“无数”村民；另一篇移风易俗稿件写到“二胎满月、升学、当兵、购车、乔迁、开业、楼房封顶等喜事好事，禁止请客操办”，当地出台的这些规定，明显不太合理，不适宜公开宣传。记者应有自己的判断。

我们都知道，毛泽东主席是文章大家，与著名作家何其芳谈话时曾强调逻辑问题。他说，逻辑就是管写文章前后不矛盾，至于大前提正确与否，那是各种学科的问题。吕臻的《毛泽东谈怎样写文章》一文说得更细，毛泽东强调“写文章要讲文法、修辞、逻辑”。讲究逻辑，是指“使用概念和判断进行推理的时候要有逻辑性”，“必须注意各种词语的逻辑界限和整篇文章的条理”，文章“开头、中间、尾巴要有一种关系，要有一种内部的联系，不要互相冲突”，也就是说要注意文章的准确性、条理性和前后的一贯性。

“注意各种词语的逻辑界限”，连这样最微观的逻辑问题毛主席都强调到了，我们对报道的逻辑性能不慎乎？

附：

村医梁春荣的账本

密密麻麻地记录着患者的姓名、就诊日期、所拿药物

行医25年，没赚多少钱，却有七大本账簿和600余张欠条——足足有40多万元。“这不是负担，这是我的财富。”说这话的人叫梁春荣，是辽宁省彰武县阿尔乡镇阿尔乡村卫生室医生。

彰武多沙，全县沙化土地面积占总土地面积的68.8%。位于彰武最北部的阿尔乡镇，是辽宁最为贫困的地区之一。“一碗米、半碗沙，走一步、退半步，五步不认爹和妈”，是当地人对风沙肆虐的描述。而在25年的时间里，梁春荣背着药箱，走遍了全镇的十几个村屯，在大漠深处守护着村民的健康。

1993年，26岁的梁春荣从朝阳建平中医学校毕业后，就回到村里开起了诊所。打那天起，他就立下承诺：这辈子只做医生，不做医商。“从小家里穷，乡亲们没少帮我们家。我也不能让乡亲们看不上病、看不起病。”坐在挂满锦旗的卫生室内，梁春荣说道。

“我们全镇都知道，没钱也能在梁医生这儿看上病。”阿尔乡村村民秦玉梅说，她因患脑出血和风湿性心脏病，长期卧床在家，家境困难，而梁春荣每天都要上门给她看病、输液，分文不取。

村民王孝军的母亲患病，在梁春荣的诊所无法医治，需要转到大医院治疗，但王孝军表示没钱。梁春荣立马让妻子给王孝军拿出1000元，并开车将他们送到县医院。村民宋翠荣的丈夫得了癌症，梁春荣不仅没要打针、吃药的钱，还为他们的女儿掏了3年学费。

到了冬天，阿尔乡地区的气温低至零下30多摄氏度。然而无论何时何地，只要一个电话，梁春荣总是迅速赶到。2015年冬天的深夜，梁春荣到内蒙古自治区通辽市科尔沁左翼后旗的大泡子沿村，给一位老人看病。由于天冷路黑，梁春荣骑着摩托车在沙漠里走了近3个小时，半路上摩托车不小心撞到一块石头，把他的腿划破好几处，血与裤子冻到一起，梁春荣都没有察觉。

除了出诊，在诊所给乡亲们看病也是梁春荣的主要工作。“平均每天四五十人，最多的时候能有100多。”梁春荣说。

“老梁这里的药，比药店都便宜。搁别的地方，可能要花上百块钱，在他这里，只要几十块钱。”村民徐国山说，4年前他母亲病重，到梁春荣的诊所治疗，后来病情稳定了，可3万多元的医药费梁春荣从来没提过。

梁春荣手上的账本，都长啥样？“我也没特意整理过，很多账本都是随手一放。最早的有20多年了，有些人也早就过世了。”梁春荣翻开了一本账，发黄的纸上密密麻麻地记录着患者的姓名、就诊日期、所拿药物等。“我们这里土地贫瘠，因病致贫的家庭也很多。我不在乎挣多少钱。能为村民的身体健康提供力所能及的帮助，我心里就觉得踏实。”

（《人民日报》2018年6月12日）

抓住“最为闪光的片段”

题材相同，拿电视剧和本报报道做比较，似乎“做人不太厚道”。

值夜班评报时，议到当周报道《李延年：保家卫国　舍生忘死》(2021年10月6日第2版)，恰值《功勋》电视剧热映，该剧由8个人物系列组成，第一个就是《能文能武李延年》。于是，不太厚道地比较了一番。

《能文能武李延年》6集，这样的时长，似乎倒是适宜写一个多姿多彩的李延年。然而，《功勋》总导演郑晓龙却坚持删繁就简，只聚焦“最为闪光的片段”。他说：

> 《功勋》力图细致描摹英雄人物的平凡之处、普通人的崇高人格，集中笔墨写功勋人物的“高光时刻”。让观众读懂功勋人物的卓越所在，读懂英雄人物的崇高精神和时代价值。同样是“高光”，不同的人物、不同的职业，甚至同一个人的不同人生阶段都不一样。大家反复讨论，几易其稿，就是想表现出每一个功勋人物生命中最为闪光的片段。比如，《能文能武李延年》集中讲李延年抗美援朝战争一场战役中的三天两夜。
>
> (郑晓龙《讲述动人故事　致敬功勋人物》，《人民日报》2021年10月14日第20版)

而本报报道才一千来字，却包括了李延年参加解放战争、抗美援朝和离休生活三块内容，篇幅上大致各三分之一。

主题是“保家卫国　舍生忘死”，如果谋篇时连篇幅都做不到重点突出，无疑就容易写成生平事迹概述，这样的报道怎么可能给读者留下印象呢？

有编辑便坦言，一些写先进典型、功勋人物的报道，如果不是设置了这么一个值班评报环节，最多也就是看一下标题，扫一眼开头，肯定不会读完。

而篇幅大小，只是形式问题，更关键的，还在于如何准确生动地展现报道的主题。

本报报道和电视剧都说了李延年在朝鲜战场上的同一场战斗。本报报道这样写：

那是1951年3月，李延年随志愿军跨过鸭绿江。10月，他担任志愿军某营七连指导员，他所在营奉命对失守的346.6高地实施反击。“我们接到命令执行强攻任务时，已经有两个营在敌人炮火猛烈攻袭下伤亡惨重，但我们没有退缩。”李延年回忆，经过一夜激战，他们夺回了高地，但弹药几乎已打完，部队伤亡很大，电台被炸毁，与上级失去联系。

两夜一天的战斗，敌人一轮又一轮向阵地冲击，李延年和战友们靠捡拾敌人留下来的武器，打退了一波又一波敌军。一名战士在子弹打光后，拿着爆破筒，与冲上阵地的20多个敌人同归于尽。李延年带领战友坚守阵地，丝毫未退。“当时我心里就一个想法，要为祖国为人民立功，我不怕死。”李延年说。

“要为祖国为人民立功，我不怕死。”这是所有志愿军英雄的共同特点。既然重点来写这场战斗，李延年又只是一个连队指导员，那么，他在这场以营为单位的战斗中究竟发挥了什么作用呢？

此前我军两个营攻坚都失利了，李延年所在营不仅攻下了高地，而且“坚守阵地，丝毫未退”，这场战斗获胜的意义又是什么呢？

本报报道无解。而这些，电视剧里很清楚。

在没有连长的情况下，李延年身为指导员，一个政工干部主动站了出来，承担起军事指挥的重任；全营虽然攻下高地，但伤亡惨重，又一次，李延年站了出来，将全营剩余兵力整合为一个连，守住阵地。这一仗发生在上甘岭战役前，李延年之所以能用少量兵力在防御战中顶住大量美军的进攻，一个重要原因是发挥了坑道的作用，因此，打赢此仗，也为上甘岭战役创造了宝贵经验。

郑晓龙紧紧扣着“一场战役中的三天两夜”，在讲故事的同时，也娓娓讲出了蕴含在故事里的意义。他说，“我认为，不论什么题材，通过内容决定形式最重要”。在用故事抓人眼球的同时，要让观众与片中主人公产生共情，“让观众读懂功勋人物的卓越所在，读懂英雄人物的崇高精神和时代价值”。

而李延年几番挺身而出，他的敢于斗争和善于斗争，“能文能武”，这种勇气和精神穿越时空，至今熠熠闪光。

我不太厚道的关联对比，引发了编辑热议。值班编辑在一周采编业务述评《老典型怎么扣住“时代感”》一文中写道：

> 李延年在战斗中发挥了无可替代的作用，这种主动担当精神，正是其能够获得“共和国勋章”的主要原因。
>
> “为官避事平生耻”“干事担当，是干部的职责所在，也是价值所在”……党的十八大以来，习近平总书记在多个场合强调党员干部要有担当、有作为。李延年在抗美援朝战场上的故事，恰恰与这一要求非常契合。如果本报报道能在此处着力，选材紧紧围绕“担当作为”这一最具当今时代精神的关键词，报道就有了分量。

据悉，《功勋》在4家卫视和3家视频平台联合播出，观众在评分网站打出高分，相关话题频频登上网络热搜榜。这也引出了这个将本报报道和电视剧对比的话题。而事实上，上面指出的问题，在近期刊出的多篇“共和国勋章”获得者、“七一勋章”获得者的报道中同样存在，并且，这个系列的报道还在做。因此，说说这篇报道存在的问题及破解之道，对于我们写好此类主题性报道，很有意义。

再次小结一下要义，便是郑晓龙在《讲述动人故事　致敬功勋人物》一文里所指出的：

1. “不论什么题材，通过内容决定形式最重要。”——形式上不要作茧自缚，让内容来决定。

2. “不同的人物、不同的职业，甚至同一个人的不同人生阶段都不一样”，要“表现出每一个功勋人物生命中最为闪光的片段”。——叙事要对准焦点，以一总万，写透写活“最为闪光的片段”。

3. “让观众读懂功勋人物的卓越所在，读懂英雄人物的崇高精神和时代价值。”——要赋予历史人物鲜明的时代意义。

附：

李延年：保家卫国　舍生忘死

绿城南宁，广西军区南宁第三离职干部休养所大院里，已经年过90岁的李延年正给前来探望的学生讲述曾经的战斗经历。望着眼前朝气蓬勃的孩子们，老人的思绪又回到了那段战火纷飞的岁月。

1945年10月，李延年在长春参军入伍，光荣地成为一名革命战士。辽沈战役打响后，李延年所在的东北人民解放军第10纵队参加黑山阻击战，负责阻击数倍于己的国民党廖耀湘兵团，截断国民党军“西进兵团”的退路。

“我们连夜急行军100多里，双腿跑赢了敌人的汽车，赶在天亮之前到达预定地点修筑工事。”李延年至今记得，当时部队正在抢修工事，黑压压的敌人就冲了上来。他和战友立即抢占阵地，与敌人展开生死较量。辽沈战役结束后，李延年参加了平津战役。1950年8月，又到了山势险峻的湘西剿匪。

军旅生涯大小战斗20多次，李延年经历的最惨烈的一次战斗，是在抗美援朝战争中带领官兵夺回失守的346.6高地，顶住了敌人多次反扑。“这是我一生最难忘的战斗。”李延年说，众多战友在那次战斗中牺牲，沉痛至今难以忘怀。

那是1951年3月，李延年随志愿军跨过鸭绿江。10月，他担任志愿军某营七连指导员，他所在营奉命对失守的346.6高地实施反击。“我们接到命令执行强攻任务时，已经有两个营在敌人炮火猛烈攻袭下伤亡惨重，但我们没有退缩。”李延年回忆，经过一夜激战，他们夺回了高地，但弹药几乎已打完，部队伤亡很大，电台被炸毁，与上级失去联系。

两夜一天的战斗，敌人一轮又一轮向阵地冲击，李延年和战友们靠捡拾敌人留下来的武器，打退了一波又一波敌军。一名战士在子弹打光后，拿着爆破筒，与冲上阵地的20多个敌人同归于尽。李延年带领战友坚守阵地，丝毫未退。“当时我心里就一个想法，要为祖国为人民立功，我不怕死。”李延年说。

1952年11月，李延年被志愿军总部授予“一级英雄”称号、记特等功1次，并获朝鲜民主主义人民共和国自由独立二级勋章。李延年从朝鲜战场凯旋后，又参加了多次战斗，在部队兢兢业业奉献了29年直至离休。

清晨起床，读书、看报、听广播……李延年至今依然保持着军人本色。“要跟进学习党的理论和政策方针。”李延年说。

对于中小学校讲课的邀请，李延年几乎有求必应。“要让孩子们了解过去的历史。从吃不饱、穿不暖，到现在吃不完、穿不完，都是牺牲流血的同志用生命换来的，他们是真正的英雄。”李延年说，一定要教育好下一代，让青年当好接班人。

这些年，李延年从来没有向组织提过任何要求，始终保持老党员、老军人、老英雄的本色，用实际行动为党和人民作贡献。

（《人民日报》2021年10月6日）

真实比诗意更重要

前不久看《北京青年报》，有个标题令人印象深刻——《真实比诗意更重要》。是副刊上的文章，说的是文学界的事。读着这个标题时我不禁想，难道新闻不更应该是这样吗？！

真实是新闻的生命，是新闻存在和发挥影响力的关键，是媒体取信于受众的根本。这个道理，从事媒体工作的人都知道。但是，新闻的真实是要靠我们用每一篇稿、用每一篇稿的一字一句去实践、去接受读者评判的。而具体到一篇篇稿件上时，我们有些编辑记者的理念似乎就模糊了，实际操作常常大打折扣。比如这样一种现象在《中国海洋石油报》上十分常见：文字以引语的面目出现，但这话是谁说的，却找不到具体对象。

如2007年12月28日《百米速度跑赢马拉松》：

在海上员工看来："苦也是一天，乐也是一天。海上有其自身特殊性，工作的确要做好，但每天不是只有工作，还有生活，要懂得自我调节，放松心情。"

是谁说的？是管理人员还是普通员工？

2007年12月12日《开辟人才发展的通衢大道》：

"技术人员和操作工有奔头了！"海油的技术和操作人员迸发出由衷

> 的喜悦。
>
> 有的说："好好干吧，现在不是竞争岗位的问题了，而是提升自己的问题。"有的说："企业给了我们认可，给了我们荣誉，我们也应该以实际行动回报企业，潜心研究技术，为海油早日成为自主创新企业而奋斗！"

话说得都不错，但这些话是谁说的呢？"海上员工""海油的技术和操作人员"，太虚；"有的"，更虚。这样便难免让人觉得这些引语不那么可信。《中国海洋石油报》作为一份企业报，或许读者对各种新闻源的交代，要求不像对党报、都市报那样高，但作为新闻人的职业要求，我们是不应自己降低标准的。

西方的新闻教科书总是提醒新闻从业者，要交代新闻来源。美国新闻学基础教材《怎样当好新闻记者》（杰克·海敦著）一书中指出："学生写的新闻最大的毛病之一是不提供新闻出处。一切指责、控告、观点都应注明出处。不仅是警察新闻，其他新闻也应该如此。"

这个道理并不只是适用于西方的报纸。新闻规律不分东方西方，只要是做新闻，就要交代新闻源，那样才让人觉得真实可信。"不仅是警察新闻，其他新闻也应该如此。"不仅是都市报，行业报、企业报也应该如此。

有的时候，或许仅仅是少了某个时间状语，一个限定词，就会给人不真实的感觉。

如2007年12月7日《安全细节无止境》最后一段：

> 焊工付法子每天上下班经过这里都要停下来看一看："我真害怕哪天这种灾难发生在自己身上，因为我整天与砂轮机打交道，每天看看这张图片，我会提醒自己一定要注意安全。"

这里的"每天"是一个什么样的时间概念呢？是他自参加工作以来，还是最近一个月？两个月？很生动的一个细节，如果能再加个词对时间限定一下，无疑更能给人以真实感。须知，追求真实，也是“细节无止境”的。

类似这种表述过满的问题，在版上时常可以见到。

如2007年12月5日《南海之滨的和谐变奏》一文中：

近几年来，无论是中国海油领导还是湛江片区各单位负责人，都始终坚持以人为本，真正把员工的冷暖挂在心上。

这种说法过满，有点不留余地。不如用事实说话，用数字说话。同是此文中，“2006年，给困难家庭子女发放助学金26.3万元，做到不让一个困难家庭吃不上饭，不让一个困难家庭子女上不了学”。

“不让一个”的说法也是不留余地的，但因为有前面那个“给困难家庭子女发放助学金26.3万元”的数字在那里摆着，“不让一个困难家庭子女上不了学”，就没让人觉得过满，相反倒可信。而这二者的差别，就在于：好的新闻从来都是以事实说话的。以事实说话，意味着有一分说一分。一分说成十分不对，九分说成十分同样不对。

如2007年12月26日第1版《感动中国海油》一稿中：

当基地集团监督监理技术公司油田技术中心演讲的时候，演讲者激情的话语，真实的情感感染了在场的每一位听众，台下的每一颗心都随着他的讲述，澎湃激荡。

“每一位听众”“每一颗心”，依据是什么？大概只是记者的“合理推断”。如果不是“每一位听众”“每一颗心”，难道就意味着演讲不成功吗？

10月19日《一切发自肺腑　一切充满希望》一文中：

人们都在思索：十七大召开，我们怎么办？

海油人上上下下领会捕捉到这次十七大报告中的新精神、新提法，大家都有一种自觉，把其化到自己内心作为一种人生行为的内在动力。

中国海油毕竟不是中央党校，这种“人们都”“大家都”之类的绝对化的表述，真的能增强文章的力量吗？这种力量，是真正的力量吗？

此文中还有这样的内容：

> 中海油西北大陆架有限公司总经理李荣光这半年一直在澳洲工作……他说，尽管有着客观条件的限制，中海油澳洲公司全体员工以及他身边的华人依然努力抓住可能的条件和机会，尽力学习十七大报告，领会十七大精神。

“努力抓住可能的条件和机会，尽力学习”，这样的说法便显得比较客观一些。

2007年5月16日第1版《井冈铸丰碑——中国海油第二期直管领导人井冈山培训纪实》，第一部分介绍国家副主席曾庆红与正在井冈山干部学院学习的学员合影留念后，记者写道：

> 参加中国海油第二期直管领导人员井冈山培训的57名学员，将永远铭记这激情满怀的一刻，铭记为期3天的心灵洗礼。

通讯结尾，记者又满怀深情地做出这样的断言：

> 历史会因岁月的流逝翻过一页又一页，但历史的丰碑却是岁月无法跨越的。大家心里，已经铸成了一座永不磨灭的井冈丰碑。

纵然培训的内容与形式完美结合，讲授者舌灿莲花，毕竟也只是短短3天，我们不能要求一次培训就解决终生奋斗的动力源，事实上也没有这种可能性，尤其还是要解决57名学员每个人的信仰、信念和信心，并且达致“心里已经铸成一座永不磨灭的井冈丰碑”这样的崇高境界。

因此，记者的这种激情表述，是经不住逻辑推理、经不住时间考验的，新闻恐怕还是只宜就眼前的事实而言，不要也不必作没有依据的推测。

新闻语言应该是最平实的语言，切忌大话、空话。实事求是才让人感觉真实、可信。真实的“一”，比虚张声势的“十”更有力量。

新闻不排斥诗意——生动性，但前提是不影响事实的真实性。在我们的报道中，常常还会见到这样的现象，片面理解生动性，为了追求其中具有文学性的生动效果，而不经意间伤害了稿件的真实性。

如2007年9月19日《从仿制到创制的飞跃》一稿开头：

> 成功的花/人们只惊慕她现时的明艳/然而/当初她的芽儿/浸透了奋斗的泪泉/洒遍了牺牲的血雨。
>
> 冰心的这首小诗《花儿》，中化建天津化工研究设计院院长郑书忠感受尤深。

记者是怎么知道这点的呢？是郑书忠在接受采访时说的，还是其他员工告诉记者的？或是记者在采访中观察到的，比如说他在墙上挂了这样的条幅，或在桌上玻璃板下压着这首小诗？文中并无交代。那么，记者怎么会做出这样的判断呢？看来只是“合理想象”。

在2007年10月31日《两次巧遇，让海南干冰登陆广州》一稿中：

> 一次出差的途中，看到飞机上使用的一次性枕垫，李耀智不禁心头一动，“这种无纺布用作干冰的包装材料行吗？”
>
> ……
>
> 一天，李耀智去刚刚开张的超市购物，正好碰见了广东来给肯德基送货的冷藏车。货卸了，车就空了。他灵机一动：“对呀，我们做的是食品级的二氧化碳，可以用肯德基快餐连锁店送货的返程车啊。”

两处都是人物的内心活动，稿件中并没有交代这是李耀智接受记者采访时告诉记者的，那么，记者是怎么知道人物的内心活动的呢？

兴许是记者写作时的“灵机一动”吧。由于缺少必要的交代，我们只好理解成这是记者展开了文学想象的翅膀。

新闻中适当采用一些文学手法是允许的，问题是用哪些手法。只有承认和尊重新闻与文学的质的不同规定性，在新闻与文学可交融、可嫁接之处各取精华，才是对两者的共同维护。而想象——虚构是新闻之大忌，是违背新闻真实性原则的。因此，新闻中是不允许出现“推断性想象”“合理想象”的。

阅报中还发现，有些记者喜欢在稿件中引用古诗文，而对古诗文与稿件主题有多大内在联系则琢磨得不够，或以为增强了一些文学色彩，也便增强了稿件的生动性。

如2007年9月14日《海上有佳肴》一稿开头：

> 古诗云“忽闻海上有仙山，山在虚无缥缈间”，“海客谈瀛洲，烟涛微茫信难求”。蓬莱，一个充满神话色彩的名字，随着蓬莱19–3油田的发现，蓬莱也揭开了神秘的面纱。虽然我们找到的不是神话中的世界，但在这块肥沃的“蓝土地”上，经过5年的艰苦历练，蓬莱19–3配餐班打造成了一支优质服务的团队。

一个在蓬莱的油田工作的配餐班，与神话中的蓬莱到底能沾多少边呢？显然，记者简单地把文学性等同于生动性了。

我们强调通过增强文学性提高新闻的生动性，目的是让新闻更具体、更可读。兴许多用了几个漂亮的形容词，确实给文句增色了，但如果你找到一个朴素的动词，使句子表达的内容更具体，那么，有这一个动词就够了。所以，专家们一再告诫我们：一个动词胜过一打形容词。

2007年12月14日的《书生襟抱周心怀》，是一篇不错的人物通讯，但在展现这位“少壮派”总地质师在勘探业务方面过人的才能识见时，给人的感觉却是“形容词太多，动词太少”。

> 周心怀在面对一张张地震剖面图、一份份钻井资料时，总是能在别

人认为没有油的地方，出人意料地提出“有油”的观点，而结果总能证明他并非虚言。他像一个眼力超群的猎手，在丛林中敏捷地捕捉到猎物惊鸿一瞥的影子；也像一个出色的辨音师，能在一片嘈杂中不漏掉任何一个值得注意的微弱音符。

周心怀每每在别人不加注意之处提出独到见解，在他的思路指导下，总能洞开生面，在山重水复之际忽现柳暗花明之景。不论是锦州25–1南所打的辽东湾新时期第一口井的定位，还是旅大10–1千方井70多米油层的发现，以及渤中28–2南低阻油层的认识，他别具一格的思路，都起到了关键作用。

在这两段诗意的叙述间，也举了一个例子，但相比于那些抽象却凝练、比喻生动的概括，对事实的具体叙述反而显得苍白：

旅大27–2外国专家认为不具备经济开采价值。周心怀不相信这个，他带领研究人员经过仔细对比分析，认为该油藏原油密度应当在0.94—0.98克/立方厘米之间。油藏再评价证实这一结论完全正确，被外国人宣判“死刑”的亿吨级旅大27–2油田重获生机。

由于缺少对攻坚克难过程的必要展开，“洞开生面，在山重水复之际忽现柳暗花明之景”“像一个出色的辨音师，能在一片嘈杂中不漏掉任何一个值得注意的微弱音符”之类的生动概括也就凿空了。正如美联社著名撰稿人卡蓬说的：“一个报道得精彩的故事，即使是用很平常的手法写出来，也要比只讲究文法与用词的东西有趣得多。遣词造句其实没有什么作用，真正使作品生辉的，是报道的内容。”

诗意，吾所爱也；真实，则吾所求也。对于新闻从业者来说，真实永远是第一位的。永远要把最大的精力放在对新闻内容的捕捉上，然后才是想方设法去实现那些诗意追求，二者切不可倒置。

细节要契合民族心态

每个月的18日，都是东方航空公司的会员日。2017年9月18日，东航“依例而行”，送出七项酬宾大礼，其中一项是与日本国家旅游局合作的日本北陆游。

这个18日，不同于往月。9月和18日凑到一起，就成了“9·18”——国耻日，在这样的日子里，东航竟把日本游当作会员大礼之一。是可忍，孰不可忍？

舆论场从来都是让平静走开。有人把这个点一锁定，网上很快就炸了锅，挖苦、嘲讽，口诛笔伐……

对东航内部某个部门责任心不强、政治不够敏感的一次“误操作”，上纲上线也许不妥；但东航由此导致的重大名誉损失，在互联网时代只能自食其果。“偶然”变“必然”，就在一念间。某些在当事机构、部门看来的“小纰漏”，一经互联网扫描被捕捉住，进而放大，令人从负面浮想联翩，往往便导致舆情快速发酵而酿成“大事件”。东航的“9·18”酬宾风波再次给我们深刻启示，在一些社会敏感问题上，在一些公众感觉不舒服的事情上，不容任何疏漏。

这让我联想到编辑十九大地方特刊时，对有篇稿件的处理经过。

一位援疆干部，“离京前，双亲都被下病危通知书”“来×一年间，两位亲人离世”，并且，他自己“刚因心肌梗死险些付出生命”。

拼上版才发现稿件里有这样的细节。想撤，怕分社再采再写来不及，最后改了改，将就着还是用了。“双亲都被下病危通知书”编辑修改为“父母亲病重”，后面两个细节，全部删掉。

为什么要这么处理？因为这是一篇只有七八百字的短通讯，人物的行为逻辑和背景无法充分展示，没有铺垫便突兀直陈，极有可能让读者看了感觉很不舒服。

眼下有个词很流行：精准。一说扶贫攻坚，就会提到这个词。精准是扶贫攻坚的关键，同样，精准也是宣传报道的关键。

当前宣传战线一项重要任务就是重建社会信仰，提升文化自信。宣传报道各行各业的先进典型，是其中一项重要内容。这要求我们找准具有体现时代价值的人物典型，写出他们与时代要求最合拍、最共鸣之处；同时，还要求我们在宣传这些人物时，要找准那个和广大读者能够合拍、共鸣的点。越朴实，越结实；越平实，越真实。

后来，我们对援疆干部一稿作了这样的处理。稿子前头那个细节没删，只改了改。因为作者紧接着作了这样的交代：

> 父亲什么都没说，后在王都伟抵达××的第一天发来一条短信：“忠孝自古难两全，吴钩大任男儿肩。”

父亲豁达如此，儿子的行为也就有了归属的背景。所以作了点修改，还是保留了。而报道中的主人公援疆“一年间，两位亲人离世”这个细节为什么就一定要删呢？

老话说，父母在，不远游。一年前离家时已经“双亲都被下病危通知书”，而双亲离世，更让行前的后顾之忧坐实，让人禁不住对主人公当初的选择重重打个问号。显然，人物这样的选择不符合民族心态，不符合我国传统文化之道。

著名作家从维熙在他的文章里曾讲过这样一个故事：

> 几年前，一位台湾的摄影家，要拍一幅圆明园的夜色写真，选择了

月圆之夜，我陪他前往。但是到了圆明园之后，面对那断垣残壁的历史沧桑，我们忽然意识到圆月下的圆明园，拍出来虽然好看，但不如一钩残月下的圆明园，更富有含金量。因为我们面对的不是令人开心的风景，而是中国百年国耻的纪念园。虽然这比在圆月下拍摄，要艰难许多。最终他还是等到了乱云遮月——圆月被吞噬成一弯残月的更深时分，重新开动了摄影机。

从维熙通过这个故事告诉我们，抓细节要精准，一定要符合审美，契合民族心态。

脚力到位，才能写出时代真实

《新时代的奋斗者》开栏之初，计划是“每周发一两篇”，3月初开栏，6月底结束。这样的话，18周大体应发稿30篇左右，而实际发稿才20篇。

客观地说，这个栏目对分社记者应该有吸引力。

同时期版上人物栏目有：《最美基层干部》《点赞中国》《百姓影像》《大国工匠》《守望》等，但《新时代的奋斗者》专栏可以有文有图，再加一篇《记者手记》，版面给的篇幅好于其他专栏，写得好，还可做版面头条。

那为什么实际刊出量会低于预期呢？

关键就在这个专栏地方部对分社记者作出了具体、明确的要求，标准立在那里，不达标准不签发，卡住了“大路货”，甚至“水货”。

地方部的约稿要求明确了三个关键点：一是要讲奋斗故事；二是故事要有时效性，突出“新时代”；三是故事要有意义，体现新时代的“奋斗观”“幸福观”，配发《记者手记》。

所以，给这个专栏写稿，首先要对专栏的栏旨认真研读。有故事的人很多，但是，能扣住“新时代”的故事，就有一定难度了，还要能体现新时代的“奋斗观”“幸福观”，更须在采访中下把力气。否则，都是强调面向普通干部群众的栏目，写的人物可能就成了“通用品”，放到同期的《最美基层干部》《点赞中国》《百姓影像》《大国工匠》《守望》等专栏中，也无可无不可。

对专栏栏旨研读不够，时效性不强，时代感不突出，其实也是个老问题。

2014年，中央开展群众路线教育实践活动，本报推出《群众路线教育活动中的共产党员》专栏。就像“奋斗者”前有个“新时代”作定语一样，要求写“群众路线教育活动中”的党员故事。同样，那次也发生过一批来稿“折戟沉沙”的事，就在于没有扣住这个时间点，故事常常“话说当年”，没把握住时效性，没有突出“现在进行时”。

为啥会屡屡犯这个老毛病？

人物报道最重要的是要扣住时代的主题，必须“正好击中了当时绷得特别紧的社会的弦”（苏联·加里宁），即奏响时代最强音。对一篇千把字的专栏稿，这个要求似乎有点太高，但突出“当时”，采写中体现“现在进行时”，应当算不上“跳一跳才够得着”，其实也就是一个采访中能否真正“深扎”的问题。

不是“现在进行时”的故事，往往比较容易从一般性的采访甚至材料里找到，而“现在进行时”的故事，要求记者一定得沉下去、深进去，去发现、去辨析、去挖掘。

黑龙江分社方圆写的《冷书记，暖了小南河》（见附文），刊出后得到社领导表扬。而这篇让人叫好的稿子，她写得还特别顺。

方圆后来在业务研讨中披露，她对这个人物的采访持续了两年。两年前，因为旁人介绍在村里任第一书记的冷菊贞是当地“很出名的扶贫干部”，她曾做过采访，还让当地提供过一些材料，但并未匆忙落笔。两年来，两人在朋友圈一直互动，冷书记“讲述那里的人和故事”后，“我给她点赞之余，不忘聊上几句”。由于前期采访深、情况了解实，所以这次写稿便不费劲。

方圆十分感慨：“回想以前，个别采访进行得不充分、不扎实，写稿时枯坐在电脑前苦思冥想，搜肠刮肚也想不出好细节。这样的稿子即使成了，读来也是无趣无味，新闻价值难以体现。这次接到任务，我立即着笔，把绵长的思绪一捋，文章呼之欲出。”

江西分社孙超的《“奋斗了就有答案”》（2018年6月8日），写的是一位残疾青年带领一帮残障人士创业的故事，刊出后也广受好评。他这次在业务研讨文章中披露了一波三折的采访过程。

主人公的身世反差大，故事点很突出：过去是名校高才生，结果因病辍学；回乡后从一个瘫痪在床的病人，成为一名电商创业者，还带起一帮残疾人。因为故事好，来采访的人多，已有了不少素材，“应该比较好写”。

可第一次采访不大顺利，“历经长期苦难后取得成功，也让曾北方有了些脾气”，“在他面前，只能倾听而不能交谈”。凭着手头的材料，凭着到过现场的一点观察，讨巧的话这篇稿也能成。孙超坦言，“如果根据已有材料和并不成功的初次采访写作，报道同样也能够完成”。

但孙超选择了另一种比较笨、事实上也更为深入的采访办法：

> “我绕开曾北方，一一采访企业的合伙人，侧面了解曾北方的奋斗故事”；
>
> “带着这些积累，我又一次找到曾北方。看我说出了很多原先不为人知的故事，他也慢慢地平和了许多。于是，一些过去报道中没有触及的细节、曾北方以前没有袒露的心结，都倒了出来”；
>
> “随后曾北方又开着轮椅带我上山参观。我走在他的轮椅后面，观察他如何与家人和员工互动”。

经过这番扎实的采访，“返途中，《‘奋斗了就有答案’》一文已基本写成。”孙超这样总结这次采访，“一个典型细节，胜过十个空泛细节。而有效的、典型的细节，往往藏在‘沉浸式’的采访中，藏在认真的观察中。”

采访曾北方现在的合伙人，虽然是侧面，却是“正在进行时”中发生的故事；“观察他如何与家人和员工互动”，自然更是“正在进行时”。当然在第一次采访后，“选择另一种比较笨、事实上也更为深入的采访”，无疑要付出更多脚力。而只有脚力到位，才能真正写出时代特点，写出记者的独到观察。

附：

任职两年来，搞乡村游，卖农产品，带领村民致富脱贫——

冷书记，暖了小南河

第一书记两年任期到了，眼看着和冷菊贞书记同一批来的其他村的第一书记纷纷“打道回府”，小南河村的村民着急了。

这天，冷书记正在屋里琢磨葵花籽油的销路问题，村里的贫困户杨俊华老人进了门。以前杨俊华家里困难，生活没有着落，冷书记帮着她养起大鹅，现在光卖鹅蛋就有不少收入。“冷书记，我现在生活挺好的，这是700块钱，你收下，能不能别走了？”听着老人的话，冷菊贞愣住了，她忍住泪水，一字一顿地说：“大娘，钱你收回去，我不走，我带大伙儿搞的项目，还有旅游，都刚支起架子，村子还没富，我不能撒手不管！”

“冷书记留下啦！”去年底，得知第一书记冷菊贞留任的消息，小南河村沸腾了。村民们争相挽起冷书记的手臂。“冷书记，你不走，我们有福了！”

小南河村位于黑龙江省双鸭山市饶河县，曾是有名的贫困村：200多户村民窝在贫瘠的岗子地，靠种玉米为生，几条泥土路，一片土坯房。村穷人心散，打牌、喝酒几乎就是全部的农闲生活。

2015年末，在双鸭山市市场监督管理局工作的冷菊贞，来到小南河村任第一书记。踏入这片古朴的村落，她看到了“穷”，但也发现了“美”：这里有巍巍大顶子山、清澈的山泉河，还有上世纪三四十年代风格的木刻楞老屋大院和传统“匠人”老豆腐匠等东北民俗、人文资源。

“我把小南河村淳朴的自然和民俗风貌图片发到摄影爱好者微信群里，很多人都说太美了，一定要去。”爱好摄影的冷菊贞说，“我就冒出一个想法，这些在农民眼里不值钱的东西，不正是摄影爱好者和城里人眼里的宝贝吗？把这些资源利用好，把乡村旅游搞起来，乡亲们不就能富了吗？”说干就干，冷菊贞自掏腰包购置花布、窗花、灯笼等物品，成立农家旅游协会，打造传统工艺家庭作坊、民俗游玩项目……从前与世隔绝的小南河村从此敞开大门迎接八方来客。

起初，一些村民并不看好她的想法，觉得是“瞎折腾”。为此，冷菊贞挨家挨户做工作，谁家有活就到谁家去帮忙，连春节都在村民家里帮着拍照、包饺子，“我品出来一个理儿，就是大年三十那天，无论去谁家都会笑脸相迎，这是做群众工作的好机会！”

在大顶子山下种花吸引游客，一直是冷菊贞想做的事，“选来选去，最后选了向日葵，既能观赏，还能榨油，实在不行还有葵花籽！”去年夏天，百亩向日葵花竞相开放。冷菊贞拿起相机，拍下花海美景，在她的推广下，一拨拨摄影者慕名而来。“小南河村有种古朴的美，不虚此行！”来自哈尔滨的摄影爱好者韩健说。

冷菊贞镜头下的美景，成了小南河乡村旅游最响亮的代言。任职两年来，小南河村共接待省内外游客2.6万余人，营业收入160余万元；还注册了4件37类商标，推出辣椒酱、葵花籽油等农产品；村民们走出大山，参加全省的农产品展销，在哈尔滨的中央大街设立了农产品专柜，销售额达10万余元。现在村里农忙农闲已分不大清，打牌喝酒的少了，讲奋斗、追求好日子的多了。

上级批复了冷菊贞的申请，继续任小南河村第一书记。“小南河村已经是我生命中的一部分，我得好好干。”冷菊贞笑笑说。

■记者手记

倾情融入　找准出路

初识冷菊贞，是在2016年夏天，当时她到小南河村才半年，就让那里有了不小的变化。不久前，再见冷菊贞，她添了白发、皱纹，原本白皙的双手也变得粗糙干裂；没变的，是骨子里透着的干劲儿。

冷菊贞的朋友圈里，“小南河招商简介”“小南河古村落改造意向效果图”“葵花籽油宣传页”等内容日日更新，招商电话、销售热线，全留着她的号码。她这个第一书记走遍了村里的家家户户，读透了村民的脾气秉性，最终因地制宜，为小南河村量身定制了发展模式。她把自己融入了小南河村，带领村民走上了致富的康庄大道，村民们也从她的一言一行中，悟出了好日子要靠奋斗得来的道理。

（方圆，《人民日报》2018年5月23日，获人民日报2018年5—6月好新闻三等奖）

附（记者自析）：

点滴中积累光亮

还记得那天我一口气写完冷菊贞的初稿，已是深夜，内心始终难以平静。

初见冷菊贞，并不是专程采访她。两年前，我去双鸭山市采访其他选题，中午吃饭时，碰巧和她坐在一起。一旁的人介绍说，这是很出名的扶贫干部，还是一位摄影家。此前，我也采访过一些驻村第一书记，大多是有些“粗糙”的男性，眼前这个美女面容清秀，一下勾起了我的采访热情。

冷菊贞挺健谈，大概是因为接受过很多媒体采访，她的语言得体、表达顺畅。饭桌上，她讲述了小南河村的基本情况，谈到自己刚入村时因为惧怕村头的大狼狗，吓得折了回来，被村民轻视，也谈到为了改变村民对她的看法做出的种种努力，还介绍了自己为带领村民致富想出的种种办法。一顿饭吃完，情况了解得七七八八。采访很顺利，可我总觉得太官方。似乎采访典型人物就是这样，因为对方总接受采访，一样的话说得多了，就好像是台词，反倒忘了那是自己的事了。

当地宣传部看我对她有兴趣，给我发了很多现成的材料，加上一席谈话，稿子其实能成。饭后，我意犹未尽，把她抓到大厅沙发上，接着聊。或许是因为只剩我们两人，她显得亲近了许多，除了刚刚谈的驻村成果，又说了不少眼前的困难。

交谈中，她对于怎么宣传她的成就并没有什么兴趣，倒是总问我如果成稿，能不能多一些笔墨写写村里在项目落地和资金短缺方面的困难，引起大家的关注，好能吸引人来投资。“我们村真的不错，就是缺资金，我天天琢磨怎么能整来钱！”她反复说着这话，我能感受到，驻村仅半年，她已经把小南河当成了自己的家。

她因要去赶回村的车，采访只得告一段落。我赶紧要了她的微信。有时候我要采访对象的微信，是为了资料或者核实数据，但这次，我是想继续了解她的故事、走进她的生活，她值得更多关注。

两年来，她常在朋友圈里发小南河的景色、项目，讲述那里的人和故事。我给她点赞之余，不忘聊上几句。

“上次那个项目落地了没？”

“落一半，钱还不够，愁！”

“慢慢来！我看你发的辣椒酱不错呀。”

“为了做新鲜的给游客吃，昨天熬到半夜，现在腰还疼。”

“过年回家吗？”

“够呛，大年三十能赶回去就不错。”

“保重身体。”

“这么多采访我的记者，稿子发了就完了，只有你还一直关心小南河。”

以上，是我们的聊天日常。

我渐渐发现，她不仅热心扶贫，也是一个很文艺的支书：摄影、写作，都通晓其理。她偷偷告诉我，来小南河还有一个私心——想写一个《小南河记》。“这里的一切都值得纪念，这是小南河的传记，也是我自己的回忆。”

不久前，《新时代的奋斗者》栏目开栏，我觉得冷菊贞很合适，我报题时反复自问：这个人物的价值在哪里？在于她放弃了城里安稳的工作，跑到农村去“吃苦”；她原本有个温暖的小家，却把村民当成了最亲的一大家人；她在扶贫的路上不知疲倦，越挫越勇，从不言败；她从不长篇大论地说教，却身体力行地带动村民为美好生活而奋斗。哪里打动了我，哪里就能打动万千读者。

回想以前，个别采访进行得不充分、不扎实，写稿时枯坐在电脑前苦思冥想，搜肠刮肚也想不出好细节。这样的稿子即使成了，读来也是无趣无味，新闻价值难以体现。这次接到任务，我立即着笔，把绵长的思绪一捋，文章呼之欲出。

世上本就没有一蹴而就的事，采访典型人物，更是觉得常采常新，每次看似闲聊、搭讪，都是在为日后的写作铺垫，让人有满满的收获。生活中任何一件小事都可能是新闻的落点、写作的对象，把看到的、想到的慢慢积累起来，经过思考和加工，很多稿子自然能在岁月的点滴积累中成形，写起来酣畅淋漓，成稿也更会有厚重感。

（方圆，《业务研讨快讯》2018年第38期，人民日报社地方部主办）

既要见树木，更要见森林

我的新闻生涯中，有一次难忘的“滑铁卢”。

1990年底，人民日报社经济部副主任班明丽带我到北京燕山石化公司采访。这次采访的背景是，20世纪80年代，北京燕山石化等39家地方石化企业组建成立中国石化总公司。到1990年底，中国石化的第一个承包期结束。有关方面介绍，中国石化通过对下属企业产供销、人财物等实行统一管理，成果显著。班主任要求，通过解剖燕山石化这只“麻雀”——全面反映燕山石化体制改革的做法，从而由小见大，反映中国石化首个承包期的成功经验。

北京燕山石化是我国石化行业历史最悠久的企业之一，因此，在中国石化总公司，流传着“先有儿子，后有老子”的说法。采访这个以前一直是独立自主的企业时，很多干部职工直言不讳，道是如果企业自主权没有被上收，他们公司还拥有以前一样的腾挪空间的话，经济效益肯定比现在还要好。

众所周知，我国经济改革肇始于农村承包责任制，其核心就是“相信农民会种地”——把自主权还给农民。我1983年参加工作，在《人民日报》上发表的第一个头版头条——《杭州企业全部实行浮动工资制》(《人民日报》1986年9月2日)，报道杭州在企业分配制度上的改革，其实质就是把这方面的自主权还给企业。而当时对国企改革总的宣传基调，也还是强调要扩大企业自主权。

因此，来自企业干部职工的这种呼声让我产生强烈共鸣。我认为，中国石化总公司对下属企业产供销、人财物等，用很大力度实行统一管理的做法，挫伤了企业自主经营的积极性，背离改革初衷，认为我们原先确定的报道思路有问题，这个报道做不得。经班明丽副主任反复劝说，我后来勉强写了篇消息稿“交差”——《燕山石化公司内涵挖潜发展快》(《人民日报》1991年1月3日第1版)。

认识到自己的错误，是过了两个多月，我于1991年3月初采访由国家体改委、国家计委和国务院生产委员会联合召开的全国企业集团工作会议后(《全国将建百个大型企业集团》,《人民日报》1991年3月4日第1版)。这次会议着重讨论如何促进企业集团发展，并研究相应的扶持政策，目标是完成组建100个左右大型企业集团试点。而企业集团的核心，就在于必须能够对紧密层成员企业的产供销、人财物等主要方面实行统一管理。

国家体改委副主任张彦宁在会上强调，组建企业集团是一项改革性措施，要突破现行体制。因此，不能以“与现行体制有矛盾”为理由，或以“现行法规中找不到根据”为理由而不允许突破，正是由于要突破现行体制才需要进行试点，在试点取得成功的基础上，才能形成法律规范。

现行体制内容很广，包括在企业生产经营自主权方面，会议强调要“坚持集权与分权结合，既防止集权过度，又防止分权过度”。

事实上，此前采访企业中，对分权过度导致企业竞争激烈、资源浪费的问题，我也有所察觉。比如整合地方石化工业而成立中国石化总公司，目的之一，即为破解石油化工企业在激烈竞争中浪费资源的问题，以提高我国的原油使用效率。当时，每1000美元国民生产总值耗油量，日本是0.17吨，我国高达0.31吨，就连印度也比我国低，为0.26吨。20世纪80年代初，我国年产1亿吨原油，中央做过一个测算，把石油加工和石化企业联合起来，做好这1亿吨原油的综合利用，国家财政收入可增加115亿元。而1981年全国财政收入仅1175亿元，这就相当于能让国家财政增加十分之一。中国石化公司1990年胜利完成首个承包任务，累计实现利税946亿元，当年上缴国家利税167.5亿元。这些具体情况，我是后来才知道的。但事实上，如果采访燕山石化时，我的情绪不那么激烈，想进一步了解燕山石化体制改革大的背景，是完全可以通过继续采访中国石化总公司了解到这些情况的。很遗憾，巴掌山挡住了自己的双眼。

这次采访全国企业集团工作会议，是班明丽副主任指定我参加的。那时我只是工业组一个普通记者，这类涉及宏观层面的会议，通常会安排工业组组长或副组长参加。这样的领导方式，体现了对一个普通记者业务成长关心、用心之细致，令人感动。

我不禁深刻反思自己前不久采访燕山石化与主任的那场“顶牛”，思考一个称职的记者应该如何去写出事情的真相。

“登高壮观天地间，大江茫茫去不还。”一个站在山脚下的人，是无法想象山顶上有什么风景的，无论他有多么瑰丽的想象力。而且，越是阅历浅，越容易固执己见。有时，往往因为高度不够或是视野太窄，而影响我们对事物的认识。

我们常说：不能只见树木不见森林。当一个人的站位太低，或者不能拉开一定的时空去观察与思考时，自以为耳闻目睹的亲历，未必真能帮我们看到事情真相。唯有提高站位，才能既见树木，更见树林，透过发展中存在的某些问题迷雾，并用发展的眼光深入思考，从而窥见并抓住事物本质的真实。

全国企业集团工作会议结束不久，我写了篇经济述评《企业集团：大潮初起》（《人民日报》1991年4月19日第2版），文中写道：

> 目前我国经济发展中存在的一些深层次问题，也有可能通过发展企业集团得到一定程度的解决。这种新的企业组织结构，展现了我国企业走出困境、走上健康发展道路的前景。

在这篇报道的结尾，我满怀激情地预言：“如果说，企业集团在中国大地上破土而出，是改革的产物，那么，它的发展、壮大，又必将推动经济体制改革向更宽的领域、更深的层次深化。”

“日落江湖白，潮来天地青。”中国改革开放的成功实践，对此早已作出了最壮美、最生动的说明。

取其大而略其小

1991年，唐山大地震15周年，人民日报社经济部主任艾丰派我到唐山采访。我于1990年从总编室调经济部后，日常参加较多的是一家企业、一次会议的采访，比如唐山，就曾采访过开滦煤矿。独立采访一座城市，还是第一次。

艾丰看过我写的初稿后说，写得太细，没法改。他赠我五个字：学学用“粗笔”。艾丰道：“粗笔”才能写出气势。并为我改定题目：新唐山扫描。

既是“扫描”，岂容得你精雕细刻?

艾丰在其《新闻写作方法论》一书中这样定义“粗笔”：

> 新闻作品中的粗笔，是指记者用的概括力强的笔触，是指记者用的粗犷的笔触，是指记者用的“取其大而略其小”的笔触。

我觉得艾丰的“粗笔”一说虽不够严谨，但还是颇能概括其神韵的。文章要写出气势，要占领“弥漫开放，精骛八极，而善于收束聚集，气势如鹰击长空，纵横裕如，略无阻碍”之制高点，能不用“粗笔”、用如椽巨笔吗?

我的这篇通讯首先从新唐山即将举行“第二届城运会”这一极富典型意义的事件切入，随即以“美哉，凤凰城”“‘中国近代工业摇篮’的新篇”“壮哉，‘大三角’”三个文中小标题导引，分别从城建、工业建设、城市远景规划等不同角度大笔勾勒新唐山的风貌，展现新唐山的诱人前景以及唐山人的乐观精神。

报道发表后，引起了较好的社会反响。唐山市委专门致电报社表示感谢。1996年，唐山大地震20周年前夕，唐山市委向人民日报点名让我再去采访报道。我又写了通讯《唐山抬起龙头》（1996年7月23日第1版头条）。

这篇《新唐山扫描》多次入选有关新闻教材。2009年，人民日报编辑出版《人民日报60年优秀通讯选》，也将其收入。2018年，编辑出版《人民日报70年通讯选》时，被再次收入。

这里还应强调的一点是，提倡用"粗笔"，并不排斥"细笔"。无论何种新闻体裁，都要以事实的叙述、细节的描写作基础，这种全景式的风貌通讯也要善于"点""面"结合。"面"宜纵"粗笔"挥写，那细节的叙述，"点"的描写，与"粗笔"是否就矛盾呢？

不矛盾。鲁迅曾说过："要极省俭的画出一个人的特点，最好是画他的眼睛……倘若画了全副的头发，即使细得逼真，也毫无意思。"可见，描写不一定都要"细得逼真"，也可以"极省俭"。那就是抓特点，抓最有特征的、最具代表性的形象、场景、细节等，文字寥寥几笔，简洁干净中形神俱备。本篇也是力图体现这一点的。

本篇收入新华出版社《新闻专业必修文库·通讯范文评析》一书时，选编者认为：

> 《新唐山扫描》不仅贵在善用"粗笔"，还贵在适当的粗细结合，丰富了通讯的内涵。如对81岁的张瑞智老人的细笔刻画，以唐山人个体的主观感受描绘了唐山的宏观变化，以细笔代粗笔，颇具匠心。

华龄出版社1992年出版的《通讯写作导引》一书中，第五章"风貌通讯"收入了这篇通讯。出版社编辑让我写一点感言，也附录于此：

学学用"粗笔"

"粗笔"，相对于细腻的文笔而言。

不妨用中国画作比，“粗笔”如泼墨写意，细笔如工笔白描。工笔难在初学，泼墨则学来容易学好难。“粗笔”比“细笔”难。

《新唐山扫描》，题目是人民日报经济部主任艾丰出的。第一稿脱手后，艾丰把我叫去说：“我只看了两页，想改，但没法改，写得太细，你要学学用‘粗笔’。”这是我第一次听到“粗笔”这个词。艾丰推荐我读一本苏联名记者爱伦堡的书《爱伦堡通讯作品集》（新华出版社，1982年）。

于是读爱伦堡，可交稿时间搁着呢。便比画着“练”粗笔。第二稿交上去，艾丰依然不放行：“学‘粗笔’不仅是学笔法，更重要的是要把握那种站在历史的高度高屋建瓴、大笔勾勒的气势、力度。”一语道出个中精义。所谓“泼墨”者，不就是泼胸中浩然之气吗？如醍醐灌顶，即易三稿。

当然，冰冻三尺非一日之寒。学会一种笔法，岂是三两篇文章的事，何况第一次“扫描”。此篇倘若说还有点“粗”的韵味，得感谢编辑删繁就简一把“大斧”，砍去十之二三矣。

附：

新唐山扫描

仅仅15年。

15年前化为废墟的唐山，今年9月将以东道主的身份，迎接前来参加第二届全国城市运动会的体育健儿。唐山的电视台、报纸、广播每天告诉人们：“距城运会开幕还有××天。”在占地25万平方米的唐山市体育场内，工人们正顶着炎炎烈日扩展着绿色的草坪……

有人预言“将从地图上被抹掉”的唐山，如今那整齐的楼群间、棋盘式的交通干道两侧，震后栽下的幼树才向外扩展第15圈年轮，唐山可容纳3万观众的体育活动中心，就将回响起全国运动健儿的笑声。

“15年前大地震，15年后办城运。”这句话成为唐山时下最响亮的口号。它把人们的目光再次引向这个地震后新生的凤凰城。

美哉，凤凰城

1986年7月，英、美、德、日、苏等8个国家的20名记者采访唐山。他们惊奇地发现，这座被地震夺走了24万人生命的城市，人口已超过震前。唐山市市长对此解释道，一个重要的原因是，新唐山以其迷人的魅力吸引不少从四面八方来支援唐山建设的人们留了下来。

联合国副秘书长、人居中心执行主任阿考特·拉马昌德兰称赞唐山是“科学而热忱地解决住房、基础设施和服务设施的杰出典范”。

81岁的张瑞智老人用满意的微笑表达了与拉马昌德兰相同的感受。这位家住曙光小区的老人告诉记者，震前，他家8口人住房面积不到30平方米，现在全家5口住房面积近50平方米，做饭有煤气，冬天有暖气，抬腿一出门，满眼是绿荫，过条马路就是与住宅小区配套的中心公园。

这是唐山最普通的一个家庭。到去年底，唐山人均居住面积达8.07平方米，名列全国大中城市前茅。

旧唐山是1878年后，随着开滦煤矿的发展而形成的，布局混乱，污染严重，住房矮旧，交通不畅。“旧的唐山毁灭了，却给了人民一次新的选择机会。”有人在震后这样说。

唐山把握住了这一历史的契机。

新唐山，不仅市区面积比原来扩大了2/5，而且具有现代的气质：

——功能分区明确，布局合理。在震后的废墟上复建了政治、经济、文化中心的老市区，和东面以开滦煤矿为主的采矿工业区，又将原来老市区布局紊乱的工业企业迁出，在北面辟建工业新区，三区各距25公里，如三星相互辉映，整个城市闹静分开，生产、生活各自有序。

——居民住宅统一规划、施工，环境舒适优美。孩子们不用过马路就能上学，与工业区之间有足够的防护林带，雨水、污水分流排放系统完备。唐山的人均绿地面积是震前的2.66倍，已达2.05平方米。

——市政设施配套，在国内堪称一流，集中供热率居全国首位……

1990年11月13日，联合国授予唐山“人居荣誉奖”。新唐山当之无愧。

“中国近代工业摇篮”的新篇

厂房栉比，高炉巍峨。震后28天就炼出第一炉钢的唐山钢铁公司，如今已跨入全国10大钢铁企业的行列。

震后一个月就生产出第一批陶瓷制品的唐山市第一瓷厂，如今已旧貌变新颜。一条投资4000万元新建的国际公认的高档瓷——骨灰瓷生产线已正式投产。穿着翠绿色工装的女工，全神贯注地检查着从流水线上走过的每一件洁白细腻的胎瓷……

唐山，是我国第一座现代化煤矿、第一家铁路工厂、第一家机械化水泥厂的诞生地，素有“中国近代工业摇篮”之称。

今天，在奔流不息的陡河岸边回响着全国最大电厂之一唐山发电总厂的隆隆机声；

在全部地面建筑都毁于地震的开滦煤矿，全国最大的范各庄洗煤厂昂然崛起；

还有全国规模最大、最现代化的冀东水泥厂，全国最大的生产卫生陶瓷的唐山陶瓷厂……

截至去年底，唐山14年来已向国家上缴利税200亿元，相当于国家重建唐山投资的4倍。

壮哉，“大三角”

如果说，地震后，唐山形成老市区、矿区、新工业区这样一个“新三角”的话，那么，现在它又在形成一个“大三角”格局。

王滩，在唐山市区东南95公里。72年前，孙中山先生在《建国方略》中，认为这里应建“北方大港”。

1989年8月，三艘大型挖泥船开进这里，咆哮轰鸣起来。时间仅仅过去1

年零10个月，码头、疏港铁路、公路、水电等主体工程已基本竣工。今年底，7号、8号两个泊位就要启用。

满头白发、年过花甲的王指挥告诉记者，这里的宜港海岸长达6公里，而近期仅需开发1/3。王滩港是“大三角”的一角。

一片片苇荡，一片片海滩，南堡依旧荒凉。但是，展示着这块土地美好前景之一的唐山碱厂已从芦苇荡里拔地而起。“我们在芦苇荡里打下了7000根分别高28米、20米的水泥桩，用36个月的时间建成了这座年产纯碱60万吨的、远东最大的现代化制碱企业之一。”在制碱车间里，厂长邸维章自豪地说。

碱厂并不寂寞，与巍峨的碳化塔相伴的，还有冀东油田的上百座井架，还有许多即将走下蓝图的美丽构想。南堡，这是“大三角”的又一角。

一个王滩，一个南堡，加上风华正茂、从震后废墟上崛起的“小三角”，这个“大三角”，将支撑起更加魁梧的新唐山。

唐山人民在党的领导下，正满怀信心，走向未来！

（费伟伟，《人民日报》1991年7月26日，收入《人民日报70年通讯选》）

真实的故事，要有饱满度

知道莱索托吗？天空之国。

挺有意思的一个说法，让我记住了这个非洲高原小国。

2021年8月底，人民日报社举办的“好记者讲好故事”比赛，我担任评委。国际部选手率先登台，头一个故事，就从莱索托说起——中国医疗队援莱。头一个，总是令人印象深刻。

前不久《环球时报》有篇报道，《“美国医生走了，中国医生一直坚守”》，也说中国医疗队援莱，读罢不禁生发出一点联想。

《社内生活》转载了演讲赛文稿，文中讲述援莱医疗队部分的全文是：

> 地处山区高原的国中国莱索托有“天空之国”之称，2019年10月，这里迎来了中国第14批援助医疗队，9名队员都来自武汉，他们走遍山区巡回出诊，为偏远乡村送去健康。去年新冠肺炎疫情期间，医疗队员们坚守异国、不辱使命，第一时间把疫情知识和防疫措施介绍给当地医院和卫生部门，得到采纳。队长左伟告诉我，当地医疗条件落后，艾滋病感染率近30%，肺结核高发，检测样本只能送往南非实验室，要帮助当地人强化疫情防控，尽可能为疫苗和医疗系统争取时间。他们做到了：莱索托是最后一个受到疫情侵袭的非洲国家。莫特邦综合医院院长那马奈说：“多亏了我们真正的朋友——中国朋友！Kea leboha（谢谢）！”

这里面显然有故事，但记者只是概说，太单薄，没细节，没场景，不只是不生动，更因为说得太简单，有时不免令人生疑。比方说，9名队员走遍山区巡回出诊。医疗队是分期分批的，第14批这一批就能“走遍”？虽然是“国中国”，可莱索托到底多大呢？记者并没有交代。

记得演讲中提到五个非洲国家，《社内生活》刊载时有删节，除介绍援莱医疗队，还说了三个故事：在马达加斯加的穆龙达瓦，中国援助打水井；在科特迪瓦的萨哈拉，中国帮助装“卫星锅”——孩子们第一次看上电视；在乌干达的维多里亚湖畔，中国帮助养罗非鱼……

演讲当然有时间限制，但是，如果8分钟里能重点扣住发生在一个非洲国家的中非友好故事来讲，不说游刃有余，至少能够见人见事见场景，见出中非之间的“真实亲诚”。

好故事的特质是什么？无论谁来归纳，定然少不了一条——鲜活丰满。像我这样一个从未去过非洲的人，听发生在非洲的故事自然是“叫花子吃死蟹——只只鲜”。但刚尝到点鲜头，咂巴嘴的工夫，他那厢便更碟换盏又上新了。情绪方被调动，下一个故事又开始了。

这次第，怎一个“憾”字得了？

尽管这是篇演讲稿，然而暴露出的问题，也频见于我们日常报道。比如，2021年10月我值夜班，编辑在评报时议到一篇写基层民主协商的报道《农家院坝问民生》，一千多字的篇幅里，先后说了村里装路灯、治理垃圾填埋场、办便民服务点、药材收割后再种一茬蔬菜增加收入等多个故事。哪个故事里都有干货，但哪个故事都没有说透。

所以，有好故事，还得把它讲好听。首要原则，便是“集中兵力打歼灭战”，尽量在讲好一个故事上发力，聚焦于一处用情用劲儿。如果把讲中非友好发生在若干国家故事的篇幅集中于医疗援莱这一件事上的话，那么原本只能一两句话点一点的，自然就可以比较从容地道来了。

比如演讲稿里只是“他们走遍山区巡回出诊，为偏远乡村送去健康”这样一句简单的概括，《环球时报》的报道便说了一桩具体的事：

常乐还记得，今年9月有一个手掌外伤的患者，在当地医院诊治时医生认为需要从手腕处截肢。“患者的哥哥曾接受我治疗，他坚持要把弟弟送到我的门诊。经过详细的术前评估，我给出治疗方案是可以不截肢，并确保患者手掌的大部分功能。手术成功后，患者激动地说，‘中国医生是最棒的’。”正是中国医生对当地患者一次次精心治疗和耐心呵护，让当地百姓信任中国医生，信任中国。

只道“说了一桩具体的事”，因为这离讲故事的要求也有不小差距——概述多描述少，生动性尚有很大提升空间。但显然比起前者一句话的简单概括，饱满度提高了不少，真实性也增强了不少。

说到增强故事的真实性，诺贝尔经济学奖得主丹尼尔·卡尼曼认为：人类的主观感受主要来自对比。《环球时报》这篇同题报道，在巧用对比这一点上，很值得肯定。

在演讲稿里，“莱索托是最后一个受到疫情侵袭的非洲国家。莫特邦综合医院院长那马奈说：‘多亏了我们真正的朋友——中国朋友！ Kea leboha（谢谢）！’”用莱方院长的话直接道出了记者的观点。而《环球时报》这篇同主题报道，寓观点于中国医疗队与其他国家医疗队的对比中。《“美国医生走了，中国医生一直坚守”》，文章标题就突出了这一点：

埃迪·切尔告诉《环球时报》记者：“我已经和6批中国医疗队队员工作合作过。自从新冠肺炎疫情暴发以来，美国等其他国家来援助的医生因为疫情都走了，只有中国医生一直在坚守，并派抗疫专家团队和新一批医疗队员来帮助我们。中国是真正做到了无私帮助非洲人民。在我心里，中国的确是NO.1，因为只有中国是真正无私地帮助我们。”他还表示，非常希望有一天能通过国家交流项目到中国学习更先进的医疗知识，亲身观察中国的发展，并当面感谢那些曾帮助过莱索托百姓的中国医生。

同样是借莱方工作人员之口，却是讲事实，将结论蕴于事实。文章由于具体而生动，也因具体而真实，在比较中引导受众思考。

拿这两篇同样写中非友好的文章做比较，前者因张开手掌，分兵作战，效果大减；后者则五指攥拳，集中用兵，便生色不少。

但把后一篇和那些优秀报道相比，还存在概述多、描述少、叙述过正、行文太平等问题。须知行文亦如用兵，不能只知“正面出击”，有时还得“迂回包抄”。到照相馆拍过照的都知道，摄影师给光不能全给正面，还要有侧光。越讲究，各种补光就用得越多，这样才能拍出真实立体的效果。

因此，即使是正面说成果，也要注意不能全给正光——满篇都是夸奖式表述，要有侧光，有其他点位的补光，不妨将叙事重心转移到工作中的难点和经验上，适当说说期间面临的困境及解决方案，所遇到的难题是如何被克服的。作家曹文轩谈文学辩证法时说过这样的话：

> 卡尔维诺（意大利作家）在分析传说中的珀尔修斯（希腊神话中宙斯之子）时说，他的力量正在于“始终拒绝正面观察”。我对这句话的理解是，他并非在否定正面观察，而是在告诉我们一个秘密：对正面的有效书写，恰恰需要从侧面或背面加以观察。

举个也许不太恰当的例子说吧，就好比我们看谍战片，决定片子是否成功的下限，自然是正派主角，但真正能拔高上限的，往往是剧中反派角色的发挥。这个角色的魅力，至少要和主角持平，甚至还高出一点，才会给观众造成压迫感，提升剧情的张力。

《“美国医生走了，中国医生一直坚守”》一文里，莫特邦医院的雷姆菲肯医生对中非之间的合作高度评价，他告诉记者，“他从来不对那些挑拨中非关系的言论感兴趣，并且不明白为什么有些国家会对中国进行恶意指责”。

那么，那些挑拨中非关系的言论是怎么说的呢？

传播学里也有个说法叫“两面提示”，指的是传播者在陈述自己观点时，对己有利一面以及与己对立一面的观点都要提，而通过对观点的比较巧妙地突出有利于自己的一面。

如果能针对这种“挑拨中非关系的言论”，有的放矢采写，“从侧面或背面加以观察”，让事实说话，寓批判于故事中，那么，无疑会比现在这样全部采用单向度视角、看起来似乎“一帆风顺”的视角，更真实立体，更有说服力。

附：

书写“真实亲诚”的中非故事

地处山区高原的国中国莱索托有“天空之国”之称，2019年10月，这里迎来了中国第14批援助医疗队，9名队员都来自武汉，他们走遍山区巡回出诊，为偏远乡村送去健康。去年新冠肺炎疫情期间，医疗队员们坚守异国、不辱使命，第一时间把疫情知识和防疫措施介绍给当地医院和卫生部门，得到采纳。队长左伟告诉我，当地医疗条件落后，艾滋病感染率近30%，肺结核高发，检测样本只能送往南非实验室，要帮助当地人强化疫情防控，尽可能为疫苗和医疗系统争取时间。他们做到了：莱索托是最后一个受到疫情侵袭的非洲国家。莫特邦综合医院院长那马奈说：“多亏了我们真正的朋友——中国朋友！ Kea leboha（谢谢）！”

在马达加斯加南部城市穆龙达瓦，猴面包树高大粗壮，树干如同水塔，这是植物适应当地炎热干旱气候的自然选择。在市郊的拉帕那村，我认识了小女孩娜娜。过去，娜娜每天除了上学，课余时间都要去打水，去河边往返一次要花一个小时。2019年，中国援助的水井修到了村里，那以后，娜娜打一次水用不了10分钟。她高兴地说，这下我就有时间和伙伴一起玩了。绿色的围栏里，娜娜欢快地压着井杆，清凉甘洌的井水喷涌而出。打井项目负责人刘中正说，这样的水井已经在马达加斯加打了200口，他们公司还在其他非洲国家打了数千口水井。拉帕那村村长说，“是中国实实在在地帮我们解决了用水困难！ Misaotra！（谢谢）！”

西非科特迪瓦西北部的萨哈拉村，正午时分，村中央的大榕树旁，妇女们正准备饭菜，有的捣木薯、有的炖鸡汤、有的做烧烤，就像过节一样。她们笑着对我说：“中国企业来给我们装卫星电视了！”不远处，身着橙色工作服的工程师正在组装四达时代“卫星锅”。负责安装和验收的张凝，是个90后，他说，一些安装的村子非常远，路况差，有时手机都能收到邻国的信号，洪水冲断道路也是司空见惯。不仅是农村，在大城市阿比让上班的艾菲，爱看四达中剧频道，她说，“中国电视剧看多了，现在看到中国人都觉得很亲切，中国的万村通项目让许多科特迪瓦孩子第一次看到了电视，看到了外面的世界。Merci（谢谢）”

东非乌干达的姆皮里区位于非洲大湖——维多利亚湖湖畔，在这里，我认识了养鱼专业户——大卫。最近，他贴出了自己养殖的罗非鱼大丰收的照片，网上收获不少点赞和留言。去年4月，西方媒体借中国疫情防控措施，炒作种族歧视话题。曾在中国学习养鱼技术的大卫对报道产生怀疑，通过联系在华的朋友，搞清了事实真相。他主动在社交媒体上录制视频，反驳相关谣言。他在视频中说，“我许多在中国的非洲朋友都告诉我，各地政府采取严格的防疫措施，对谁都一样，确诊的非洲朋友都得到及时救治，恢复了健康。”我在他的视频下留言，“Asante David（谢谢你，大卫）”。

中非是好朋友、好伙伴、好兄弟，从来不是一句空话，背后是许许多多故事凝聚起来的真情和友谊。中非已成为休戚与共的命运共同体和合作共赢的利益共同体。作为一名党报人，我很荣幸在这块充满活力的非洲大陆上，用无悔的青春和奋斗的汗水，书写和记录中非命运与共的时代篇章。

（人民日报社《社内生活》2021年10月11日）

附：

“美国医生走了，中国医生一直坚守”

莱索托王国是非洲南部的一个内陆国家，人口约214万，自然资源贫乏，经济基础薄弱。45岁的埃迪·切尔是莱索托北部莱里贝区的公立医院——莫特邦医院石膏治疗室的技师，在他心目中在非洲全球影响力排名第一的国家非中国莫属。他所在的莫特邦医院也是莱索托国内第二大转诊中心，中国第15批援莱医疗队队员2020年12月17日开始在该院工作。

埃迪·切尔告诉《环球时报》记者：“我已经和6批中国医疗队队员工作合作过。自从新冠肺炎疫情暴发以来，美国等其他国家来援助的医生因为疫情都走了，只有中国医生一直在坚守，并派抗疫专家团队和新一批医疗队员来帮助我们。中国是真正做到了无私帮助非洲人民。在我心里，中国的确是NO.1，因为只有中国是真正无私地帮助我们。”他还表示，非常希望有一天能通过国家交流项目到中国学习更先进的医疗知识，亲身观察中国的发展，并当面感谢那些曾帮助过莱索托百姓的中国医生。

第15批中国援莱索托医疗队的队员都来自武汉的新冠肺炎定点收治医院，他们拥有丰富的抗疫经验。常乐是医疗队中唯一的骨科医生，负责诊治骨科病人、骨科手术以及实习医生的带教工作。常乐告诉《环球时报》记者，与此前他在网上了解的信息不同，莱索托人民天性乐观，对来自中国的白衣天使尤为亲切友好。他和医疗队队员穿着工作服走在街上，常常会有莱索托人用中文问他们“吃了吗”或说“你好”。常乐说：“这里的人基本上都会说几句简单的中文，见面就主动用中文问候。很多病人在治疗结束时也会用英语说，‘谢谢你，从中国来帮助我’。”

常乐还记得，今年9月有一个手掌外伤的患者，在当地医院诊治时医生认为需要从手腕处截肢。“患者的哥哥曾接受我治疗，他坚持要把弟弟送到我的门诊。经过详细的术前评估，我给出治疗方案是可以不截肢，并确保患者手掌的大部分功能。手术成功后，患者激动地说，‘中国医生是最棒的’。”正是中国医生对当地患者一次次精心治疗和耐心呵护，让当地百姓信任中国医生，信任中国。

《新时代的中非合作》白皮书显示，向非洲国家派遣中国医疗队是中非开展时间最长、涉及国家最多、成效最为显著的合作项目之一。莫特邦医院的雷姆菲肯医生对中非之间的这种合作高度评价，他告诉《环球时报》记者：“尤其是对莱索托而言，在医疗合作方面，因为有来自中国的医学专家，当地民众受益颇多。我希望中非这样的合作能长久持续下去。”他从来不对那些挑拨中非关系的言论感兴趣，并且不明白为什么有些国家会对中国进行恶意指责。雷姆菲肯说：“众所周知，莱索托是一个发展中国家，缺少专业医生，而中非合作可以帮助我们国家有更多专家，这对莱索托有很大帮助。”不仅如此，中国援建莱索托的一家大型公立医院今年春天也已动工，这是“中非对口合作医院机制项目”之一。新的医院设施更先进，对患者是个喜讯。

（郭媛丹，《环球时报》2021年12月2日）

写出“思想的表情”

——读《李泓冰30年30篇新闻作品》有感

在历史的峰回路转中，总有一些东西贯穿岁月、一脉相承，大至国家，小到个人。

在我印象中，李泓冰30年来的新闻报道始终有一脉贯系，就是对思想性的追求。比如新闻评论，总是最能触动意识形态的敏感神经，因而也最能见出一个记者的思想锐利。分社记者中撰写各类新闻评论能逾千篇的，印象中有两人，一个李泓冰，一个王慧敏。李泓冰主笔的任仲平文章，还拿过中国新闻奖一等奖。

为什么说起李泓冰呢？2018年4月底，复旦大学新闻学院举办了“李泓冰从业三十年新闻作品研讨会”。研讨总要依据文本，就是一辑《李泓冰30年30篇新闻作品》，我由此获得了一次重新学习、系统学习的机会。一一读来，虽然草草，却让我对这位自以为相当熟悉的老同事有了新认识。

> 古老的长江和黄河孕育过一代又一代的青年，无数个20岁在这片广袤的空间里绽放，继而一层层沉重地飘落。20世纪80年代走来的这批跨越20岁门槛的年轻人，却似乎在执拗而又不恭地要把他们20岁的印记深深地戳进我们古国的血脉中去，要让历史永久地记住他们。

这是《“代”的疑惑——互相注视的四代人与第四代人》(1989年3月25

日）一文的开头。高举高打，气势雄健，文笔老到。恐怕无人能料，这是一个研究生毕业第二年的作品。当天的《人民日报》第1版，以“导读”方式对此文予以推荐。而且，就在这一天，“本报记者李泓冰”这个名字，在《人民日报》版面上出现了四次。

> 在河西走廊的戈壁与绿洲之间行走，除了大气磅礴的祁连山，最常看到的，就是秦、汉长城与明长城遗迹。它们没有我们习见的八达岭长城那般气吞万里如虎的气势和“焕然一新”的感觉。很多地方，长城烽火台已经老成一黄土堆，城垣已经老成一线田垄。著名的玉门关，正在荒漠风沙的鞭打中一年年萎缩。在山丹县境内，312国道破长城而过，把连绵不断的明长城截去偌大一个缺口。真正的长城还能陪我们多久？
>
> （《警惕“西部大开挖”——“文物保护世纪行”采访札记》，2000年9月4日）

跨入21世纪，多少憧憬，多少希望，而这样的文字里却闪着泪光。旧学商量加邃密，新知涵泳转深沉。较之初出茅庐时的激情飞扬，这样的文字平实了不少，但在自然真切的叙述中，思想的张力愈益增强。

近年，沪上作家金宇澄的长篇小说《繁花》异军突起，尤给人异质感的，是叙事语言，“他把传统资源、方言叙事、现代精神汇聚于一炉，为小说如何讲述中国生活创造了新的典范”（华语文学传媒大奖授奖词）。

> 繁花飘去，落英缤纷。
>
> 梦花街馄饨，被网友评为“上海滩十碗最好吃的馄饨”之一。来吃的都是熟客。有老先生老太太端着盆子清早来排队，跟三姐妹“嘎讪胡”（聊天），说闺女怀孕了，就想这一口，“笃定是因为当年拿你家馄饨当下奶汤，遗传了”。附近上班的吴老师也吃了20年，边吃边开玩笑，“你们这是‘鸦片’馄饨，一天不吃都不行。”一位胖大叔端着锅故意气人，“倷馄饨有啥啊，勿稀奇咯，不过是我看你们三姐妹看了20年看惯了，勿

看勿惬意！”

说归说，他们都伸长头颈盯着锅里：薄皮大馅的大馄饨、纤薄清透的小馄饨，在沸水中翻飞舞蹈，被分别捞进一碗宽汤，薄韧的面皮裹紧肉馅的鲜美，衬着嫩黄的蛋皮丝，碧绿生青的葱花，再添上一勺喷香的猪油，光是看着就馋涎欲滴了。

（《关了家馄饨铺　打翻了“五味瓶”》，2016年1月8日）

地方部和众地方分社这几年合力打造的记者调查《人民眼》，获第27届中国新闻奖（2016年度）“新闻名专栏”。此篇就是2016年度的开栏之作。报道刊出后，总理办公室派调查组赴上海了解情况，后来时任总理李克强在上海召开的部分省市深化放管结合优化服务改革座谈会上，又提到这家馄饨铺的遭遇。

中宣部《新闻阅评》评点此文时，还特别提到报道的表达方式、语言特点“值得品味”：“读出了沪上小说家王安忆和金宇澄的味道，或是记者对非虚构写作的有意追求。”

笔墨当随时代。纵观李泓冰30年报道，语言丰富而善变，总是与时代同步，总是那么富有表现力。仿佛我们的期待与希冀，都会在她的笔下灿然开放。

这也正是我对这位老同事的新认识，她的报道不但闪耀思想之光，而且，她用一支多姿多彩多情的笔，写出了“思想的表情”——用鲜活的表现手法把鲜明的观点自如地表达，如成竹在胸的画家对风中劲竹寄情挥写。

“思想的表情”是著名作家铁凝的一个说法。她认为小说是以一种特殊的方式在表达思想，她把这种特殊表达称为“思想的表情”——“小说必得有本领描绘思想的表情而不是思想本身，才有向读者进攻的实力和可能”。因为一般读者阅读小说只是在感受思想的表情，而不会去追究思想本身。

文以载道。人民日报历来强调思想性，编委会一再要求我们“做有思想的新闻”。无论怎么谈报道创新，包括融合创新，必同时强调要突出鲜明主题，见出思想锐利，这一条始终不变。

记者是为时代记录和储存思想的，优秀新闻作品不仅要追求真实事件的震撼，还有事实之后思想力的震撼，追求思想的力量。思想家提出了新的思想，记者要用血肉丰满、鲜明生动的事实来深化思想的表达。

而这种表达不能是直白的、教化的。语言是思想的直接体现，新闻报道要更多通过生动的语言，用一种能与读者契合和响应的语言，一种蕴含着作者情感立场和价值判断的语言，含蓄地完成意义的生产和递送，用鲜活的手法、生动的语言把鲜明而深刻的主题表达出来，并为读者喜闻乐见所接受。

因此，写出思想的表情，较之“做有思想的新闻”，更难。

曾经觉得这样的要求似乎过高，这样的记者距我们太远，而从《李泓冰30年30篇新闻作品》中，我读到了。

李泓冰为什么能？或者说，她为什么能接近这样的目标？

全国优秀新闻工作者、新闻出版界领军人才……多年前，李泓冰就荣誉加身，但是这个似乎总把自己当20岁的“领军人才”，“执拗而又不恭地要把他们20岁的印记深深地戳进我们古国的血脉中去，要让历史永久地记住他们”。

一方面，她继续带着一份文化自觉、文化自信以及文化传播的责任意识，以健全的视野、敏锐的思考，写着一篇篇回应时代热点的新闻评论，不断磨砺自己的思想长剑。另一方面，她率领上海分社那个号称“奶奶级”的新闻团队，勇敢闯进新媒体“蓝海”，“大江东”目前已成为人民日报最具影响力的公众号之一。

“喜欢一直在路上的感觉。”李泓冰如是说。从铅字照排时代到媒体融合时代，李泓冰始终默默耕耘，甘于奋斗。在这个浮躁奢华的年代，还有什么比这种精神更有力量呢？

优秀的诗篇，总是人生情怀结出的花朵；优秀的报道，总是渗过纪实的品质、审美的肌理，让瑰丽的思想如春雨润物般潜入人们的心底。

期待读到李泓冰更多“写出思想的表情”的好报道。

期待分社中涌现更多像李泓冰这样的优秀记者，不仅写出“有思想的新闻”，而且“写出思想的表情”。

附：

他们的未来不是梦

——第31届国际数学奥林匹克中国队速写

7月15日下午。北京西郊碧峰野岭之下的香山饭店。从转门里依次走进几个神色凝重的中国人。走在前面的年长者蓄着蓬松的头发，不修边幅，像个搞艺术的，很少有人料到这是一位思路缜密的数学家。他是参加第31届国际数学奥林匹克中国国家队教练杜锡录教授。跟在他后面的6个少年，眉宇间则流露出一丝忐忑。

多功能厅中人头攒动，等待本届IMO分数揭晓的人们正急不可耐之际，一长溜的记分牌终于展示出来了。各国的教练、队员，举着照相机、摄像机的记者一拥而上。杜教授匆匆在他熟悉的名字下抄记着分数：周彤42分、汪建华42分，——好样的，两个满分！王崧41分，余嘉联、张朝晖36分，库超33分。杜教授立即意识到这几个沉甸甸的分数意味着3到5枚金牌！于是，这个年过半百的山东汉子挤出人群，泪洒衣襟。面前这6个男孩在他视线中时而模糊、时而清晰。

周彤，内秀而天真，在国家集训队中无论是老师还是工作人员几乎是人见人爱。他注意力特别集中，又善于总结解题规律，从不轻易将难题上交老师，喜欢“独立攻关”。哦，这个在初中和高中时都曾是全国数学联赛湖北赛区一等奖的获奖者在物理方面也游刃有余。去年参加全国物理联赛初赛出线，成为复赛的种子选手，极有希望代表中国参加国际物理奥林匹克。但为了本届IMO，他放弃了复赛资格。今年秋天，他就要去北京大学物理系再试锋芒了。

汪建华，都说他少年老成，看上去是比别的孩子壮实，是陕西汉中的沃土更养人吧？他的父母都是中学数学教员，他妈妈就在他的母校西乡一中任教，这次千里迢迢地作为校方代表也赶到北京来了。儿子没有让她失望，潇潇洒洒地拿了个满分。第二场考试题目的难度使不少选手交了白卷，本应考4.5小时，汪建华却在3个小时里全部解出。他将带着一份轻松走进南开大学数学系。

王崧，国家队中最小的选手，唯一的高二学生。提到这个名字，许多熟悉他的人要忍俊不禁。他的轶事举不胜举！他出门必须有人贴身陪着，否则准要迷路，而且他绝不开口问路，因为他不肯和陌生人讲话。进澡堂也得小心看住他，上一次他懵懵懂懂地站在喷头下，“哗啦”一下拧动了开水开关，要不是身边的老师眼疾手快一把拉开他，非烫坏了这个数学“小怪才”不可。几天前中外学生联欢，他穿着一双奇大无比的拖鞋啪哒啪哒走进会场，前半个脚掌几乎都伸出鞋外，10个脚趾头索性高高翘起来，居然也走得稳稳当当。这副尊容使许多外国选手再也忘不了他了。有人打赌说，一看见王崧的脸就知道这孩子在数学上有不凡的智慧，把他混在一群孩子中，陌生人也会一眼认出他是个数学神童。是够神的——去年集训时，一道有关抽象代数的难题使孩子们冥思苦想了几天都毫无结果，只有王崧一人不仅解答出来，而且代入一个符号使复杂的解题过程大大简化了。这一下把小伙伴们全都“镇”了！这次第二场考试他提前一个多小时完成，百无聊赖中竟坐在考场里在草稿纸上画出一副牌例，自己和自己打了一圈桥牌。他明年还要代表中国赴瑞典参加下一届IMO哩。14日下午在蓟门饭店卡拉OK歌厅，一向沉默寡言的王崧在汪建华怂恿下，出人意料地第一个上台吼了一曲时兴的摇滚：“不是我不明白，这世界变化快……”

余嘉联、张朝晖、库超……杜教授一个个地看着自己心爱的学生，一时间他几乎忘了数学，只想让这些刻苦用功的孩子痛痛快快地去读武侠小说、去打桥牌、去看足球、去玩电子游戏……而他自己，要就着咸菜，饱饮它三大瓶啤酒！

IMO，引导这6个孩子走向世界；

IMO，让世界惊喜地认识了这6个中国孩子。

（李泓冰，《人民日报》1990年7月18日，收入《人民日报70年通讯选》；这篇特写与作者两天前发表的消息《数学奥林匹克中国队成绩卓著　六选手得五枚金牌一枚银牌》同被收入人教版初中教材。）

主题要能“约之一言”

——从几篇《嘱托》稿的修改谈如何紧扣主题

2022年5月24日，中宣部统一部署的《沿着总书记的足迹》专栏刊出，本报同步推出自主策划的同主题专栏《践行嘱托十年间》(以下简称《嘱托》)。

《嘱托》专栏稿件要求精心选取习近平总书记在国内考察调研中具有这一省区市特色的地点，“通过今昔对比，以点带面反映各地干部群众践行总书记嘱托，奋力开创新局面的生动实践”。篇幅要求千字以内。

要用千字回顾总书记考察的场景，写出昔与今的对比，“以点带面”写出该省区市践行嘱托的生动实践，最难的还不在简练，而在于言简义丰，写出思想性，在由点及面的展开中体现思想深度。这就要求记者必须紧紧扣着一处考察地点、深挖一个主题，去展现，并且展开。正如清代文艺理论家刘熙载所说：“凡作一篇文，其用意俱要可以一言蔽之。扩之则为千万言，约之则为一言，所谓主脑者是也。”(《艺概》)这里说的“主脑”，也即主题。

《嘱托》山东篇初稿主题清晰：推动黄河流域生态保护和高质量发展。切入的点位是山东东营市黄河入海口。但记者试图以“滩区环境综合治理，滩区居民迁建是关键一环”作过渡，把总书记在东营考察时还到过的杨庙社区也纳进来，以期进一步丰富主题。

确实，黄河滩区60万群众喜圆安居梦，也是总书记关心的事，但杨庙社区只不过位于黄河滩区，其本质与其他贫困地区的生态移民一样，是如何“搬得出、稳得住、逐步能致富”？

“约之一言”关键在突出主题，用刘熙载在《艺概》中接下来的话说，主脑既得，便要“治繁以简，一线到底”。倘“一点”变成“两点”，篇幅必因枝蔓旁斜而涣散，事实上不仅不是丰满、鲜明了主题，倒是囿于篇幅，因只能顾及“点”，而不及去深思如何“由点及面”——“一线到底”，反而弱化了主题。

因此，地方部编辑组提出的修改意见很明确，就是要求记者只着墨黄河入海口一个点位，紧紧扣着“水安全是黄河流域最大的‘灰犀牛’”，由点及面写出山东在黄河流域生态保护和高质量发展方面的担当作为。这样一改，主题立了起来，思想性也大大增强。

“约之一言”，还要加强对“一言”的提炼。《嘱托》河南篇确定的点位是兰考县，主题要求扣住传承发扬焦裕禄精神。精神总是博大丰厚的。2009年春，在兰考县干部群众座谈会上，习近平总书记把焦裕禄精神概括为“亲民爱民、艰苦奋斗、科学求实、迎难而上、无私奉献”。一篇千字文，主题不可能包括这么多方面内容，又该如何“约之一言”呢？

习近平总书记在兰考考察时，看了三个地方。一个是县为民服务中心，和“焦裕禄民心热线”的工作人员交谈，希望他们把群众举报批转和督办到位，充分发挥民心热线的服务功能。另一个是东坝头乡张庄村，是焦裕禄当年找到防治风沙良策并首先取得成功的地方，向干部群众了解因地制宜发展产业促进农民增收致富的情况。还有一个是焦裕禄同志纪念馆。

《嘱托》河南篇的初稿回顾了总书记考察这三个点位的情况，重点突出了便民中心，再从总书记在便民中心的指示引申开，由点及面写全省党员干部树立群众观念，与群众干在一起、苦在一起、乐在一起。

而一说到焦裕禄，我们眼前就会闪现出那个不顾病魔缠身、带领兰考人民战天斗地治风沙的优秀县委书记的形象，初稿缺了对这种艰苦奋斗、死而后已精神的着墨，稿件分量就轻了。加上对总书记在兰考考察的内容叙述过多，留给写面的篇幅便不足，思想性不够。

我们认为，在党的第二个百年伟大进程开始之际，传承弘扬焦裕禄那种艰苦奋斗精神，很具新时代特征。因此，要求记者修改中突出艰苦奋斗精神。

考虑篇幅容量，地方部呈报的修改稿中，将总书记考察兰考县为民服务中心、了解“焦裕禄民心热线”的情况作了省略。

于绍良总编辑在指导此篇稿件的修改时明确指出，增加艰苦奋斗的内容是应该的，但为民服务中心的内容也应保留。限于篇幅不能把焦裕禄精神的几个方面都写到，有了“亲民爱民”“艰苦奋斗”这两点，就写出了焦裕禄精神的主要特征。同时，这两点内涵是共通的，可以统一到焦裕禄的为人民服务情怀这一主题下。在于总指导下，我们对稿件重新作了修改。于总改定的见报稿标题为“传承弘扬焦裕禄精神，做人民群众贴心人”。

于总指导的这篇稿件的修改，深化了我们对“约之一言”的认识。“一言”并非一定要用总书记在这个点位考察时说的某句话，也可以把握主题的精髓，取“最大公约数”，从而发现能概括新的主题的那句话。《嘱托》河南篇标题的这句话，不是习近平总书记在兰考考察时讲的，而是根据稿件内容，用了他2014年8月27日在中南海听取兰考县委和河南省委党的群众路线教育实践活动情况汇报时的指示。

还有一种情况，“约之一言”，不是只要总书记在考察点上说过的一句话就行，最为关键的是这个“一言”，必须是最能体现指导性、思想承载量最大的那一句话。总书记到一个站点考察时，在不同场合下常会多次作指示，内容不同，内涵之深广也不同。按照采写要求，聚焦点上的情况时，还要考虑由点及面的展开，考虑全省（市、区）贯彻落实的情况。因此，要意在笔先，从全局高度聚焦、展现这个点。采访时，要对总书记考察这个点位的全部内容作通盘考量，特别是放到“面”上来审视、取舍，想深想透如何由点及面生发开去。总书记的那一句话意义深远，生发开来便能斐然成章。否则，恐怕很难跳出庐山。用刘熙载的话说，即“意在笔先，故得举止闲暇”，“意在笔后，故至于手忙脚乱”。

这有点像游山，方至半山，便以为风光佳绝，徘徊不已。及至山顶，落霞正飞，明明景观更佳，然时光无情，不容驻足，只好仓促离去，反而与真正的最佳失之交臂。《嘱托》广西篇的初稿，就犯了这样的毛病。

总书记在北海市铁山港公用码头考察时，对港口建设作出了指示。但这并不是这次考察的全部内容。初稿“便以为风光佳绝”了，浓墨重彩全由此敷设。由点及面，从港口基础设施建设到新开航线等，便格局未开。

怎么改？初稿第三段开头“‘一带一路’建设是人心所向，我们要在这个框架下推动大开放大开发”，是总书记考察时与在场工人握手时说的。我们学习后认为，总书记说的这句话言简义丰、意义深远。因此，要求分社记者扣着广西如何践行这一指示而展开，文章的立意由此大开。

在由点及面时，及怎样一个“面”？有一点要注意，便是引申时要自然，不能给人凌空硬拔之感。在某省考察，通常由一点而照顾到全省贯彻落实的情况，比较妥帖自然。《嘱托》广西篇初稿在由点及面时，用了一组全国性的数据：“自2013年以来，共建‘一带一路’从‘大写意’到‘工笔画’，国际影响力不断扩大。2013年至2021年，我国与沿线国家年度贸易额从1.04万亿美元，扩大到1.8万亿美元，增长了73%。贸易新业态快速发展，贸易通道建设稳步推进，辐射‘一带一路’的自由贸易区网络加快建设，我国已经与13个沿线国家签署7个自贸协定。”

这当然也是“及面”，但跨越过大，一下子跳过广西跃到了全国层面。大确实是大了，但过大也就显得虚、显得空了。而过大、过空正是我们做报道时应该避免的。修改后的见报稿中，我们针对发现的问题，请分社记者作了补充采访，扣着广西，由广西再说到西南陆海通道。读来自然，不让人感觉突兀了。

篇幅仅为千字，还要求体现思想性，初稿的一个通病便是顾了简洁而失之干枯。

古人论文，既要求“丰而不余一言”，也要求“约而不失一辞”，目的就是要“使人读之，娓娓不厌”。《嘱托》专栏稿件虽然重在思想性，但注意可读性也是应有之义。

其实，富有思想性的话语同样具有可读性，关键是要提炼。

《嘱托》山东篇里，“让黄河成为造福人民的幸福河”“水安全是黄河流域最大的‘灰犀牛’”“有多少汤泡多少馍”，生动警精。

《嘱托》河南篇里，“‘生也沙丘，死也沙丘，父老生死系。’‘为官一任，造福一方，遂了平生意。’一首《念奴娇·追思焦裕禄》，写出了焦裕禄同志的为民情怀与奋斗本色。”诗意盎然，真情盎然。

《嘱托》广西篇里，有的段落开头分别提炼领起句：“沿海、沿江、沿边，广西区位优势独特”“向海发展，气象万千”“背靠大西南，毗邻粤港澳，面向东南亚，广西实施更加积极主动的开放带动战略”，铿锵有力。

增强可读性的手法有很多，能见人处则见人，便是一种有效的方法。善于借别人的话来讲故事，是记者必须掌握的技巧。没有直接引语的文章缺少接近性、可信度，冲淡了色彩，也减弱情感。《嘱托》广西篇初稿，只在结尾出现一个于报道可有可无的北海市委书记的名字。改稿根据主题需要，增加了总书记考察时的在场见证者和践行落实者。

能用细节处则不要用概说。让读者饶有兴致往下读的，往往在于细节。《嘱托》广西篇初稿讲到铁山港现在的变化时，用的是简要概说：“着力建设发展港口，完善配套服务功能，持续提升港口综合能级。”见报稿对此的表述则为：“我们乘势而上，新增了10台门机、8台场桥、4台岸桥，作业效率越来越高，发展形势越来越好。”

于总对《嘱托》山东篇有一处修改令我们印象深刻。送审稿这样结尾：“今年2月，山东省委和省政府印发的《山东省黄河流域生态保护和高质量发展规划》提出，‘推动黄河流域协同合作、协调发展，展现山东担当，贡献山东力量’。”

在这个前面一段结尾的“地表水国考断面历史性全面消除五类水体”这一句后，送审稿还有一句“黄河口水质明显改善并稳定在Ⅱ类”。于总将这句话前面加了“近年来”三个字，然后调到“贡献山东力量”后，并查阅之前相关报道，觅来这样一个细节：“与此同时，鱼卵仔稚鱼密度从每立方米3.8个增加到10.8个。”

只多了30个字，却增加了一个颇有画面感的细节，如颊上三毫，使结尾意境顿出，增色不少。

附（《践行嘱托十年间·山东篇》原稿）：

在推动黄河流域生态保护和高质量发展上走在前

山东东营，万里黄河奔腾入海，绘出“蓝黄交汇”的壮美。“黄河入海流，真是辽阔啊！”2021年10月20日下午，黄河入海口码头，习近平总书记凭栏远眺。习近平总书记强调，我一直很关心黄河流域生态保护和高质量发展，今天来到这里，黄河上中下游沿线就都走到了。总书记勉励山东，努力在推动黄河流域生态保护和高质量发展上走在前。

习近平总书记在这里考察时指出，黄河三角洲自然保护区生态地位十分重要，要抓紧谋划创建黄河口国家公园，科学论证、扎实推进。去年以来，山东省、东营市牢记总书记嘱托，加压奋进，正加速创建这个全国第一家陆海统筹型国家公园，努力将打造成世界陆海统筹型自然保护地典范。

山东省和东营市组建工作专班，按照时间表、路线图逐项落实创建任务。“专班编制了黄河口国家公园综合科考报告、符合性认定报告、社会影响评价报告，整合黄河三角洲自然保护区及周边其他7个自然保护地，拟定黄河口国家公园设立方案、总体规划，明确功能区划和差别化管控要求。研究提出国家公园管理机构设置初步方案，构建法规政策制度体系，有序调处矛盾冲突。”黄河三角洲国家级自然保护区党工委书记、管委会主任许明德说。到去年底，创建方案确定的8项任务顺利完成。今年3月中旬，国家公园管理局组织评估工作组，对创建工作进行了评估验收。

眼下，正是东方白鹳育雏的季节。黄河三角洲生态监测中心监控视频上，几只刚孵化的雏鸟振翅欲飞，动作笨拙，可爱至极，画面温暖而又充满希望。去年当面向总书记汇报工作的中心主任刘静说：“生态好不好，鸟儿说了算。三角洲已经成为东方白鹳全球最大的繁殖基地。”去年以来，中心加强同多所高校合作，提升生物多样性监测水平。

在济南召开的深入推动黄河流域生态保护和高质量发展座谈会上，习近平总书记对“十四五”期间抓好重大任务，提出了五点要求，其中第三点“大力推动生态环境保护治理”提到，要加强下游河道和滩区环境综合治理，提高河口三角洲生物多样性。

这些年，山东东营市坚持“水、林、田、湖、草、湿地、滩涂、海岸线是生命共同体”理念，用生态的办法治理生态，以自然恢复为主，探索形成“一次修复、自然演替、长期稳定”的黄河口湿地修复模式。眼下，保护区正加快实施4个新增湿地修复项目，连通水系24公里，修复湿地1000公顷，治理互花米草和种植盐碱蓬规模达到2564公顷和1050公顷。

滩区环境综合治理，滩区居民迁建是关键一环。截至2021年5月，山东省累计投资371亿元，建设村台社区28个，改造提升旧村台社区99个，建设外迁社区27个，全面完成黄河滩区迁建任务。60万黄河滩区群众喜圆安居梦，在新时代住上一个稳稳的家。

“党的十八大以后，我就关心黄河滩区迁建问题。全面开展搬迁、迁建是一件了不起的事情。”在东营市垦利区杨庙社区，习近平总书记强调要扎实做好安居富民工作，统筹推进搬迁安置、产业就业、公共设施和社区服务体系建设，确保人民群众搬得出、稳得住、能发展、可致富。

“总书记指明全面振兴的方向，我们发展产业干劲更足！”东营市垦利区董集镇副镇长、杨庙社区党总支书记张麦荣说，杨庙社区牵头成立沿黄党支部领办产业联合社，正引入电商直播、建立展销平台，让更多的社区居民可以实现家门口就业致富。眼下，随着农业示范园、粮食烘干基地、果蔬冷链仓储物流园等项目相继落地，一个沿黄农业产业示范带正形成。

“下一步，围绕保障滩区群众‘搬得出、稳得住、逐步能致富’，我们将积极推动滩区迁建与乡村振兴有效衔接”，山东省政府相关负责人说，将抓好社区住宅的后续管护，保障群众住得安心舒心；抓好社区服务和管理融合，保障群众顺利融入社区生活；抓好滩区产业发展，保障群众既安居又乐业。

在杨庙社区，居民们兴奋地议论，总书记来之后的杨庙社区，幸福生活一定会像家门口的黄河一样，九曲绵延，奔腾万里！

附（《践行嘱托十年间·山东篇》刊出稿）：

推动生态保护和高质量发展，让黄河成为造福人民的幸福河

“我一直很关心黄河流域生态保护和高质量发展，今天来到这里，黄河上中下游沿线就都走到了。”2021年10月20日，习近平总书记在山东东营市黄河入海口考察时指出，黄河是我们的母亲河，保护是前提，要有始有终、锲而不舍抓好黄河生态保护工作。

“让黄河成为造福人民的幸福河”。黄河流域生态保护和高质量发展，是习近平总书记亲自谋划、亲自部署、亲自推动的重大国家战略。

黄河口国家公园是全国首家陆海统筹型国家公园。“公园创建任务已全部完成并通过国家林草局专家评估验收，目前顺利进入报批设立阶段。”东营市委书记杨国强说。

以创建黄河口国家公园为龙头，黄河三角洲生态保护和修复力度不断加大。东营市坚持用系统的观念、生态的办法，实施好湿地生态修复、互花米草治理和珍稀濒危鸟类栖息地保护等工程，修复各类湿地15.9万亩，完成退耕还湿、退养还滩7.25万亩，全面提升黄河三角洲生态功能和生物多样性。

“水安全是黄河流域最大的‘灰犀牛’。”2021年10月22日，习近平总书记在济南主持召开深入推动黄河流域生态保护和高质量发展座谈会时强调，要全方位贯彻“四水四定”原则，“有多少汤泡多少馍”，要精打细算用好水资源，让水资源用在最该用的地方。

量水而行、节水优先。山东落实最严格水资源管理制度，加强水资源消耗总量与强度双控，持续推进农业节水增效、工业节水减排、城镇节水降损。2021年，山东省万元国内生产总值用水量25.29立方米、万元工业增加值用水量11.98立方米，分别较2020年下降12.77%、5.78%。

共同抓好大保护，协同推进大治理。山东广大干部群众牢记总书记嘱托，在黄河干流流经的9市18县全面签署生态保护补偿协议，在全国率先实现县

际流域横向生态补偿全覆盖；与河南省签订黄河流域（豫鲁段）横向生态保护补偿协议，率先建立黄河流域省际横向生态补偿机制；以沿黄地区河湖为重点，深入推进污染治理一体化，坚决打好蓝天、碧水、净土保卫战……山东更加注重保护和治理的系统性、整体性、协同性。2021年，山东PM2.5年均浓度实现连续两年下降10%以上，地表水国考断面历史性全面消除五类水体。

今年2月，山东省委和省政府印发的《山东省黄河流域生态保护和高质量发展规划》提出，“推动黄河流域协同合作、协调发展，展现山东担当，贡献山东力量”。近年来，黄河口水质明显改善并稳定在Ⅱ类；与此同时，鱼卵仔稚鱼密度从每立方米3.8个增加到10.8个。

（《人民日报》2022年6月9日）

附（《践行嘱托十年间·河南篇》原稿）：

“像焦裕禄一样有一颗为人民服务的心”

河南兰考是焦裕禄精神的发源地。2014年3月17日，习近平总书记来到兰考县为民服务中心调研，语重心长地说，服务中心现在很普遍，但到底实际效果怎么样？是不是真便民了？作为一种积极探索，硬件好固然好，但关键是服务要到位，根本要像焦裕禄一样有一颗为人民服务的心。

“总书记来到我的办公桌前，详细询问‘焦裕禄民心热线’的处置流程，”回忆起当时的场景，原民心热线办公室工作人员王金现仍然激动不已，“总书记叮嘱我们，为民服务不能一阵风、虎头蛇尾，不能搞形式主义，我一直牢记在心，身体力行。”

热线管用，群众爱用。如今“焦裕禄民心热线”几经扩容升级，变成“12345民声热线”。“群众不管办啥事，打12345就对了，好记。”王金现说。“12345，有事找政府”已经成为兰考群众的口头禅，无论是咨询求助还是投诉建议，都能解决或反馈。

群众来兰考行政服务中心办事也越来越便捷。进驻单位由2014年38家增至52家，涵盖全县所有职能部门；审批服务事项由2014年302项增至2358项，实现应进必进、群众最多跑一次；窗口从原来的各个职能部门分设窗口升级为36个综合窗口，实现统一受理，群众只要在一个窗口，就能办完所有想办之事。

2014年3月17日，习近平总书记在焦裕禄同志纪念馆强调，学习弘扬焦裕禄精神，要重点学习弘扬焦裕禄的公仆情怀、求实作风、奋斗精神和道德情操。要见贤思齐，组织党员、干部把焦裕禄精神作为一面镜子来好好照一照自己，努力做焦裕禄式的好党员、好干部。

“努力向焦裕禄同志看齐，从今天做起，从眼前做起，从小事做起，像焦裕禄同志那样对待群众、对待组织、对待事业、对待同志、对待亲属、对待自己，像焦裕禄同志那样生命不息、奋斗不止。”河南党员干部牢记嘱托，不断锻造能力作风，更好担当时代重任。从带领村民治水开洞、修筑大坝水库、营造良田、使荒山野沟变成米粮川的老党员、老书记吴金印，到主动放弃城市工作机会、扎根深山20年、矢志不渝奋斗在乡村教育一线的张玉滚，河南涌现出诸多像焦裕禄一样的全国优秀党员。

河南以焦裕禄精神涵养焦裕禄式干部。河南省委组织部将焦裕禄干部学院作为全省年轻干部教育培训基地，通过课堂讲、现场看、互动谈等方式，引领年轻干部学习领会焦裕禄精神；组织实施“墩苗育苗”计划，一次性选派660名年轻干部到县乡交流任职，年轻干部深入服务群众最前沿，在大战大考中坚定理想信念、锻造过硬本领。去年11月以来，河南大力开展全省能力作风建设年活动，明确要求各级党员干部要牢固树立群众观点，始终把为人民谋福祉作为谋划推动一切工作的出发点和落脚点，与群众干在一起、苦在一起、乐在一起。

同时，河南坚持把解决群众反映强烈的难点痛点、最急最忧最盼问题作为重中之重，深化扶贫领域腐败和作风问题专项整治，深化治理民生领域腐败和作风问题，聚焦停车场收费管理等17个问题，督促有关部门“一领域一专项、一地域一方案”，整治群众身边“微腐败”，严查涉黑涉恶案件背后的腐败、责任和作风问题，常态化推进惩腐打伞工作，让人民群众在全面从严治党中切实感受到公平正义。2021年国家统计局河南调查总队民意调查显示，5年来群众对河南全面从严治党的满意率达96.4%。

附（《践行嘱托十年间·河南篇》刊出稿）：

传承弘扬焦裕禄精神，做人民群众贴心人

2014年3月17日，习近平总书记在河南省兰考县为民服务中心调研时，语重心长地说，作为一种积极探索，硬件好固然好，但关键是服务要到位，根本要像焦裕禄一样有一颗为人民服务的心。

兰考是焦裕禄精神的发源地。亲民爱民、艰苦奋斗、科学求实、迎难而上、无私奉献的焦裕禄精神，已成为我们党的宝贵精神财富。

兰考县张庄村，是焦裕禄同志当年找到防治风沙良策并首先取得成功的地方，这里如今已是碧水萦绕、树绿花红。回忆起当年现场聆听总书记重要指示的情景，村支书申学风激动地说，“焦裕禄同志生命不息、奋斗不止，鼓舞着我们艰苦奋斗、迎难而上，带领群众过上好日子。”

2017年年初，兰考在全国率先脱贫。2020年2月，河南53个贫困县全部脱贫摘帽。脱贫之际，张庄村把村里的主干道更名为“幸福路”，下定了继续奋斗奔小康的决心。

“习近平总书记来到我的办公桌前，仔细询问‘焦裕禄民心热线’服务群众的情况。”原民心热线办公室工作人员王金现提起当年那一幕仍激动不已。“焦裕禄民心热线”几经扩容升级，已变成“12345民声热线”。

如今，群众来兰考行政服务中心办事越来越便捷。进驻单位已涵盖县里所有职能部门；审批服务事项由2014年的302项增至2358项，群众最多跑一次，一个窗口就能办完所有想办的事。

“生也沙丘，死也沙丘，父老生死系。”“为官一任，造福一方，遂了平生意。”一首《念奴娇·追思焦裕禄》，写出了焦裕禄同志的为民情怀与奋斗本色。河南省党员干部牢记总书记嘱托，传承弘扬焦裕禄精神，做人民群众贴心人。巩固拓展脱贫攻坚成果，全面推进乡村振兴，通过实施5800多个产业项目，帮带脱贫人口和防止返贫监测对象近150万户。2021年，脱贫户年人均纯收入14362元，较上年增长10.2%。今年一季度，河南第一产业增加值615亿元，同比增长6.7%；农村居民人均可支配收入4760元，同比增长6.5%。

坚持以焦裕禄精神培养焦裕禄式干部。2021年10月起，河南省分批组织实施“墩苗育苗”计划，选派660名年轻干部到县乡艰苦地区、重要岗位、基层一线交流任职。今年全省深入开展“能力作风建设年”活动，要求各级党员干部始终把为人民谋福祉作为一切工作的出发点和落脚点，艰苦奋斗、锐意进取，在中部地区崛起中奋勇争先。

（《人民日报》2022年6月11日）

附（《践行嘱托十年间·广西篇》原稿）：

向海图强，奋力写好海上丝绸之路新篇章

一湾相挽十一国，良性互动东中西。广西区位优势独特，在“一带一路”建设中发挥着重要作用。

2017年4月19日下午，习近平总书记来到北海市铁山港公用码头，察看码头运营。总书记强调，写好海上丝绸之路新篇章，港口建设和港口经济很重要，一定要把北部湾港口建设好、管理好、运营好，以一流的设施、一流的技术、一流的管理、一流的服务，为广西发展、为“一带一路”建设、为扩大开放合作多作贡献。

“‘一带一路’建设是人心所向，我们要在这个框架下推动大开放大开

发”，五年来，铁山港牢记总书记嘱托，埋头苦干、勇毅前行，着力建设发展港口，完善配套服务功能，持续提升港口综合能级，积极融入开放战略，正努力建设成为“一带一路”重要节点。

如今，铁山港与全球上百个港口有业务往来；2021年，铁山港货物吞吐量增长到2683.94万吨，年增长率达7.66%；集装箱吞吐量从2017年的16.07万标箱增长到2021年的40.92万标箱，年增长率达20.55%。

港口发生日新月异的变化，背后是科技“硬实力”和管理“软实力”的全面提升。一批大型装卸船设备投入运行，智能闸口和安防系统等项目顺利投产，5G+无人集卡卸船运输作业、岸桥自动化远控项目正在紧张调试，铁山港规模化、专业化、智能化水平显著提升。与此同时，铁山港坚持科学调度，对每艘到港作业船舶制定单船作业效率，灵活安排作业船舶靠泊作业，港口生产效率提升。

自2013年以来，共建“一带一路”从“大写意”到“工笔画”，国际影响力不断扩大。2013年至2021年，我国与沿线国家年度贸易额从1.04万亿美元，扩大到1.8万亿美元，增长了73%。贸易新业态快速发展，贸易通道建设稳步推进，辐射“一带一路”的自由贸易区网络加快建设，我国已经与13个沿线国家签署7个自贸协定。

不仅是铁山港，服务“一带一路”建设已成为整个北部湾的共识。日益繁忙的北部湾，一艘艘万吨巨轮往来穿梭，进口船只载着菲律宾的镍矿、越南的木片、印尼的煤炭，出口船只满载成品纸、玻璃、电子设备驶向东南亚、东欧等地。

2017年至今，北部湾港集装箱班轮航线数量从40条增至67条；2017年至2021年，北部湾港集装箱年吞吐量从228万标箱增长到601万标箱，年均增长27.4%，近4年增速均排全国沿海主要港口第一位；西部陆海新通道海铁联运班列线路覆盖省份由4个扩大到14个，班列年开行量从178列增长到6117列，年均增长142%。

向海图强立潮头，扬帆奋进正当时。“我们要聚焦重点任务深耕细作，高水平共建西部陆海新通道，加快与东盟共挽、与大湾区相融，不断谱写推动共建‘一带一路’高质量发展的新篇章。”北海市委书记蔡锦军说。

附（《践行嘱托十年间·广西篇》刊出稿）：

实施开放带动战略，建设西部陆海新通道

沿海、沿江、沿边，广西区位优势独特，6个国际性口岸面向东盟十国，约1600公里大陆海岸线良港众多。

2017年4月19日，习近平总书记来到北海市铁山港公用码头，察看码头运营。得知铁山港短短几年货物年吞吐量由100多万吨增加到2000多万吨，总书记很高兴。总书记强调，写好海上丝绸之路新篇章，港口建设和港口经济很重要，一定要把北部湾港口建设好、管理好、运营好，以一流的设施、一流的技术、一流的管理、一流的服务，为广西发展、为“一带一路”建设、为扩大开放合作多作贡献。

“牢记总书记嘱托，我们乘势而上，新增了10台门机、8台场桥、4台岸桥，作业效率越来越高，发展形势越来越好。”北部湾港北海码头有限公司集装箱公司经理助理龙起智说。

“‘一带一路’建设是人心所向，我们要在这个框架下推动大开放大开发”。践行殷殷嘱托，广西抢抓发展机遇，高水平共建西部陆海新通道。

2017年9月，一条纵贯中国西部的“新动脉”吸引了世界目光，这就是中新互联互通国际陆海贸易新通道。重庆、贵州等西南省份通过广西沿海沿边口岸，也实现了与东盟互通，并通过中欧班列北接中亚、欧洲地区，形成“一带一路”完整环线。目前，西部陆海新通道海铁联运班列线路覆盖的省份，已由2017年的4个扩大到14个，班列年开行量从178列增长到6117列，年均增长142%。

“2017年4月，习近平总书记考察了解过中国—东盟信息港的建设情况。”中国—东盟信息港股份有限公司董事长鲁东亮介绍，当年9月，中国—东盟

“商贸通”数字化平台启动建设，目前已覆盖崇左、东兴、百色三个地市13个互市点、16家口岸服务中心、9家结算银行以及两家第三方支付公司，交易额超1000亿元。“我们努力构建面向东盟的国际信息通信枢纽和算力中心，推动数字互联互通，打造数字丝绸之路。”鲁东亮说。

向海发展，气象万千。北部湾港强化“软实力”，显著提升通关效率和管理运营水平。“如今，北部湾港集装箱班轮航线数量增至67条；集装箱年吞吐量增长到601万标箱，增速保持两位数增长。”北部湾经济区规划建设管理办公室常务副主任黄武海说。

背靠大西南，毗邻粤港澳，面向东南亚，广西实施更加积极主动的开放带动战略，“南向、北联、东融、西合”全方位开放发展新格局正在形成。实施开放带动战略，建设西部陆海新通道。

（《人民日报》2022年6月16日）

第二辑 结实

不能有“鸭掌”没“手掌”

内容扎实，文通句顺，两千多字能让人一口气读下来。这样的稿子该不该放行？

编辑对此犹豫不决。

因为，这篇报道存在的问题也相当明显，主题不集中，三个小标题各领一块内容，先说产业转型，再说生态改善，又说精神文明建设。就在前不久，报社领导刚就见报的某分社一篇报道地方工作成就的通讯提出批评：主题散乱，几部分之间缺乏内在联系，无非萝卜、青菜、茄子装进了同一只篮子。

编辑把《安徽淮北：“乌金”城市迈向“绿金”发展》（见附文）发给我，我说这有啥可犹豫的呢？还是萝卜、青菜、茄子呀，无非是洗得干净些，青是青，白是白，模样儿招人欢喜。于是打回修改。修改意见提得很明确：不要贪多，弄成小而全。写深写透第一部分，立足煤化工，迈向高精尖。写出特色，写出思想性。

分社对意见很重视，认真采访，一个多月后才返回第二稿（见附文）。

第二稿主题集中了，聚焦于转型发展。先用近一半篇幅讲了在上海交通大学特种材料研究所工作的王浩伟教授回到家乡创办陶铝新材料企业的故事，试图以这个“点”说明煤城转型中接续产业蓬勃发展的“面”，然后回过头来举了两个企业的例子来说明“煤化工产业链不断升级延伸”，中间贯之以结论：“蹚出一条转型发展的‘淮北模式’”。

编辑修改时发现，挖掘的故事还是挺生动的，但产业如何转型这一核心部分写得很笼统，层次不清。由于思想性不足，编辑环节很难作提炼、梳理、修改。

意见又反馈给分社。这一回不像上次那么痛快了，“思想性？”记者很感棘手。

如果说初稿的问题是写松了、写散了，那么，改稿的问题便是写紧了、写糊了——最硬核的那部分，由于缺少有思想性的筋骨作支撑，坍成一团。

对此，编辑部有一个诙谐的说法，叫作有“鸭掌”没“手掌”，指有的文章逻辑不清，几个段落层次之间像“鸭掌”一样，你中有我，我中有你，掰不开，又说不透。而好的文章，段落之间会切割得清清楚楚，围绕大主题，每段有一个小主题，根据小主题的需要讲故事。就像五根手指一样，既分得开，又收得拢，收放自如。

对淮北市从“卖原煤”转向发展“煤焦化电材”循环经济产业这一新闻事实，怎么掰开，分出层次，增强其思想性呢？就是要努力揭示新闻事实发生发展的原因，揭示事物之间的内在联系，以及发展的趋势和逻辑。

事实上，在第二稿的末段，市委书记说的一段话是比较有思想性的：“我们要坚持走高碳资源低碳利用的新路，推动煤炭产业链条不断向纵深延伸。同时，大力发展电子信息、高端装备制造等战略性新兴产业，在超越煤上取得了突破。”

这几句话信息量很大，大致包括了三层意思，一是“坚持走高碳资源低碳利用的新路”，意思是不会放弃传统煤炭产业（高碳资源），而要在清洁利用、绿色发展上做文章；二是“推动煤炭产业链条不断向纵深延伸”，是说要继续做深做透煤炭产业；三是说要在做强煤、做“绿”煤的基础上，再“大力发展电子信息、高端装备制造等战略性新兴产业，在超越煤上取得了突破”。三者间有内在联系，体现了发展逻辑。可惜拢在一块儿说了，表达上也不是非常清晰，结果明明原本可做栋梁的上好材料，只做成了部件。

2019年初，地方部负责的记者调查版策划了一个选题：资源枯竭城市转型。分别报道了江苏徐州、云南个旧、安徽铜陵的经验。

“抓住铜，延伸铜；不唯铜，超越铜。”铜陵市委书记李猛总结，铜

> 陵转型贵在不见异思迁、五花八门都想弄，而是心无旁骛做好铜主业，推动产业链升级；也不好高骛远，什么领域都去碰，而是把重点放在半导体、新能源汽车、电子信息等新兴产业上。

《熔旧铸新“铜都”变绿》（2019年4月12日）一文这样介绍铜陵的做法。

虽然每个城市的特色不同，但转型成功的方法论是可以相互借鉴的。我们把修改意见反馈给分社，分社又根据淮北的工作实际，重新做了总结提炼：

> 因煤而建、缘煤而兴的淮北市提出，走转型之路仍要“立足煤、延伸煤”，然后再“超越煤”。

分社提炼出“立足煤”“延伸煤”“超越煤”这样三个层次，三者间的内在联系也就清楚了，由此就可以清晰地勾勒出淮北走转型之路的趋势和逻辑。

按照“立足煤、延伸煤、超越煤”这一发展逻辑来重新架构报道、梳理组织采访素材，有“鸭掌”没“手掌”的问题顺利破解。

先说“立足煤”。以14对矿井关停了3对、效益却不减的濉溪县临涣镇为例，道出从原先“卖原煤”而转向精煤外销、焦煤改做化工原料、煤矸石发电、发电后产生的粉煤灰做建材——“现在原煤真正被‘吃干榨尽’”。

再说“延伸煤”。以淮北矿业集团在十多年前日子还好过时就及时建设临涣焦化厂为例，如今，这个厂不仅产品附加值高，且“超净排放”。

在这部分，还梳理了一个重要观点：

> 及时“延伸煤”，从而让淮北能在转型路上积累人才、技术而“超越煤”，“乌金”变“绿金”。

“超越煤”是这篇报道的硬核所在，重中之重。在“延伸煤”部分谈积累人才、技术，既为下面适时铺垫，由此过渡到“超越煤”，也更为顺畅自然。

“超越煤”部分主要讲述了陶铝新材料发明人王浩伟教授在淮北创业的故

事，虽然叙述很简洁，但一波三折道来，言简义丰。报道再由点及面，通过几个很具对比性的数据，介绍了淮北实施“立足煤、延伸煤、超越煤”转型战略的成效：10年前原煤产业占经济总量80%以上，截至去年底，非煤产业增加值占比已达71.7%，特别是成长出一批高新技术企业，达280余家，战略性新兴产业企业产值占规上工业比重17.4%。

通过生动的事实和扎实的数据，简明扼要地道出了淮北所走的转型发展新路子。

如此，把第二稿中写得太紧、坍成一团的关键内容，按照“立足煤、延伸煤、超越煤”这一逻辑架构重新梳理组织，并且每部分都注意故事性表达，从而使这篇报道的核心内容更加生动结实，思想性也显著增强，第三稿顺利冲顶——登上本报头版头条，并获地方部当月好新闻奖。

编后小记

2022年8月29日，地方部报送社领导“找出问题　写好报道”采编业务系列研讨，均由费伟伟撰写，此文为其中之一。另两篇一为《这个头版头条是怎么改结实的》（见本书第174页），一为《用短词短句须在情在理》（见本书第235页）。

人民日报总编辑于绍良作出批示肯定：

“找出问题　写好报道”，这种坚持问题导向，认真负责、严格把关、精益求精的作风是践行“上连党心、下接民心”，编辑、采写好报道中需要大力弘扬的。

附（第一稿）：

安徽淮北：“乌金”城市迈向“绿金”发展

安徽淮北，产业发展曾有“一白一黑”之说。“白”是当地生产的白酒，“黑”则是原煤，一度占到淮北经济总量的80%以上。当地人也自嘲，淮北市

"除了煤和酒，什么也没有"。2009年，淮北市被列为第二批资源枯竭型城市。

转型势在必行，"乌金"向往"绿金"。近年来，淮北市实施中国碳谷、绿金淮北战略，在延伸煤化工产业链的同时，将铝基、碳基、硅基和生物科技、大数据产业作为主导产业推进，并推进采煤塌陷区综合治理，昔日的刻板印象正在悄然改变……

立足煤化工 迈向高精尖

在关停了3对矿井后，濉溪县临涣镇周边如今只剩下11对矿井仍在运营，年产原煤2000万吨。不同的是，淮北市正从"卖原煤"转向发展"煤焦化电材"循环经济产业。

"采挖的原煤经洗选后，精煤销往长三角，焦煤进入焦化厂冶炼甲醇、煤焦油等化工原料，煤矸石则用于发电，产生的粉煤灰再用于制作建筑材料。"淮北新型煤化工合成材料基地科技服务中心王程俊说，得益于煤化工产业的发展，已实现了对原煤"吃干榨尽"。

瞅准煤化工产业发展的商机，江苏人龚玉泉决定落户淮北。作为煤化工产业的下游产品，龚玉泉的公司建成后，将年产16.5万吨包括山梨酸在内的醋酸衍生物产品。"以前工厂建在江苏，原料都要从外地运来。现在不仅原料有保障，还降低了运输成本。"龚玉泉说。

而在上海交通大学安徽陶铝新材料研究院，用陶铝新材料制成的高性能活塞，比传统锻钢活塞轻质节能。陶铝新材料不仅用于新能源汽车，还可广泛应用于星箭连接环、国产大飞机支撑梁等。"以星箭连接环为例，替代后将减重10余公斤，降低发射成本一百多万元。"公司执行总裁王鹏介绍。

目前，淮北全市科技型企业、高新技术企业达280余家，战略性新兴产业企业产值占规上工业比重17.4%，非煤产业增加值占比达71.7%，实现"三分天下有其二"，一煤独大的倚重型产业结构得到改变。

抚平城市"伤疤" 再造秀美生态

人民路是淮北市内的一条主干道，车行其上却起伏不断，就像坐着"过山车”，严重时还能看到道路上的裂缝。同行的小汪说，这条路就位于采煤塌陷区上。据不完全统计，截至去年年底，淮北市累计塌陷土地35.3万亩，形成地下水漏斗区约45万亩。

因煤而建、缘煤而兴。设市60余年以来，淮北累计为国家供应原煤10亿吨，鼎盛时期年产量接近3000万吨。而另一方面，采煤塌陷带来城市支离破碎、水洼遍地，制约高质量发展。为此，淮北市立足实际，探索采煤塌陷区治理模式，抚平城市“伤疤”，再造秀美生态。

在通往淮北市中湖的道路上，一位正在卖鱼的老汉引来阵阵围观。老汉养的6只鸬鹚，一大早就为他捕上了几十斤鱼，卖鱼收入达300多元。鱼从哪来？不远处，一座城市大湖跃然眼底。“这里属于杨庄矿、朱庄矿采煤沉陷区，通过治理修复，水质达到二类水。”中湖综合治理办公室副主任潘心刚说。

治理后的中湖，水面达1.16万亩，成为国内地级市城区中面积最大的人工内湖，并通过涵闸与同为沉陷区的东湖、南湖相连，而挖深的泥土在湖中形成了三座湖心岛。三个湖之间不仅可以平衡水位，还成为淮水北调的蓄水库容。既解决了城市内涝频发的问题，很大程度上也改善了当地长期干旱的气候条件。

“深改湖、浅造田，不深不浅种藕莲；稳建厂、沉修路，半稳半沉种上树。”淮北市市长戴启远概括，通过复垦整地、治理造地、生态修地，淮北已有效增加耕地面积11万亩，建设用地4万亩，新增养殖水面3万余亩。如今，累计治理采煤塌陷地18.63万亩，淮北市也从“依山而建”迈向“拥湖发展”，城区面积由80平方公里扩展至113平方公里。

安居乐业向善　文明之风蔚然

数据显示，“十三五”时期淮北市计划关闭13对矿井，分流职工37375人，分别占全省比重的61.9%和50.27%。转型发展和生态修复治理是一项系统工程，去产能后分流人员如何安置？塌陷区移民住房怎样解决？淮北市将民生问题列为头等大事，为转型发展打下坚实根基。

在淮北市尚未得到治理的采煤沉陷区，仍能看到一些浸泡在水中的老房。2016年，淮北市启动棚户区改造，摸索出“一集中二依矿三入镇四进城，失地农民换新房”四种村庄搬迁安置模式，推动棚改工作提速。当年改造4.8万户，完成省里下达1.3万套目标任务的369%。目前，累计搬迁压煤村庄226个，解决了近20万失地农民住房问题。

老旧小区改造同样力度不减。“以前小区环境杂乱差，还经常发生偷盗现象。图价格便宜住在这里，可没少受老伴儿的埋怨。”相山区相南街道春秋社区67岁的居民唐成友感慨。他所在的社区原本是一个城中村，居民乱搭乱建，甚至还种地养鸡，一下雨道路就泥泞不堪。“现在社区环境变美了，道路通畅了，小区居民住得既舒适又安心。”

淮北市还是安徽省少数几个人口净流入城市之一，去年人口增加5.6万人。走进淮北市烈山经济开发区金龙机电有限公司，车间里工人正在忙碌于焊接电子元器件，为国内外众多知名手机制造商供货。总经理张录文介绍，通过开展“进企业、进矿井”专场招聘会，金龙电子、京信电子等新兴规模企业吸纳1420多人就地就近就业。此外，淮北市在深圳、合肥等地建立5大劳务输出基地，累计为煤炭员工提供4300个就业岗位。

“中国好人安徽多，安徽好人淮北多。”行走在淮北市大街小巷，随处可见车辆礼让行人、行人搀扶老人的景象，文明向善之风蔚然。截至目前，淮北有149位居民被评为“中国好人”，人口占比居全国首位。“转型发展不仅仅体现在产业和生态上，更体现在市民自身的转变上。”淮北市委常委、宣传部长顾文说，随着“好人淮北”品牌的影响，城市文明程度正不断提升。

附（第二稿）：

高碳资源低碳利用　“乌金”城市“绿金”发展

安徽淮北：立足煤化工，迈向高精尖

在上海交通大学特种材料研究所工作多年后，王浩伟教授又回到了家乡安徽淮北市。他的团队所研发的陶铝新材料，能够让“铝”里长出“陶瓷”，强度和刚度超过钛合金，且材质更轻、成本更低，广泛应用于“天宫一号”“天宫二号”“墨子号”“嫦娥三号”等航天器关键部件，解决了航天器大型复杂构件整体成形的难题。

陶铝新材料研制出来后，除淮北外，上海、成都、南京等地皆向王浩伟抛出了“橄榄枝”。王浩伟虽是淮北人，却也曾担心产品回到家乡能否“长大成人”，而最终一件事让他打消了顾虑。“我是被淮北市领导转型发展的决心和诚意打动，而最终决定把陶铝新材料产业基地落户在这里的！”王浩伟说。

原来，2017年9月底，到淮北参加研讨会的王浩伟因腿部受伤而无法上楼。得知情况后，淮北市市长戴启远主动提出背着王浩伟上去。“王教授开始时不愿意，我就对他说，我背起的不仅是您，还是淮北明天发展的希望！”戴启远的坚持让王浩伟深受感动，也坚定了他落户淮北的决心。

目前，陶铝新材料获批安徽省重大新兴产业专项，陶铝活塞生产线项目建成试生产，预计五年内陶铝新材料产业产值将达300亿元，成为淮北重点打造的千亿产业、支柱产业和先导产业。“以星箭连接环为例，用陶铝新材料替代原有的材质后，可以减重十余公斤，节省费用一百多万元。”安徽陶铝新材料研究院有限公司执行总裁王鹏介绍。

因煤而建、缘煤而兴，安徽淮北原煤产业一度占到淮北经济总量的80%以上。2009年，淮北市被列为第二批资源枯竭型城市。近年来，淮北市实施“中国碳谷、绿金淮北”战略，在延伸煤化工产业链的同时，将铝基、碳基、硅基和生物科技、大数据产业作为主导产业推进，蹚出一条转型发展的“淮北模式”。

接续产业蓬勃发展的同时，煤化工产业链不断升级延伸。在关停了3对矿井后，淮北市濉溪县临涣镇周边如今只剩下11对矿井仍在运营，年产原煤2000万吨。不同的是，淮北市正从“卖原煤”转向发展“煤焦化电材”循环经济产业。

“采挖的原煤经洗选后，精煤销往长三角，焦煤进入焦化厂冶炼甲醇、煤焦油等化工原料，煤矸石则用于发电，产生的粉煤灰再用于制作建筑材料。”淮北新型煤化工合成材料基地科技服务中心王程俊说，得益于煤化工产业的发展，已实现了对原煤“吃干榨尽”。去年，煤化工产业园区实现销售收入204亿元。

瞅准煤化工产业发展的商机，江苏人龚玉泉决定落户淮北。作为煤化工产业的下游产品，龚玉泉的公司建成后，将年产16.5万吨包括山梨酸在内的醋酸衍生物产品。“以前工厂建在江苏，原料都要从外地运来。现在不仅原料来源有了保障，还大大降低了运输成本。”龚玉泉说。

目前，淮北市全市科技型企业、高新技术企业达280余家，战略性新兴产业企业产值占规上工业比重17.4%，非煤产业增加值占比达71.7%，实现“三分天下有其二”。“我们要坚持走高碳资源低碳利用的新路，推动煤炭产业链条不断向纵深延伸。同时，大力发展电子信息、高端装备制造等战略性新兴产业，在超越煤上取得了突破。”淮北市委书记黄晓武说。

附（刊出稿）：

立足煤　延伸煤　超越煤

淮北转型　十年有成

“以前月产万吨原煤需要180人，现在80个人就能月产原煤7万吨。”在安徽省淮北市朔里煤矿综采区，31岁的综采组技术员韩飞自豪地介绍，他操作的是一台薄煤层采煤机，“只要按几下键，采煤、落煤、装煤和运输的工序就可以全自动一体化完成了。”

2009年，安徽省淮北市被列为全国第二批资源枯竭城市。因煤而建、缘煤而兴的淮北市提出，走转型之路仍要“立足煤、延伸煤”，然后再“超越煤”。10年来，淮北在转型之路上接续奋斗，如今更有活力。

淮北濉溪县临涣镇，已关停3对矿井，剩11对矿井在运营，但效益却不减，原因就在于从“卖原煤”转向发展“煤、焦、化、电、材”循环经济产业。“精煤销往长三角，焦煤进入焦化厂冶炼甲醇、煤焦油等化工原料，煤矸石用作发电，产生的粉煤灰再用作建材。”淮北新型煤化工合成材料基地科技服务中心王程俊说，“现在原煤真正被‘吃干榨尽’，基地今年产值将超300亿元。”

“立足煤”并“延伸煤”，让淮北在城市转型上赢得了先机。谈起临涣焦化厂的建设过程，党委副书记刘文生至今仍十分感慨。“2004年决定建焦化厂时，要投上百亿元，很多职工都不理解，觉得我们煤矿还有得干，为啥要做焦炭？”“煤总有挖完那天，就要趁‘还有得干’及早转。”时任淮北矿业集团董事长许崇信态度坚决。

如今，临涣焦化厂年产焦炭440万吨，联产甲醇40万吨、硫铵6万吨……产品附加值大幅提高，且实现“超净排放”。“去年产值达到95亿元，盈利9.7亿元。”刘文生说。

及时“延伸煤”，从而让淮北能在转型路上积累人才、技术而“超越煤”，“乌金”变“绿金”。

陶铝新材料，能让“铝”里面长出“陶瓷”，强度和刚度超钛合金，而材质更轻、成本更低，可在航天器关键部件中广泛应用。该新材料的发明人，上海交通大学特种材料研究所王浩伟教授就是安徽人。但这样的高科技产品回到煤城能“长大成人”吗？2017年9月底，到淮北参加研讨会的王浩伟发现，故乡如今已“超越煤”，享有“中国碳谷”美誉。

目前，陶铝新材料获批安徽省重大新兴产业专项，陶铝活塞生产线项目建成试生产，预计5年内陶铝新材料产业产值将达300亿元，成为淮北重点打造的千亿产业、支柱产业和先导产业。“以星箭连接环为例，用陶铝新材料替代原有材质后，可减重10多公斤。”安徽陶铝新材料研究院有限公司执行总裁王鹏介绍。

十年磨一剑。淮北10年前原煤产业占经济总量80%以上，实施“立足煤、延伸煤、超越煤”转型战略以来，在延伸煤化工产业链的同时，将铝基、碳基、硅基和生物科技、大数据产业作为主导产业推进。截至去年底，非煤产业增加值占比已达71.7%，特别是成长出一批高新技术企业，达280余家，战略性新兴产业企业产值占规上工业比重17.4%，走出了转型发展的新路子。

（《人民日报》2019年7月21日，获人民日报社地方部当月好新闻奖）

具体才能生动

国际部党总支挑了多篇记者采写的“一带一路”报道，让我做一个讲评。细细读罢这些报道，有一个突出感觉，就是好的报道往往胜在“具体”二字，一具体就生动。而有些报道读来没啥印象，问题也正出在写得不具体上，没见事见人，或虽也有人有事，但缺少细节、场景，所以虚了、浅了、散了。

分析此中原因，大致有这样几个方面。

一、形容词只能写意，具体的细节、场景才有具象，才能给读者以画面感。要尽量少用甚至不用形容词

清晨6时，在德国与波兰边境小城斯武比采，MBB物流公司创始人高松经营的海外仓内已经熙熙攘攘。

（《海外仓见证中欧跨境电商蓬勃发展》，2020年8月30日）

其中，“熙熙攘攘”这样的形容词是无法令读者的脑海产生具体场面的。

伊都火车站周边曾经一片荒芜，如今已是人流如织。

（《“中国在真心实意地帮助我们”》，2021年5月11日）

“一片荒芜”“人流如织”，今昔对比很好，但只用形容词作对比的话，不

能给人以清晰概念，也就大大减弱了对比的力度。这篇报道里有这样一句：“高峰期时，马路上非常拥堵，车辆常常半小时都挪不动窝。”如果“人流如织”也这样来描写的话，就具体多了。

2022年春节，反映抗美援朝战争的影片《狙击手》票房大卖，受到观众喜爱。影片编剧陈宇在接受《环球时报》专访时说了这样一段话：

> 写剧本时，我永远不会写那些影像无法呈现的东西，这就是我说的在创作过程中“科学化生产”的观念。有些剧作者提供的剧本很难拍。比如他说这个人坐下来脸上满是忧郁，站在导演角度，“脸上满是忧郁”该怎么拍？如果确实要强调这样一种情绪，你需要将可见可感的影像呈现给观众，比如通过嘴角往下耷拉或者哪些细微动作来体现这种忧郁。文学化的表现必须要变成电影化的表现，我的剧本里面很少有形容词，全都是动作、语言这种干货。（《环球时报》2022年2月25日）

报道要让读者印象深刻的话，也要“科学化生产”，多用动词，少用甚至不用形容词，要描写、展示，最好“全都是动作、语言这种干货”，向读者呈现具体的动态和细节，而不是概说。

《中哈能源合作成果走入寻常百姓家》（2017年5月8日）一稿中，写到施工方与当地百姓的关系时，有这样的描述：

> 向志雄谈起与驻地百姓的融洽关系满脸笑容。现在的他已经是附近村民的贵客，遇到节日或者婚礼等喜庆日子，当地人一定会邀请他和中方同事来做客，并常用一整个羊头招待他们，“因为羊头是献给最尊贵的客人的”。

很简洁的一个细节，但言短义丰，生动说明了中方施工人员“与驻地百姓的融洽关系”。这样一个生动细节，岂不胜过许多形容词。

二、具体包括细致和精确两层意思，既要有细致的描写，还要有精确的数据

《“在中国朋友帮助下，梦想即将成为现实”》（2020年7月11日）这样开头：

群山绵延起伏，海鸥翱翔于碧海之上。克罗地亚佩列沙茨跨海大桥项目正在火热施工中。远远望去，亚德里亚海面上，大桥已经有了雏形。与记者一年多前到访时相比，项目有了很大进展。

但何为“已经有了雏形”呢？完全可以再具体一些。此稿下文中有这样的介绍：

截至7月1日，大桥墩身累计完成76%，承台累计完成91.7%，桩基累计完成99.4%。

如果能在“已经有了雏形”后加上这个数据，就具体了。

《在大地上铺出一片蓝天》（2020年7月16日）一稿突出介绍中方承建的项目更节约高效：

中国电建驻阿根廷代表涂水平介绍，项目建设本着“节约占地、节约投资、提高效益、降低运行成本”的设计原则，从当地实际出发，实现了设备的紧凑化布局。目前整个园区占地约700公顷，施工期间项目配电部分选用全封闭环境的预制舱，舱内设备实行模块化设计、工厂化定制和现场组合化拼装，实现“即装即用”，大幅减少了现场施工、调试的工作量，最大程度地保护了当地原有生态和自然植被，为羊驼等动物自由活动提供了更大空间。

大段专业化材料化介绍，但没有数据支持，到底如何节约，还是不能给

读者具体印象。如果有的数据出于某些原因不便透露或无法采到，至少可做一些相关的比较，同样可以减少模糊性，增强具体感。

《“900天奋战成就900秒奇迹”》（2018年5月7日）一稿对数据就采用了对比的手法：

> 900天是世界隧道建设史上的一个奇迹。谈到施工速度，阿赫曼·萨马多夫至今感到难以置信。他望着王坚，眼中流露出钦佩之情，说道：“你们可能有所不知，苏联时期就曾经计划修建这条隧道，专家经过勘测，预计施工期为25年。项目全球招标时，欧美竞标公司给出的施工期是5年，而中国公司仅用了900天，你们究竟是怎么做到的？”

通过这番对比，“900天是世界隧道建设史上的一个奇迹”这个概念就具体了。

三、“开头一半文”，开头写得具体，尤能领全篇之势

清朝著名文学家李渔对文章开头有个妙论：“开卷之初，当以奇句夺目，使之一见而惊，不敢弃去。”要求“开手笔机飞舞，墨势淋漓”。我觉得，“墨势淋漓”便包括了要写得具体之意。

《“中国在真心实意地帮助我们”》一稿这样开头：

> 在尼日利亚首都阿布贾，有一座大型车站——伊都站。它既是阿卡（阿布贾至卡杜纳）铁路的起点，也是阿布贾城铁的一个重要枢纽站。乘客从机场或城区乘坐城铁到伊都站后，可直接转乘火车，沿着阿卡铁路北上。

这是从中方建设项目的背景切入，比较平淡，进入的节奏也太慢。

《在大地上铺出一片蓝天》一稿的开头稍好一些：

在崇山峻岭间顺着蜿蜒崎岖的道路前行，荒芜戈壁上偶见零星的仙人掌，直到高山间出现一片开阔的平地，一排排蓝色的光伏板映入眼帘。这是位于阿根廷西北部胡胡伊省安第斯山区的高查瑞光伏电站项目，从省会城市出发，大约4小时车程抵达现场。

由描写切进项目，为什么只是“稍好一些”呢？因为这番描写只见景不见人，不见人的内心情感涌动。

我们看一个获普利策奖的报道的开头：

现在是星期日的子夜时分。正在发这份急电的时候，街道一片沉寂。但是在城市中心，人们的心碎了。

家园沉入水里，汽车也被淹没。房子里黑漆漆的空无一人，而家具漂在水上。

缓慢上涨的水在防护墙上发出阴森森的响声。但是人已撤离的地区静悄悄的。一切都很平静。

对比一下，差距在哪？还是可以落到“具体”二字上，不仅场景具体，而且那种情绪也具体可感。

从现场切入，写出具体的场景乃至人物的神情，是让报道一开头就给人具体丰满感的好办法。

本报《太焦线上“打冰人”》（2019年1月26日）一稿便这样开头：

黑漆漆的郊口隧道里，此刻只有脚步发出的回响。探灯随着手臂摆动上下摇晃，前面人的身影拉得老长。5个人听着同伴的脚步，前后紧紧相随。

“嘿，这有冰！”眼前的冰势如长剑，悬在隧道正上方，随时可能坠落。桥隧工千福旺屏住呼吸，轻轻挥动手中6米长的除冰镐，稳准地击打着目标，“冰剑”随着撞击声砸落在地。其他人迅速拿铲上前，将掉下的冰铲进排水口。

这里是太行山西麓，太原铁路集团太原工务段榆社桥隧车间的石会桥工区打冰点，一个在地图上很难找到的小山头。这里离最近的县城有60公里，开车需两个钟头。如果不是太焦线经过，很少有人来到这里。

一直到报道的第三段，记者才做相关背景交代。

事实上，不只是开头，好报道全篇都要重视“具体”二字，彰显现场感。首届全国新闻界“好记者讲好故事”演讲比赛“十佳选手”、国际部记者焦翔在演讲中，曾与我们分享过这样的场景：

（叙利亚）一场持续10天的激战，让15岁的女孩莱拉失去了父母和弟弟。她就在一间漆黑的地下室蜷缩着，直到听不见枪声的那一刻。“带我去中国吧！我可以嫁给你，假如你有妻子，我可以当你的第二位妻子。带我走吧！”我无言以对，唯一能做的就是把身上所有的钱留给她，转身离去。但她的哀求声还不时萦绕在我的耳畔。

这就叫写得具体——在具体的场景中，把我摆进去，捕捉自己采访中情绪的变化，写出自己内心的感动。

四、引语也要强调具体，不能有闻必录，要突出重点；不是谁说都行，要契合身份；要有辨识度，不要千人一面

注意多用引语，是这些国际报道的共同亮点。但要注意的是，引语的具体，不是原封不动，有闻必录，那样势必导致不够简洁。用引语要与记者概述相结合，行文才会有节奏变化，也更能突出重点，增强可读性。

《中哈能源合作成果走入寻常百姓家》一稿对引语的处理值得学习：

刘定武告诉记者，和6号压气站相比，位于哈萨克斯坦与乌兹别克斯坦边境的天然气计量站更艰苦，那里长期只有1名中国员工。“逢年过节，

公司都会派一名汉语翻译到那个站出差，因为那里的员工说，‘那两天听听中国话，用汉语和人聊聊天，能有一种回家的感觉’。”文控翻译部经理程博触景生情地告诉记者，自己长时间驻外，孩子基本上是妈妈、爷爷、奶奶照看。一次回国探亲，长时间没见过爸爸的4岁女儿竟冲着自己脱口而出叫“爷爷”，“心里真不是滋味”。

刘定武、程博讲述的生动事例，显然是从接受记者采访时的大段介绍中抠出来的，而记者在打引号时，仍是慎之又慎，省而又省，只撷取最精彩的。

引语要具体，还有一点也很重要，就是内容要与人物的身份契合。《“在中国朋友帮助下，梦想即将成为现实”》一稿中，工程师塞尔玛，是佩列沙茨大桥北端科尔马纳村最早的一批居民的后代，即将建成的大桥圆了上一代人的梦想，她说：“对我来说，这座桥不只是一座建筑。我们正在完成上一辈人的心愿。”

这话从塞尔玛口中道出，可谓恰如其分，她是不二人选。但接下来：

她说，这是共建“一带一路”给克罗地亚人民带来的福祉，“我们不仅仅建造起一座意义重大的桥梁，也在克罗地亚和中国之间搭建了一条合作和友谊之路”。

另一位叫格拉尼奇的项目现场工程师，报道里借他的口说：

大桥开通后，不仅将大大改善交通不便的难题，对于推动克罗地亚经济发展、旅游业、民生改善等都具有十分重要的意义。

这两处内容无疑都很正确，但由普通工程师道来，并不是最贴切的。就在这篇报道里，有多位比这两个工程师身份更适合讲这番话的人，如克罗地亚总理普连科维奇，克罗地亚海事、运输和基础设施部长奥列格·布特科维奇，克罗地亚中国友好协会主席安德烈·卡拉菲利波维奇。

《“900天奋战成就900秒奇迹”》一稿用引语时就比较注意这点，什么身份说什么话，话如其人，辨识度较高。

得知与记者同行的王坚就是隧道建设者，阿赫曼·萨马多夫握着他的手一边道谢一边说：“我上个月奉命调任安集延车站当站长，可我全家都在塔什干，如果没有这条隧道，我绝不会去那么远的地方上任。”

“我要代表我的选民向项目建设者致敬！”乌立法院议员阿克玛尔·布尔哈诺夫来自纳曼干州。他在接受记者采访时表示，现在，家乡的老百姓再也不用翻山越岭或者绕行他国了。卡姆奇克隧道有效推动了地区社会经济发展。

与记者同一车厢的安娜是费尔干纳市居民，她告诉记者，由于运输更加方便，费尔干纳的物价降低了不少。“原来一瓶500毫升的桃汁饮料要卖2500苏姆（1元人民币约合1200苏姆），现在差不多2000苏姆，便宜了20%。”

车站站长、议员、普通市民，话如其人——与身份契合，话中见人——言语口吻可看到人物神情。在《中哈能源合作成果走入寻常百姓家》一稿中，读者甚至可以听其声而识其人：

“我会利用有限的探亲时间最大限度把老婆哄高兴。”向志雄这位85后站长，已在现场坚守8年。他颇为得意地向记者介绍他的独门“秘笈”：“探亲期间除了多做家务，多说好话，陪夫人逛街、旅游外，我还有一招——帮妻子化妆。”他一边说一边从手机里调出一系列视频，“这是化妆教程，我天天看。现在我化的妆，爱人特别满意。”

听话听声，锣鼓听音。这段话里，可见一个85后新人的情感、性格、爱好等，人物便立体化地呈现在我们眼前。

如何抓住具体特点，写出人物个性？经典文学永远是我们的榜样。比如

《水浒传》中同是写第一次见宋江。

柴进说："大慰平生之志，多幸多幸！"

鲁智深说："久闻阿哥大名。"

李逵则当着宋江面问戴宗："哥哥，这个黑汉子是谁？"

三句话里，三个不同文化修养、性格修养脾气的人物形象，栩栩如生，跃然纸上，让人如临其境，如闻其声，如见其人。

附：

太焦线上"打冰人"

黑漆漆的郊口隧道里，此刻只有脚步发出的回响。探灯随着手臂摆动上下摇晃，前面人的身影拉得老长。5个人听着同伴的脚步，前后紧紧相随。

"嘿，这有冰！"眼前的冰势如长剑，悬在隧道正上方，随时可能坠落。桥隧工千福旺屏住呼吸，轻轻挥动手中6米长的除冰镐，稳准地击打着目标，"冰剑"随着撞击声砸落在地。其他人迅速拿铲上前，将掉下的冰铲进排水口。

这里是太行山西麓，太原铁路集团太原工务段榆社桥隧车间的石会桥工区打冰点，一个在地图上很难找到的小山头。这里离最近的县城有60公里，开车需两个钟头。如果不是太焦线经过，很少有人来到这里。

穿行在太行山区的太焦线，是从太原出发到焦作，再直通豫、鄂、湘、桂等地的重要客货通道，在此处需通过5座隧道、8座桥梁，7名桥隧工是这里的守护者。冬天，桥隧工的主要工作，就是打冰。"隧道结冰如不及时处理，会严重危害列车行车安全，极端情况下会引发难以预计的后果。"车间主任杨步勤说。

太阳快落山，从郊口隧道出来，一阵冷风灌袭而来，让人忍不住裹紧了脖子。记者掏出手机想看看几点了，却发现已经冻得自动关机。杨步勤哈哈一笑："快走吧，进了前面的黄花沟隧道就不冷了！"

到了黄花沟隧道，才发觉杨步勤刚刚是在"骗人"：隧道里虽然无风，但常年不见天日，阴冷的寒气浸透毛孔，让人无处躲藏。打冰人可顾不得这些，他们又发现了一处结冰点，正招呼着前往清除。

这一大坨冰，在探灯照射之下，如同一块巨型琥珀。与悬在隧道最顶端的"冰剑"不同，它依附旁边的隧道壁，约莫两三米高，厚度可达30厘米。有人持镐，有人拿铲，一下一下，凿得缓慢而坚定。硕大的冰块砸下来了，碎小的冰石也溅了起来，砸到了安全帽上，他们却浑不在意。

杨步勤其实没有骗人——一阵敲打之后，他摘下帽子，头上升腾起一股热气。过了年，老杨就61岁了，在这里已工作了43个年头，像他的名字一样，用自己的脚步诠释、丈量着勤劳。

一直走在前方的防护员王新灵，突然回头闪灯，示意大家进躲车洞躲避。"应该是去汉口的车要经过了。"杨步勤对这条线路每天经过的车熟悉得很，"现在通信设备更先进，防护员有手机加对讲机，列车还有两站的时候就能通知到位。"

众人缩在躲车洞中，记者的加入让原本狭小的空间更显逼仄。杨步勤蹲在地上，黑暗中突然对着千福旺说："今年过年，你们俩一块回家吧，10月我就退休了，到时候想值也轮不上了。"千福旺和王新灵夫妻俩已在这儿工作了29年。除了结婚头一年两人一块儿回家过年，剩下的28年里，过年时总有一个在这山中度过。

从隧道出来已是黄昏。老杨率先走出隧道，却三步一回头。这一刻，他仿佛在找寻年轻时的自己。

（乔栋，《人民日报》2019年1月26日，获人民日报2019年1—2月好新闻一等奖，获中宣部、中国记协"2019年'新春走基层'活动增强'四力'优秀作品"）

附（记者自析）：

脚板底下有乾坤

“走基层，下现场，不是一种形式，当你真正走进、贴近、深入，你就会自然生出那些独特、真实、深切的感受。‘脚板底下出新闻，脚板底下也出美文。’当我们的足印遍布生活深处时，报道就有了底气、灵气、锐气。”

费伟伟副主任曾在业务研讨文章里这样说过，我觉得放在这里作开头特别合适。

脚板底下有细节。我在《太焦线上“打冰人”》一文里这样描写两种冷：一种是隧道外的冷，“冷风灌袭而来，让人忍不住裹紧了脖子”；另一种是隧道里的冷，“阴冷的寒气浸透毛孔，让人无处躲藏”。与第一种相比，第二种更让人“绝望”，因为隧道里已没有风，但冷依然全面浸透着身体。

如果不是在隧道里亲身体验，这种差别恐怕很难写出来。再如，“列车呼啸而来，鸣笛声响彻隧道。经过躲车洞时，强烈的气压让人瞬间有窒息的感觉，如同撞上空气墙。旋即，一切又归于平静”。这种直面的感官体验、细微描写的底气，都来自“我在现场”。

脚板底下有感觉。感觉由体验内化而成，也是行文时的“灵气”之仓门。在文章的最后，原稿中我这样写：“隧道里待了三个钟头，恍若隔世，再出来已是黄昏。夕阳的尾巴吊在山头，映红了杨步勤的脸。老杨率先走出隧道，却三步一回头，那一刻，他仿佛穿越了43年的隧道，放眼回望，尽是年轻时的自己。”

由于版面限制，最后一段有所删节，但这个“感觉”出来了。前辈说：“只有通过大量的现场采访，你才会获得某种‘感觉’。”的确，写到最后文字如同激射一般，一股力量从指尖投射到屏幕上。这就是我要的感觉！老杨在这里43年，过完年，他就要退休了。他日复一日地走在这条隧道，这不仅是几公里长度的隧道，也不是从白天走到黑夜的时间问题，这俨然是一条时光隧道。

脚板底下有自我超越。这是我第二次采访“打冰人”，上一次是在吕梁山隧道，那是一条更长的隧道。除了地方不同，“打冰人”的作业流程、工作环境基本类似。但平心而论，两年前的稿件更多的是工作场景描写，而这回，场景、故事、主观体验、升华，整体来说比之前那篇更紧凑流畅。

如果还有第三次机会再去采访“打冰人”，我觉得我可以做得更好。基层“打冰人”故事固然感人，但跳出故事，他们的职业将走向何方？是否可以用机械化代替？隧道修建时如能排除大部分漏水隐患，是否会大大减轻他们的工作负担？

这些宏观性、连贯性的东西，正是我这样的年轻记者欠缺的。如果放在时空的坐标轴上，我的稿子只是“此刻此情此景”般的定格。但坐标轴的点连起来是什么样？

“走进基层不等于就接通地气”，的确，一个点无法“通”，连成一条线才算“通”。前辈们说“在时代背景下触摸个体的温度”，很多时候，“个体的温度”好揣摩，但体现“时代背景”不仅需要脚板踏穿，更需要用“过程意识”来积累和洞察。如此，一篇稿子才能更加饱满、更有意义和价值。

（乔栋，《业务研讨快讯》2019年第35期，人民日报社地方部主办）

在现场观察并感受

那是我新闻生涯里一个有里程碑意义的日子。

1986年8月，我到浙江采访，目的地是杭州，路过济南先下来办点事。从济南上火车，过路车买不到卧铺了，只好选择坐得舒适点——当时杭州到北京之间有一趟空调列车——119次。歪打正着，竟平添了一段奇葩经历。

大热天出门旅行，买上空调列车的车票，你一定非常高兴。8月21日，记者坐119次列车去杭州，却看到了这样几个镜头。

午夜，旅客们渐入梦乡。这时，忽觉有冷风飕飕，凉意袭人。静夜里，空调机低沉的声音听起来格外响。大家纷纷起身，取包开箱，添衫加衣。

记者在九号车厢看到，一位穿短袖衫的旅客，站在窗前琢磨片刻，摘下了车窗上的绿色窗帘权充外衣。一位躺在过道地板上、三十来岁的男子，用水果刀裁开一只塑料口袋，盖在身上。还有一对年青夫妇，丈夫将衬衫脱下给趴在茶几上瞌睡的妻子悄悄披上，自己耸着肩，把头和肩膀藏在窗帘里面。记者邻座一位小伙子穿上长袖衬衫后犹不胜寒，苦于无可添加，从毛巾架上取下晾干的毛巾披在肩上。

一通忙碌。有的旅客边加衣服边发牢骚。十几分钟后，车厢复归安静。

早晨两点多，记者在一阵燠热中醒来，伸手摸去，背上汗衫已湿一片。这时车厢里又一番忙乱景象：刚才肩上披毛巾的小伙子扒下了长裤，只穿一条田径短裤。一个大概是出门旅游的姑娘从行李架上取下背包找出扇子。

经历了这两番热闹的一位五十多岁的旅客淡淡一笑："空调空调，要么不调，要么瞎调。"一位带浙江口音的中年男子也深有感慨地说："设备好了，服务水平老面孔。现在呵，跑到啥地方全是这个样。"

如此折腾，自然无法入眠，便索性打起腹稿，一到杭州就把稿发回了报社。8月31日，《人民日报》第1版挂栏"记者来信"，刊出了这篇题为《坐空调火车的烦恼》的报道。

这篇报道竟然被收入新闻教材——中国人民大学新闻系编的高等学校文科教材《新闻通讯选评》(中国人民大学出版社，1989年4月)，这是我的报道头一回被收入新闻教材。该书编辑在"简评"中说：

读完这篇短通讯，令人啼笑皆非。空调火车上人们的种种情状，跃然纸上。记者似乎只是老老实实地叙述着他的所见所闻，然而那笔端分明流露出了俏皮与讥讽。

用记者的话说，这里报道的，是他所看到的"几个镜头"。我们不能不佩服记者"摄像"技术的高明。几个短短的反差强烈、饶有兴味的画面；两句随手撷来、恰到好处的话语，却让人思之再三，回味良久。

编辑肯定了这篇短通讯的报道手法。其实，无非就是按照新闻特写写作的要求，注意突出了现场感。

采写现场新闻应该怎样突出现场感呢？就是要运用人物、景物、环境、气氛等描写手段，再现新闻发生时的具体场面。新闻事件都是在一定的时间、空间发生的，有特定的环境和场面，将其真实、形象地记录下来，栩栩如生地报告给受众，就能增强新闻的可读性、可听性、可视性。

这篇报道虽然被收入教材，仍有不足。新华社《新闻业务》杂志1986年第10期发过一篇《好一个新闻小品》的文章，在肯定这篇报道的同时，还指出：

也许是由于记者的疏忽，没有查一查火车上的温度表，并且在这封信里交代一下，但是人们不难想象，这一夜车厢里的温差至少不低于十五摄氏度。这是什么原因呢？记者也许没有调查，也许调查了而没有写进信里，但是不言自明，是列车的管理有问题。

我看了以后心里还嘀咕，现场目击么，写的是“记者在九号车厢看到”，怎么还能跑到别的车厢去“查一查火车上的温度表”呢？那时的我毕竟是个“新司机”，不只是技术不够娴熟，脑子里还有不少条条框框，自己先被“现场”这个说法框住了。

2002年，世人瞩目的西气东输工程东段最后的铺管工程进入尾声。中国石油天然气集团公司组织媒体到一线采访。大多数记者选择离北京近、采访条件好的项目点，我了解到还在施工的江南段因处于河网地带，施工条件最艰苦，主动要求去了那里。

正如我采访后写的《穿越“魔鬼禁区”》（见附文）一稿结尾说的，管道的建设者们留下的，“是一座建在地下的丰碑”，施工结束，地表一复原，便啥也看不出来了。但还在现场的建设者们记忆仍然鲜活，当你和他们面对面时，不难从他们的叙述中看到施工时的艰难：

“我们机组的100多人是今年4月中旬进场的，每天早上5点半起床，6点多到工地，午餐送到工地上，晚上干到八九点是常事，有时甚至通宵达旦。”

“为什么不能按时收工？好不容易把坑里的水抽干了，你不一鼓作气把活干出来，第二天水就肯定渗满了，再要抽干又得等好几天；下雨也得抢，雨停了再干的话，管沟的回淤不好估量，前面的工作便会前功尽弃；有的河是通航的，早干出来早复航。”

“大家常常是一上通勤车，不管临时修的施工道路有多颠，几分钟准睡着。”

而现场讲述毕竟只能逼近真相，不容错过的，是认真、仔细地观察现场，捕捉那些精彩的细节，那些活动的场景，努力写出独到的体察、独特的感悟。

记者看到，带履带的吊管机从泥泞不堪的地里驰过，浆浆水水似的烂泥刚被犁开，随即就把宽大的履带辙痕合上了。

不远处，一位给焊工送料的工人突然陷进淤泥，深陷过膝，拔了几下没拔出，旁边的工人赶忙递来一张上下管道用的短梯，横在泥里。这位工人使劲按着梯子，才把腿拔了出来。娄利说："在这样的烂泥地里走来走去的，一天下来大腿髂骨都拔疼了。"

这样的场景或许还不是施工现场最经典的，但它绝对是材料中看不到的，是你在别人的介绍中很难感受的，即便听到，在自己脑海里也是很难复原出具体场景的。诚如古人所说："身之所历，目之所见，是铁门槛。"（清·王夫之）

时光飞逝。20世纪80年代新闻界便呼吁：把增强现场感作为新闻写作改革和创新的突破口之一。发人深省的是，这一呼声至今仍回响不绝。

新闻现场感是敏锐细腻地观察与感受事物、准确生动地表达事物的能力。嗅觉迟缓、缺乏捕捉事物细微变化的热情当然不行，观察虽然细腻深入，也掌握了大量第一手材料，但对观察缺乏理解或理解不深，也同样不能生动逼真地抓住采访中的感人场景。只有感受了，才会表达；只有感受丰沛，才可能表达得细腻到位。

附：

穿越"魔鬼禁区"

——来自西气东输工程现场的报道

"要是现在给我们放一天假的话，我最想做的一件事，就是睡觉。"25岁的技术员娄利笑着对记者说，“打去年10月上工地以来，我们只有大年初一歇了一天。”

7月1日，江南入梅以来难得的一个晴天，眼前，一望无际的河荡鱼塘波光粼粼，使这个被管道工人们称为“魔鬼禁区”的界浦河线段显出几分妩媚，听着娄利淡淡说来的这句话，记者心头不禁一震。

界浦河线段，位于苏州境内，是西气东输工程27标段中的一段。27标段从苏州陆慕镇到西气东输工程终点上海白鹤镇，全长53公里，是全线4000公里共27个标段中最短的一段。唯其最难，所以最短。难在哪儿?

承建27标段的是中国石油天然气管道第二工程公司，27标段项目经理朱怀德概括出“三难”。一是征地难。苏南自古繁华，人口稠密，经济富庶，每个乡、镇都有经济发展规划，53公里的标段，竟有41.5公里要改线，部分地段连续改线4次。二是设备、管子进场难。西气东输管道直径达1.016米，水网地带的管道管壁最厚，一根管子重达8吨，施工设备也多是重量级的。“小桥流水人家”的水乡特色，注定了这些大型设备和钢管要运进施工现场实在无路可走。三是施工难。管线经过处河塘纵横，泥泞不堪，而管线埋深至少要2.2米以上。

27标段平均每公里有河2条、鱼塘2个、公路1处。而其中的界浦河线段长3.8公里，竟要经过33个鱼塘、12条河。河塘相连，水天一色，好一派水乡风光，而“愁雨恨水”的管道工人却送给它“魔鬼禁区”这个外号。

“魔鬼禁区”见证了管道工人艰苦卓绝的日日夜夜。

施工第一步是要把设备、管材运进场。没有陆路他们就走水路，利用放管线路基本与界浦河平行的特点，沿河设上几个码头；码头和施工现场还相距百来米，就用舟桥、浮板、钢管排、土工布、草袋等架设便道，巧妙地攻克了设备、管道进场难关。如果说“进场难”还可智胜，那么，“施工难”便只剩华山一条道，唯有力克了。

“我们机组的100多人是今年4月中旬进场的，每天早上5点半起床，6点多到工地，午餐送到工地上，晚上干到八九点是常事，有时甚至通宵达旦。”娄利对记者说。

“为什么不能按时收工？好不容易把坑里的水抽干了，你不一鼓作气把活干出来，第二天水就肯定渗满了，再要抽干又得等好几天；下雨也得抢，雨停了再干的话，管沟的回淤不好估量，前面的工作便会前功尽弃；有的河是通航的，早干出来早复航。”

记者看到，带履带的吊管机从泥泞不堪的地里驰过，浆浆水水似的烂泥刚被犁开，随即就把宽大的履带辙痕合上了。

不远处，一位给焊工送料的工人突然陷进淤泥，深陷过膝，拔了几下没拔出，旁边的工人赶忙递来一张上下管道用的短梯，横在泥里。这位工人使劲按着梯子，才把腿拔了出来。娄利说：“在这样的烂泥地里走来走去的，一天下来大腿髂骨都拔疼了。”

最苦的是焊工。雨天一身水，雨衣怕焊花，雨伞挡不住；晴天往往也是一身水，因为焊到管子的下部，只能往泥水里铺几张草包，躺着干，一会工夫，半个身子便全湿了。西气东输的管道粗，这个标段的管道管壁又是最厚的，焊接量大大增加。他们做过比较，壁厚26.2毫米的管子与壁厚14.7毫米的相比，焊条的熔敷量多三倍多，每道口至少要焊15遍。一天焊下来，累得手腕都不会打弯。最难受的还是整天身上湿漉漉的，所以中间逮着一点空隙，便赶紧脱下衣服，放到焊接车的排风口上狠吹。感冒发烧实在难免，这个平均年龄只有28岁的第三机组，百十号人都病倒过，然而却没有一个人退缩。

水网地区施工的复杂程度和由此带来的施工难度是从来不曾遇见的，他们专为这次工程添置的上亿元的现代化设备，使用的效率也大打折扣。为了保证工期，干部职工不得不牺牲休息日、节假日，起早贪黑与时间赛跑。“大家常常是一上通勤车，不管临时修的施工道路有多颠，几分钟准睡着。”

三机组机组长邵维民有一本施工日志，记者随手一翻：

“……4月17日，阴有阵雨。组焊17道口，连续工作至18日中午12点。

4月19日，雨。管线由深塘段向堤岸延伸，高差6米，需开挖管沟，打槽钢防塌。工作至晚10点。

4月27日，鱼塘修机械行走带，淤泥层厚0.5米，局部0.8—0.9米，572G吊管机及焊接车辆陷车，变速箱被泥堵塞……

4月30日，堤坝决口，界浦河水汹涌而入，急调人、调设备封堵缺口、排水。……”

在我国管道建设史上，西气东输工程在管线长度、管径等各项技术指标方面，几乎囊括了全部“第一”，而其建设的难度，即使在世界管道建设史上，可以说也绝无仅有。然而，就在这样艰苦的条件下，项目部党总支书记李厚明告诉记者，他们这个被公认是最难啃的骨头——27标段的工期目前已经抢出来了，年内可确保竣工，而且焊接质量稳步上升，一次合格率保持在98%以上。

放眼望去，经过50天激战，管道工人们已经成功穿越“魔鬼禁区”，界浦河线段的主体工程已赶在梅雨季节到来之前全部结束，眼下只剩几百米管道在作回填，不少工人开始转入为穿越吴淞江的千米长管作施工准备。

望着那即将又要恢复往日宁静的一条条河流，一方方鱼塘，我想起有人说的一句话，建设者的奉献就像初雪过后的田野，走过的每一步都会留下清晰的脚印。管道的建设者们，很难在大地上留下什么。然而他们留下的，却是一座建在地下的丰碑。

（费伟伟，《人民日报》2002年7月7日）

写现场要顺着视角

> “漫步在山间栈道，穿行于原始林区，鸟语婉转，花香清新……青海西宁市湟中区拦隆口镇卡阳村景区游人如织，好一幅高原特色乡村游景观。”

语言简洁，画面清晰，2020年10月12日第4版头条《守护好风景迎来好光景》开头就这样直奔西宁市湟中区卡阳村通过发展旅游走上致富路这个主题。

而原稿并不是这样的。

> 漫步在山间的木栈道上，穿行于茂密的原始林区，伴着清脆的鸟语，嗅到清新的花香……
>
> 虽已入秋，青海西宁市湟中区卡阳村景区内游人如织。一层层梯田错落有致，千亩油菜基地、中藏药基地和生态花卉基地颇具规模。梯田对面是茂密的原始森林，站在山顶，青山如黛、花海飘香，好一幅高原特色乡村旅游景观。

山间、森林、花香多次重复，虽说表述上似各有侧重，但移步并没换景，炒土豆丝、炖土豆块，毕竟当家的都是土豆。

对语言冗长、不精练的问题，我们此前多有批评，而为什么犯这种毛病？有一个病因以前没怎么说过，便是场景描写中对视角关注不够。

漫步山间，穿行密林，“嗅到清新的花香”，花香来自山谷，来自林间，这种体验很真实。而“站在山顶，青山如黛、花海飘香”，这里的花香来自哪里呢？就令人感觉有几分奇怪了。山顶自然也会有花，但能成“花海”吗？尤其在西北。遵循句子文意的逻辑，应是登高望远，那么望的是山下的花海。可那又该是怎样一片巨大的花海，竟能香远及顶？

文意无序的背后，是作者视角变换太过随意。

眼下，大家越来越重视在报道中突出现场感，但重视现场，写作时一方面要力求“透”，把场面、感受、细节写透；另一方面，还要力求“顺”，顺着人或物，避免叙述视角混乱。

这个毛病目前在报道里还重视不够，常被忽略。

我们看一篇见报的稿子：

> 新修的柏油路蛇形爬升，一直通向山的最高处。
>
> 站在海拔700米左右的山巅俯瞰，三四十厘米高的茶树排列成行，20多名身着苗家服饰的采茶女半蹲其间。嫩嫩的茶尖，随着双手上下翻飞尽入背篓。这里是晚春的湖南省古丈县，昔日的荒山野岭，如今漫山翠绿。
>
> （《先富帮后富　白茶传佳话》，2020年4月20日）

“站在海拔700米左右的山巅俯瞰”，自然是远距离的；而紧接着叙说“三四十厘米高的茶树排列成行，20多名身着苗家服饰的采茶女半蹲其间。嫩嫩的茶尖，随着双手上下翻飞尽入背篓”，这又显然是近距离的。显然，记者对这个叙述距离没有太在意。

20世纪六七十年代出生的人都对《英雄虎胆》这部电影印象很深，里面出演女匪首阿兰的，是著名演员王晓棠，美艳多情，有人把这部电影看上好几遍，就为了看“女匪阿兰”。影片的导演是严寄洲，人们评价他拍片是又好又便宜。严导特别注意控制成本。有一个场面是150多名解放军战士进攻，服装、道具都按剧本要求准备。但开拍前，严寄洲只给40个演员发了服装和枪支。因为电影镜头下，只能看清10米以内的演员，10米以外的人穿什么拿什么根本看不清。严导安排40个演员靠近镜头，远处的群众演员手里只拿根木棍，而这丝毫不影响影片画面的真实呈现。

可见，严导拍片前，脑子里的画面就“远近高低各不同”，因为他是顺着视角去思考的。

再饶舌一句。此稿首句“路蛇形爬升，一直通向山的最高处”，其中“一直”这个词，应删去。“一直”有多个义项，其中有一个意思，正好与“蛇形”相反。

写透现场须“在场”

57年前的一个月夜，新任党支部书记朱彦夫，曾经坐在这个缓坡上，俯瞰静思。不远处，横放着他的拐杖和假肢。山上没有路，尽是乱石杂草，朱彦夫爬着上山，滚着下山。

半个世纪过去，我们已无从知道，从那夜起，25年间，无手无脚的朱彦夫在这里摔了多少跟头？添了多少伤痕？

（《一位老兵的坚守》，2014年4月1日）

不久前，青海分社回地方部值班的贾丰丰写一周采编述评时，分析这篇报道时说：认真品读，能感受到强烈的“在场感”，作者以自己的视角展示所见所闻、所思所感，读者在阅读过程中，跟随作者的感受和表达，能够触摸到作品所传递的精神力量。这种“在场”的采写意识让人颇受启发。

贾丰丰提到了一个比较陌生的说法：在场。

何为“在场”？贾丰丰在文里介绍：“‘在场’原本是一个哲学术语。近些年在许多历史学和社会学著作中，作者通过‘在场’的手法，以自身的直接体验和见闻还原场景，全方位展示事件现场。许多新媒体产品也受此启发，加强用户的在场感和沉浸感，通过增强交互性来吸引粉丝。”

虽然提法较新，其实，“在场”与我们经常强调的“现场感”，可谓“异曲同工”。

所谓“同工”，是说“在场”与“现场”一样，都强调还原现场真实场景。那么，“异”在何处呢？

“在场”，即“我在现场”，更强调要把自己摆进去，让“我”亮出来。

现代叙事学流行一种理念，倡导叙事主体在文本中完全隐匿，主张中性的“零介入”，作者的任务，就是客观、公正、冷静地呈现事实，不附带任何情感色彩和立场表达，而任读者裁处。

这可能吗？

事实早已说明，纯粹“客观、公正”的叙述是不可能实现的。即便叙事主体在文本中完全隐匿，他的意图、倾向、立场，还是会不可避免地以各种各样的方式渗透到文本中。因为叙事本身就是做出选择并支配，它的每个环节，都蕴含着作者的情感立场和价值判断，都是一种意义的生产和递送。

所以，“在场”之“在”，不只是指“身在”。“我思故我在”，“我在”的本质，是要写出那种带着真情和关爱、带着真实的生命体验深入过的感受和体悟，是“身在”加“心在”。

不妨看一篇2015年4月5日头版王汉超写的《移民清明拜老树》（见附文）。在这篇报道里，记者并没有露面，但你在字里行间，却分明能强烈感受到记者“我在现场”。地方部孙振有篇业务研讨文章里便称赞道：

> 时隔多年，重读王汉超的《移民清明拜老树》，仍然感到回味无穷。为何？清明归来祭扫的移民，看到从100多个淹没村庄移来的千余棵老树后跪倒泥地，上前抱一抱，把脸贴上去，像贴在母亲的怀里；移民王建华望着江水漫上来，流过去，忽然说：“父母有灵，会感受得到吧——这水一直流到北京，咱真是和北京连在一起了！”……这些细节、故事的刻画，像一颗颗子弹，刹那间击中心窝，透过清明拜树，我们读懂了几十万移民的乡愁寄托，读懂了移民大爱，读懂了国家利益、民族大义为先。

或许可以这样小结一下：

要想写好写透现场，记者一定要“在场”，并写出所感所悟、所思所想。

情动于中，形之于言。至于现场是不是一定要出现“我”，倒在其次，可服从于叙事方式的要求，关键要看哪种阅读、传播效果更好。

文章至此，可以收结了。但还是很想重提一下多年前王汉超刊发在本报《人民论坛》的一篇文章《融入，新闻才有生命》（2011年10月25日），从采写一线的丰沃土壤中抽枝绽发的理论之芽，总是最鲜活、最美丽的：

> 新闻讲求的真实客观，绝不是“隔岸观火”式的真实客观，那种客观只会成为教条。新闻是应当有温度的。这个温度，只有融入才能感知，只有感同才能传达。采访不是问询，写作不需堆砌，需要的是心与物、心与心的“同频共振”。记者身心“代入”，才能对物最大还原，对事感同身受，才能让环境开口说话，才能让采访对象敞开心扉。感情，不是手段，而是前提，不是技巧，而是品德。
>
> ……对关乎群众身家性命的问题是否保有足够的情感，是融入与否的界限，是冰冷与温暖的区别。融入了，新闻才有生命。

附：

移民清明拜老树

一年前，移民王建华已从河南淅川迁到中牟。全村人每天看手机，盯住南水北调中线渠首上涨的水位。来人问他，你又不管调水，水位线16米还是17米，你操个啥心？

咋能不操心。淹到17.2米，就没过父母的坟。他要掐着水位线，回去最后烧把纸，添土圆坟。回去时，水已没到了大腿。每家每户蹚水去扫墓。王建华跟爹娘有话：“以后是不能再给二老圆坟了。南水北调是大局，下回儿站到岸上，二老能望见我。”

又到清明，不少移民早早回来了，望着茫茫水面一望再望。令他们惊异的是，当怅然回身时，看到了家乡的树！是满满一园故土老树！从100多个淹没村庄移来的千余棵树，古柳、皂角、石榴、黄连……曾经立在房前屋后，河滩山坡，如今那里已在水下，汪洋一片。而树伫立在距丹江两公里的岸边，姿态宛然，张臂向天。

“就是村口那棵老树啊！”清明归来祭扫的移民以千计万计，看到当年的老树，他们跪倒泥地，上前抱一抱，把脸贴上去，像贴在母亲的怀里。60多岁的黄世荣家搬去湖北多年，她对望老桫椤树：“就是这棵树，我奶奶就在树底下等我放学，后来是妈等我回娘家……”如今，她路上听见有讲淅川话，就忍不住跟上多听几句，在街上看见老太太长得像她妈，真想去抱抱她。

“找到了！”回乡的人一棵棵找，一排排查，唤着同村人快来看。树找着，根就找到了，村子像是又能摸着了一样。“这是河边那棵老银杏”“这是山上那棵‘树爷爷’”“春天满树白花，风过来像下雪……”“我在这树底下长大，看见它就看见了爹娘……”

半个多世纪里，淅川近40万移民为了清水北上，抛家舍业，迁往他乡，义无反顾。去年年底，南水北调中线工程通水。今年清明，移民群众祭拜老树成为渠首淅川一幕幕感人至深的景象。

把老树收集起来的人叫李爱武，他为此几乎花光半辈子积蓄，又押上了全部家当。几年前，一位远至青海的老移民回乡，是个画家。他们的汽船漂在淹没区的水面。他只见老画家攥住满把胡须，一刀剪下来，丢进一汪水里：“爹啊娘啊，孩回来了！”

李爱武全家是移民。他决心为移民做点啥。当时移民紧锣密鼓像打仗，顾不上管树，很多沿海城市找村民买老树，要让大树进城。他听记者说：“卖一棵就是‘犯罪’，这可是移民的根呐！”那一刻，他对自己说，得为移民守住根脉，自己干不完，儿子干孙子干。

就这样，千余老树没有远离故土。清明节，为移民修建的纪念碑高高矗立，40万移民，每户移民的名字都被刻上了石壁。李爱武已是第二年掏腰包摆千人宴，让回乡的人听听家乡戏，尝尝酸菜炖肉、丹江鱼，喝几碗小米黄酒，晚上聚在火堆旁，叙叙一年的事……

今年元旦，移民们在总书记的新年贺词里听到了自己，忙往电视旁叫人。有的拿着炒菜铲子，有的抱着孩子聚拢到一起。总书记讲到移民搬迁的无私奉献，“我们要向他们表示敬意，希望他们在新的家园生活幸福。”

紧接着，又一句说进心窝子的话：“我要为我们伟大的人民点赞”。搬迁历历在目，不少移民当时就掉了泪。下来一遍遍掰着数，63个字，是对咱移民莫大的安慰。大家很一致：把总书记给咱说的话刻在纪念碑上！

有的移民代表到北京观看通水，那清丝丝的丹江水从团城湖涌出来，“是老家的水啊”，他们趴到水面上，捧起来就喝。有人感慨：“看到通水，过去吃的苦，受的累，全值了。”还有人搬迁到平顶山，2014年夏旱严峻，白龟山水库连续动用死库容，是老家丹江水顺着渠线救了全市的急。

王建华望着江水漫上来，流过去，忽然说：“父母有灵，会感受得到吧——这水一直流到北京，咱真是和北京连在一起了！”

记者手记

移民群众有多爱他的家乡，就有多爱这个国家。当家成了一汪浩渺春水，树就成了他们最后的乡愁寄托。一棵树，就是一方故土家园，就是一部村庄家族的祖辈历史。

移民故事三天三夜讲不完。他们清明拜树，让人们看到移民大爱，看到国家利益至上，民族大义为先。记者赵川，采访南水北调听了无数讲述，掉了无数眼泪，以至人称“赵淅川”。问她，她只想替移民说一句话：“懂得节水。”一渠丹江水，挟裹着楚汉灵魂的气血，去充盈华北的经脉，这是库区千千万万人民生命沉淀的甘露，是一条流向北京的生命之河。每一滴水都饱含着深情、凝聚着大爱。

（王汉超，《人民日报》2015年4月5日）

附（记者自析）：

确立一种新闻审美

中国最早书写的新闻，大概记述在骨板简牍之上。所谓言简意赅，惜墨如金，多是受了材质的限定，不允许废话连篇。后世文章，虽然得以扩充，大体上尊重了这种简洁之美。所以诗删简到了三百篇，道凝练成五千言。去粗取精，从空间上便于传播，时间上便于传世，简洁成了中文的一个特点。

《人民日报》有种很好看的文体，就是头版的千字文。网络时代，虽然容量无限，字节以天文单位计算。但《人民日报》的头版，仍然是一张纸的大小，被铅字的单位面积整除，放不了几篇文章。重要且稀缺，代表着时代的导向与审美，取舍之间就成了一件很讲究的事情。

“今日谈”也好，“1+1”式的头版头条也好，“行进中国精彩故事”也好，都要求在极有限的篇幅内，精粹出最有特点、最引人注目的部分，才不浪费那三寸纸张。有一天当我们都已不存在于这个世界，还有人会翻过今天一页页的头版。

这种千字文像小剧场的演出，空间不大，舞台却也装得下一个天地。以戏剧作比，它高度集中，把宏观跨度与精微细节融汇一炉，可以在很小的局部调度铺陈，居然还有跌宕，有张力，在小人物与大时代之间穿行，在观察与认识的不同层面折叠，写众生也写时代，见情感也见家国。主题饱满之时，响木一声，戛然而止。读者跟着文字被代入、被带动、被激发，又感受到文章之外的空间。“少便是多”，这是适合现代的阅读体验。

在“塑料化”“速食化”的阅读中，关于平凡人物的非虚构写作是可贵的，在“煽情”和“视听效果”的轰炸后，真实是可以非常动人的。《人民日报》的千字作品，代表着一种久长的写作传统，也适应快速阅读的现代生活，是属于报纸的特色文体，足以确立一种新闻审美。

我新闻从业十多年，经手稿件自己都记不全，却常被人提起《移民清明拜老树》这篇小文。为何总被提起？大概新闻事实会过去，但情感能更持久地动人。记得文中写到很多细节，可“细节的细节”自己也记不真切了。但找出来一读，很多镜头纷至沓来，几度把泪憋到眼眶鼻腔。那些年里，移民的苦泪，割不断的故土乡情，奉献大爱，以我的笔力是万难穷尽的。我记下了一点点，像结绳记事打的一个结。当年很多的人和事都永远留在了那个时间段，千字的文章只留下沧海里的一点点。

我们的新闻承接了史学传统，这是在多年写作中感受到的。我们在大学接受的新闻教育，记得起始就是希腊，兴盛就是英美，譬如“面壁者的影子”“桅杆上的瞭望者”，从魔弹论到把关人，从发报机到倒金字塔，从普利策到施拉姆，很难意识到我们还有一条自己的传统流淌到体内。

当然，新闻教育也曾追溯传统，记得讲到“采风”“邸报”，讲梁启超、邵飘萍，文人论政夹叙夹议，等等，有些不免生硬牵强，有些又是当时当世对西方的亦步亦趋，那是报纸的表象。而写作，触摸着一条更深的文章传统，潜移默化影响了新闻书写。追随这条脉络，足以确立一类新闻审美，它有很多中国化的表达。

1. 文气与情势

《移民清明拜老树》的题材是比较自由的。文章很短，甚至文后配发的记者手记成了全文一个支撑，成了让情感点明、升华，甚至再迸发一下的一轮推手。

让人揪着心，动着情，一口气往下读，是谋篇布局、精心布置吗？根本不是。重读这篇文章，看得出是把移民的几个场景衔接到了一起，没有在字句上打磨推敲，也没有精心的结构设计，全是靠牵着情、提着气快速行文推进，一波一波触碰中国人最根本的共鸣，这共鸣是亲情、是血脉、是故土、是生死，和国人心底都存在的牺牲奉献。最后，我们每个人同父母、同故乡、同记忆的感受被调动出来，印证在移民的经历里，我们成了移民中的一个。

所以这篇文章的“动力”，不在结构，不在辞藻，甚至不在逻辑，而是情势，用一种巨大情感的势能往前推。这个在学习西方的新闻写作里是不多的。而在中国的古文中，我们非常喜好用“势”，称作“文气”。甚至有时文气滔滔，让人意识不到背后有不少逻辑瑕疵。

当然，写稿的时候想不到什么“文气”“情势”，只是被大量移民的血泪故事推着，一幕一幕就涌出来落在键盘上。2014年12月12日南水北调中线通水，一泓清水流向京津，相关采写密集进行了几轮。迁离故土太苦、太痛、太沉重，写全景式的大题目总怕驾驭不好，越来越多的素材压在心头，挥之不去。2015年4月清明节，很多移民故事借着“拜树”一个场面，像迸出来一样，成了这篇小稿子。

河南有“早清明”的传统，大量移民祭扫早于清明当天。但稿件只能用在清明节，过了点大概就不好用了。根本没有时间酝酿打磨，头天晚上一气写完发回去，地方部夜班主编和总编室值班主任非常支持，甚至呵护，几无修改当晚就用了，见报就在清明节头版右上最显著的位置，众多平台推送说“感人至深”。我写完其实是不满意的，觉得还没把胸腔的郁积写到位，但已没有时间再“动土”。

在有些科班新闻教育中，情感是客观的大敌，似乎记者必须超乎于各方，具备外科手术一般的冷静才算职业，才能写出公允的报道。关于新闻客观、媒体立场，那又是一个论争战场。我只想说，写移民拜老树，“情”就是这篇新闻的主角，我无法采用不带感情的“新闻标准”。

也许可以这么说，妨害新闻判断的感情色彩是不必要的，除此之外，感情与新闻没有矛盾。新闻具备感情，才能理解这个丰富的世界。完全摒弃感情的所谓客观，只能是新闻教条。事实上，这是英美体系标榜的新闻标准，也不完全代表西方。据说法拉奇的访谈在法国刊登在新闻版，在英美需要放在评论版。还有那位摄影师凯文·卡特，客观拍摄了秃鹫与女孩，却在情感与人性层面难以自洽，痛苦不堪。

再比如，以情入景是非常中国化的表达，主观侵入客观。但我写的是客观景物，是严丝合缝的新闻表达。“又到清明，不少移民早早回来了，望着茫茫水面一望再望。”这是描写情境，当然也是描写心理。中国文学里，大多不去直写心理，“落花人独立，微雨燕双飞”，他在写孤独，是客观还是主观？新闻常见的天气描写，“秋高气爽，丹桂飘香”，或者贯口“喜马拉雅含笑，雅鲁藏布奔腾”有这个意味，只是不够高明。如何运用得当，又如何划清边界，可以做个开放话题。

2.意象与取象

在写《“云”解塬上渴》的时候，我意识到新闻是可以运用意象的。原文这样：“人们描述渴望时会说‘如大旱望云霓’，西海固在干渴中一代代望云祈雨，如今终于在网络时代，用‘水利云’为千百年的干渴画上了句号。”

“云”的意象，对应塬上的干渴，为整篇文章带来了色彩。其实很多新闻写作中，我们不经意都在使用意象。好的意象就是靠采访中的“眼力”捕捉到的，成为一个细节，用得不着痕迹。写马街书会在老艺人的家里，记得影壁墙上的石楠藤发出了新枝新芽。

新闻名篇《种树“种到”联合国》里写到一个细节，那位内蒙古女干部、治沙副乡长到日内瓦发言介绍经验。作者拿出篇幅写酒店房间每天的鲜花，被她夹在本子里。写回到家乡植树，那些花瓣还有清香。新闻闲笔其实不闲，反而有意味耐琢磨。花瓣是一种反差，带着对美好生活的向往。作者没有明写，却比明写道出了更多。

我写《听，垌头在唱歌》的时候，写村民坐大巴外出参观，鼓足了干劲，就在车上大合唱。相信他们唱了不少歌，可是采访问当时唱的什么？当事人记得最深刻的是“风在吼，马在叫，黄河在咆哮，黄河在咆哮……”后来他们遭水灾，全村转移到山上，还在唱歌，唱什么？“团结就是力量！”这些片段自然就跳出来，成为代表当时当场的一个意象，很真实，胜过大段描述。

什么是好的意象，它能把你想表达的许多东西，凝结在一个点上。中国文学作品中，《桃花扇》《牡丹亭》《荆钗记》，常用到这样的手法。只是没想到新闻从物件上讲人的故事，其实无意中承袭着传统。后来我想到，移民拜的那些老树，其实藏着意象，承载着寄托，汇聚了焦点，在传统戏剧中称作“文胆”。

树是根，是家族，是历史，它开枝散叶，它伴随了时间。文中就说：树找着，根就找到了，村子像是又能摸着了一样。“这是河边那棵老银杏”“这是山上那棵‘树爷爷’”“春天满树白花，风过来像下雪……”“我在这树底下长大，看见它就看见了爹娘……”

由于移民的故事太丰富，聚焦于物品上的“泪点”用得很多。老画家剪下的胡须、没过祖坟的水线、北京团城湖流出的丹江水……过去我把这些理解为“细节”，认为细节是有表现力的。现在看，细节紧密串联很多叙事条线，聚焦通篇，甚至隐隐有象征的意味，细节就上升为“意象”，具备了东方的审美特点。

记得素材庞大，故事太多，我踌躇过用哪个开头更好，最后选择了迁往远处的移民盯着水位线，用悬念一下子把牵挂、无奈、决绝拉满了。这个故事隐藏着清明上坟的所有元素，所以是若干开头中最合适的。

我们常为了使一篇新闻鲜活，在消息、通讯开头加个场景，或者加个人物“某某人说”，那都算是“伪场景”。开头用场景，理应高度浓缩，集中代表全篇。场景也是一个意象，写瓷器师傅，开头是柴，烧起来了，火发出风一样的声音，借以观察烧窑人的状态。写村庄变化，先写婆媳矛盾“反贴门神不对脸子”，如今挎着胳膊唱起歌，都经过了拣选。

我常想，新闻写作总说“以小见大”“以点带面”，不免让人觉得拿盆景当全局，以小见大变成了以偏概全。为了主题先行，我们也常犯这样的毛病。其实，中国的思维里，还有一个“取象比类”的传统，弱水三千取一瓢，取象可以理解为一种抽样观，于精微处见广大。如何在局部中窥见大社会、大时代，于青蘋之末捕捉到大信息、大变局，又是一个更高的话题了。

3.取舍与显隐

只给千字的容量，这当然是一种局限。但局限也造就了优长，逼我们去探究“少少许胜多多许”的妙处。就像微博推文140个字节的篇幅，也生发出了无穷的趣味。

篇幅短了，信息量就少吗？举个极端的例子，孟浩然的《春晓》全诗20个字，讲出了时间、地点、人物、状态。再看，看到季节、天气、温度，听到了声音，嗅到了气味，周围的环境，身处的空间，空气的湿度，春花的气息，门外的地面、昨晚的气候变化，睡眠的深浅，人慵懒的样子，甚至描述了光线、色彩和体感。继续看，看到了心情和心境，看到了社会地位和风尚，看到生活态度和人生美学。再往深处看，还能看到时代精神和盛唐气象，因为宋词里的落花是悲戚伤感的，唐诗里是饱满喜悦的。因此，短小的篇幅，仍然可以有很大的信息量。

中国的诗境，是少少语句给人很大的空间。新闻当然不是诗，但新闻不能穷尽的部分，是可以留白的，读者不必要知道，却可以根据自身经验想到补充到。至于想到的不是准确的新闻信息，那是对于新闻不重要的部分，是可以隐去的部分。比如《移民清明拜老树》开头和结尾的串场人物王建华，他多少岁，全家几口人，淹了几亩地，哪年搬迁的，生活怎么样，可以只字不提。他出场，只是表达移民关心淹坟这一个侧面就够了。人们关注他的情感，跟着他接受命运，到服从大局，跟着他牵挂父母，一再张望就够了。他就具备了“一心想着家乡的有情汉子”的形象，那些隐去的信息读者是可以脑补的。

千字之所以能容纳那么多故事，那么多人，大量借助这种“显隐”的诗化手法。“就是这棵树，我奶奶就在树底下等我放学，后来是妈等我回娘家……”一句话可以跨越三代人的故事，不需要补充更多的背景信息。我们常说新闻讲故事，这故事不必是有头有尾，要素齐全，一句话就可以是一个故事。

新闻是可以根据需要扩展和折叠的。千字文惜墨如金，当然折叠的多。把大量采访和细节写进千字的时候，我们发现千字竟是好大的空间。“邻里不和睦，人掉井里不叫邻居”，8个字就折叠了一个很有冲突感的故事，这就是文字的好处，可以用最少的符号，传递最多的内容。

螺蛳壳里做道场，可以发展出很多技巧，比如用一个意象，一个场景代替许多描写，比如用一个侧面、冰山一角代替要素齐全的叙事。但通篇而言，简洁还是要依靠思维洗练，对素材大胆取舍，和磨炼文字的简洁美感。这都是我们要不断为之努力的路。

一边赞美短文，一边写了这么多字，可见我思维也不洗练。文字的进阶修炼是一条无止尽的路，但审美却是方向。中国的文章，有数次徘徊又数次振奋，脉络清晰、方向明确。确立一种新闻审美，希望有更多直面时代、深入肺腑的文字涌现、流传。

（王汉超）

好报道要写出“视觉场景”

2022年7月29日的《人民日报》副刊上，有篇歌唱演员写的文章读来令人心里一动，文中说：“唱好歌曲中的故事，需要吃透歌词，需要在脑海中勾勒出一幅打动自己的视觉场景。”（石倚洁《凝结心灵　沟通世界》）

文学艺术是相通的，写稿和唱歌也是相通的，写好报道也需要“在脑海中勾勒出一幅打动自己的视觉场景”。这当然是一个很高的境界。如果“打动自己”这个要求太高的话，那么，我们不妨“降维”一下，至少写出一个能动起来的“视觉场景”。

开头一半文。报道开头往往是花功夫最多的，因此，有没有写出“视觉场景”，以本报2022年7月的几篇见报稿为例，看一看开头就清楚。

> 近几年，随着文化市场的繁荣、文创行业的发展，有趣的展览推陈出新、新鲜的产品走红网络。从创意到制作再到推广，光靠文化机构本身亲力亲为，力有不逮。一些博物馆面向社会进行文创IP（知识产权）授权，成为一道行业新景观，文创IP授权专员也应运而生。

这是7月12日《点亮创意，将博物馆“带回家”》一稿的开头，视觉场景在哪儿呢？这段文字可称作“新闻背景”，完全是“静态”介绍。“背景”，是不能信手就拿来作“导语”的，永远也不！“视觉场景”，指的是一个具体的、实实在在的工作场景或者生活场景。

> 6月28日，福建省菌草科学与技术研究院授牌仪式暨福建农林大学菌草科学技术成果发布会在福州举行。发布会上，菌草技术发明人、国家菌草工程技术研究中心首席科学家林占熺研究员领衔的研究团队介绍了多项菌草研究最新成果。

这是7月7日《讲述》专栏《点草成金造福更多人》一文的开头。里面虽然也有场景，但不具体、不实在，似动实静，因为没一点细节，遂流于一般性介绍。这样的场景，不是“视觉场景”。

也是《讲述》专栏，7月4日《张伟平：孜孜探寻数学之美》一文这样开头：

> “很多人说我不像个研究数学的……”张伟平笑着对记者说。确实，眼前的张伟平，挎一个帆布包，白衬衣、西裤、休闲鞋，笑容可掬、精神勃发，谈吐睿智而又风趣。

这个似乎符合“视觉场景”要求，但读来仍觉无感，因为这样的描写很泛泛，适用于很大一个知识分子群体，还是不具体，缺少个性。

再如这个开头：

> 褪色的木窗框，古朴的书架。一双颤颤巍巍的手从整齐有序的书籍中取出一本，轻轻打开书页，老人脸上露出幸福的笑容。
>
> （《故园里，最是书香润芳华》，2022年7月21日）

这和上篇的问题大致相同，共性的东西多，没写出个性特点。而下面这个开头，我们便看到了独特、有个性的视觉场景：

> 摄像头前，张益彬左右手交替挥舞，嘴角伴随手语动作微微上扬，一旁的显示屏上，“阳光总在风雨后”7个字立刻显示出来……
>
> （《让人工智能看懂手语》，2022年7月8日）

动作具体，特点鲜明，陌生的场景吸引着你往下看。报道紧接着介绍，张益彬有听障，是天津理工大学聋人工学院网络工程专业2019级学生，他参与的科研团队，正在打造“复杂场景下中国手语实时翻译系统”。

7月11日通讯《以针代笔，绣出星空之美》，开头场景也同样吸睛：

> 午后斑驳的阳光，从绷架上透明的黑色绢纱缝中漏下来，让一缕缕丝线闪动着光……陈英华将细如发丝的蓝线，分出1/16，穿过绣花针，先在刺绣面料上绣一个小点固定丝线，然后选定附近一点，从上到下刺过绢纱，留下一道线痕，再寻合适位置，从下往上刺，续上下一段弧线。一段紧接一段，眨眼工夫，就勾勒出星空边缘的一角。

记者从国家高级工艺美术师陈英华正在制作的苏绣作品采用的独特别致的针法切入，采用“微观定格式的放大写法”，写出微观层面的细腻质感，令一位刺绣大师的形象跃然纸上。可见，写出生动的视觉场景，一定要紧紧扣着报道主题，扣着人物的自身特点。

7月12日的《古围棋，落新子》这样开头：

> 迎着光，黑子通体翠绿，白子晶莹如脂，令人不由惊叹：“这是棋子还是玉石？”“这是用玛瑙、玉石、翡翠等为原料做成的永子。”永子围棋制作技艺非遗传承人李国伟答道。

开篇即紧扣住主题娓娓道来，这个开头的根是扎在文本里的，又自如地生长出来。但这绝不是说，扣住主题就能生动。很多记者在报道开头喜欢从走近某人开始，以拉近与读者的距离，营造亲切的氛围。如7月7日《四十年，情暖“云中哨所”》：

> 走进西藏自治区日喀则市亚东县仁青岗村村民次仁曲珍的新家，厨房里，69岁的次仁曲珍、63岁的达吉和61岁的普赤正在忙着和面、烧火、炸油饼。3位阿妈赶制的这些藏族特色食品，将要送给詹娘舍哨所的“兵

娃娃”。“孩子们特别喜欢吃我们做的藏式油饼，说别的地方做不出我们的水平。”普赤不无自豪地说。

平铺直叙，动感不足，静止的叙述很难勾起读者的阅读欲望。开头的“视觉场景”只是开始，它是对接下来会发生故事的预告，最理想的自然是给读者呈现一个个性化、戏剧化的故事。

在河北邯郸市鸡泽县政务服务中心企业开办窗口，工作人员武晓龙给一位群众办理完营业执照后，习惯性地请其对本次服务给予评价，没想到竟然收到了一个“差评”。

这是7月12日《评价重实效　服务得提升》一稿的开头。办事流程中规中矩，不料群众给了一个“差评”，我们从这样的场景中一下子就有了“山雨欲来”的感觉。如果这个场景描述中能再多一点细节铺垫，比如，按要求多少时间办结，实际用了多久，然而却出人意料地“收到了一个‘差评’”，在对比中增强反差，带来的冲突感便会更强烈些。

当然，挖到有冲突的故事很难，而让笔下的场景显示出的动感强烈一些，这一点我们努努力还是不难做到的。比如多用动词，少用形容词；使用动作性强的动态动词；加快叙述的行进速度；等等。7月5日的《高铁装配　不偏毫厘》这样开头：

上身探入高铁车底，电线、端口密布，右手举焊枪，左手拇指食指捏电线、中指推送焊锡丝，抬头眯眼……走进中车长春轨道客车股份有限公司装配产线组，铁路车辆电工、高级技师胡俊祥正在焊接连接器。筷子头大小的操作面积里，密集分布着7处焊接点，不足一毫米的间距里，取锡、焊接、定型……胡俊祥举着焊枪在车底反复穿梭。

“完成。”不到7分钟，胡俊祥甩甩手，从车底钻出来。

明明是正在进行中的工作场景，看起来却有点像静态画面。试着这样改写一下：

不足一毫米间距，胡俊祥要在连接器筷子头大小的操作面上，完成7处焊接点的取锡、焊接、定型……“完成！”不到7分钟，胡俊祥举着焊枪从车底钻出来，甩甩手。胡俊祥是中车长春轨道客车股份有限公司铁路车辆电工、高级技师。

比较一下，原稿开头如一个全身近景，而改稿上来先给个特写镜头——筷子头大小的连接器操作面，然后将镜头拉开，呈现胡俊祥快速完成取锡、焊接、定型的工作场景，完成任务后——“举着焊枪从车底钻出来，甩甩手”。这样写视觉场景，较之原稿动感便增强了不少。

需要强调的是，增强动感不一定都做加法，高明的记者会巧用留白手法，让读者调动自己的想象力，在脑海里完成更为丰满的视觉画面。7月18日《一条巡边路　三代边关情》这样开头：

盛夏时节，潮湿闷热的空气弥漫在海拔2000米的山野，茫茫天地间一条山路蜿蜒。车子不知转过了几个弯，记者在一座山脚下的平房里见到了熊光泽。

这个开头颇见“视觉场景”，我们来对比一下同样来自云南分社，写一群坚守高原的80、90后民警的报道《我的青春，在海拔5534米的地方》（2018年11月28日）的开头：

山路盘桓上升，渐渐雄鹰也落到了脚下，于是，羊拉乡到了。

这样的文字本身就有很强的画面感，同时又留下了具有弹性的内在空间，显得张力十足。从中，你可以读出很多记者没写出的内容。因此，写出“视觉场景”，还包括有意去构造一种文本的空间层次感，让读者用自己的理解力和想象力去补充、去丰富，以一驭万，以少总多。

用耳朵来写

写出“现场感”，要善于变无声为有声，而巧妙使用象声词，能让现场环绕起“立体声”。

“哗啦啦”，一声脆响，枝叶翻飞，竹香扑鼻，左秀发余光一瞥，一节斜口竹筒棱角顿现。4年前的春节前夕，习近平总书记到江西井冈山市神山村看望慰问乡亲，对左秀发一家立足本地资源、依靠竹木加工增收脱贫的做法给予肯定，并祝他们生产的竹筒畅销。

地方部例会上，值班的黑龙江分社记者张艺开在分析一周稿情时，举例时提到戴林峰写过的《井冈山翠竹青青产业壮》（2020年2月7日）一稿的开头。这样的开头既可见画面，也可闻“同期声”。

戴林峰还有一篇报道的开头也给人留下很深印象。

噗！一团火焰从炉中蹿出，羊油滋滋作响。

阿卜杜拉·吾拉西木有节奏地翻转着成把的肉串，信手抓起一小把孜然，均匀撒下，香气扑鼻。这间充满烟火气的阿布拉江烤肉王餐厅，距江西省南昌市中心八一广场仅300多米，食客络绎不绝。

（《扎根红土地　开出团结花》，2019年12月19日）

“翻转”“抓”“撒”，一连几个动词，把烤肉现场描绘得活色生香，而首句中“噗”“滋滋”两个象声词，真的如“让现场环绕起立体声”一般。

先声夺人！象声词用在开篇伊始，自然格外夺人耳目。用在文里同样也会让人倍感生动。2020年7月28日吴君的《不怕山路远　守护丛林间》一稿，写守护金丝猴的年轻人：

> “噫，噫，噫……”不一会儿，一大群金丝猴欢呼着从山上下来，像孩子一样围在他身边讨要吃的。这是杨敬元一天中最开心的时刻。

后面又对前头文里出现的几种金丝猴发出的不同声音做了解释：

> “‘噫……’表明金丝猴处在安静的氛围中，‘呜咔’表示有危险，‘咕咕’表示准备攻击。”如今，杨敬元已经能听懂十几种“猴语”。

对声音的描述，让人兴味盎然，也成为报道的有机组成部分。

作家莫言说过，作家在写小说时“应该调动起自己的全部感觉器官，你的味觉、你的视觉、你的听觉、你的触觉，或者是超出了上述感觉之外的其他神奇感觉”。我们在采写稿件时也一样，要在确保真实的前提下，注意让报道对读者听觉产生感染力。

美国作家海明威是记者出身，我们来看看他在西班牙内战期间从马德里发给《纽约时报》的稿件：

> 旅馆的窗户洞开，你躺在床上，倾听着从十七个街段之外传来的射击声。步枪开火的声音响了整整一夜，“叭——咕，叭——咕”。你还能听见机枪开火了，机枪口径大，声音也响得多，“嗒——咚，嗒——咚”。
>
> （《奇怪的战争》）

简直是“用耳朵在写”！你不妨试着读一读，感受一下这些声音对你的情感冲击。

像海明威一样，高明的作家往往都很注意发挥象声词在文章里渲染氛围的作用。俄国19世纪小说家杜斯退益夫斯基的小说《格里格洛维奇》里，原先是“五分钱币在地上滚着”，定稿时改为“五分钱币在地上叮叮当当地跳动着滚着”。

总编室夜班修改我们供“新春走基层·脱贫攻坚一线见闻”专栏的《看看老于咋脱贫》一稿时，也有这样的精彩之笔。

那篇报道这样开头：

> 凌晨四点多，于海波就起身钻进厨房。豆子头一天已泡好，磨浆、滤渣，烧火煮起。大铁锅里的豆浆开始翻滚，点卤水、压豆腐……灯光透过氤氲的雾气照下来，映照着他额头上的汗珠。

刊出时，“大铁锅里的豆浆开始翻滚”，编辑改为“大铁锅里的豆浆咕咕翻滚”。

地方部编辑平台的同志直夸改得妙。

妙在哪儿？“开始”是静态描述，而改为“咕咕”这个象声词，就让画面有了动静声响，既有视觉效果，又出听觉效果。更重要的是，它和主人公的心情是吻合的。

报道介绍，于海波因打小得小儿麻痹症，家里的地都靠别人代种。2016年底，于海波被识别为建档立卡贫困户，享受到了帮扶政策，“可老于还是闷闷不乐，‘扣个贫困户的帽子有啥光彩？咱腿残，脑袋不残！’”

要强的于海波靠帮扶贷款养羊年收入已达两三万元，脱贫了，可他依旧干劲十足，除了照顾牲畜，一大早还要做两盘豆腐出去卖，“今年计划着再扩大规模。这样下来，一年收入就有七八万块了！”

因此，这“咕咕”的煮浆声，和他以前的“闷闷不乐”正好暗中对照，写出了他愿靠自己勤劳的双手致富奔小康的欢快心情。

不是总说“声情并茂”吗？声和情是合在一起的。某些声音的发出，往往跟当时的“人情”“物景”有联系，要模拟那种声音，必须注意配合当时的情景，才能使“声”成为文章的有机部分，从而产生以“声”达“情”的效果。

著名作家孙犁的小说《荷花淀》里，写那几个青年妇女去找丈夫时，心情愉快，不慌不忙地划着船，水声是“哗，哗，哗”的。不久，发现日本鬼子追上来了，心情紧张，划船加快，水在两旁大声地“哗哗，哗哗，哗哗”。两种不同的水声，正好反映了两种不同的心情。这样使用拟声词，才能提高语言的表达效果。

附：

阿卜杜拉·吾拉西木——

扎根红土地　开出团结花

噗！一团火焰从炉中蹿出，羊油滋滋作响。

阿卜杜拉·吾拉西木有节奏地翻转着成把的肉串，信手抓起一小把孜然，均匀撒下，香气扑鼻。这间充满烟火气的阿布拉江烤肉王餐厅，距江西省南昌市中心八一广场仅300多米，食客络绎不绝。

很多人并不知道，眼前这位拥有44家连锁店的维吾尔族汉子，曾一度为生计沿街叫卖。

阿卜杜拉常说：“我的每个店面都是民族团结的窗口。这些年，如果没有汉族兄弟的帮助，我在南昌什么都干不成……”

融　入

2002年9月，阿卜杜拉和妻子坐了5天5夜的火车硬座来到南昌。由于没搞清客货运的时间差，夫妻俩刚下车便遭遇窘境——托运的320斤葡萄干还在运输途中，兜里只剩40元现金。

幸好，周围的热心人伸出援手，这个递瓶水，那个送炒粉，帮着夫妻俩在火车站里度过了3天。

昆仑山北麓、塔克拉玛干沙漠南缘，戈壁绿洲上的新疆和田墨玉县是阿卜杜拉的故乡。1997年，随亲戚来内地闯荡，阿卜杜拉先后辗转江苏、浙江、江西等地，售卖饱满味甜的新疆葡萄干。“两块钱一两”，成了阿卜杜拉学会的第一句汉语。

“兄弟，你家新疆哪的？”“两块钱一两。”“还卖别的干果吗？”“两块钱一两。”……

“那时候经常答非所问，没少出洋相”，阿卜杜拉自嘲。但是，这并没有成为阿卜杜拉与人沟通的障碍，被逗乐的市民反而热情地帮他招呼生意。

“顾客看我大老远来，从不还价，有的付完钱还说声‘谢谢’。”这些细节让阿卜杜拉感受到了脚下这片红土地的温度。

刚在南昌落脚时，因为手头紧，阿卜杜拉一时没找到合适的住处。南昌市有关部门得知情况后，委托做房产中介的吕庭杨帮他们夫妻俩安顿好，还应允阿卜杜拉赚了钱再交房租。

南昌夏天雨水不少，干果生意进入淡季，如何找到新营生？

一次偶然的机会，阿卜杜拉遇到一位卖煎饼的大姐，“她的生意非常好，看我不容易，就把摊饼手艺毫无保留地教给了我，分文未取。”2007年，学成后的阿卜杜拉在南昌火车站广场支起了煎饼摊，从此逐渐在南昌站稳了脚跟。

扎　根

“跟好人交朋友，你的花儿会盛放。”这句维吾尔族的谚语，阿卜杜拉时常挂在嘴上。

2010年，南昌市对火车站周边环境进行综合整治。面对城管的撤摊要求，阿卜杜拉一度很不理解。南昌市公安局西湖分局民警徐勇上门做阿卜杜拉的思想工作，耐心讲解相关政策。

“摆摊不是长久之计，有了店面才能在南昌扎下根。”徐勇的话使阿卜杜拉意识到了进店经营的重要性，并在不久后租下了一家店铺经营烤肉生意。自此，生意走上正轨。2017年，阿卜杜拉注册成立了餐饮管理公司，如今已拥有44家连锁店、员工240多人。

“办理开店手续，市场监管、税务、城管等部门给我开了绿色通道，安排工作人员帮我办理证照。他们经常跟我说，要好好干，做出品牌；有困难，大家一块想办法。”提起开店的历程，阿卜杜拉有说不完的话。

走进阿布拉江烤肉王餐厅，仔细留意便会发现，烤炉设在室内，长长的烟囱直通三楼房顶。“我们每个月都定期清洗。烤羊肉容易冒烟，谁也不想一开窗就乌烟瘴气的。”粗中有细的阿卜杜拉说。

“阿卜杜拉不仅生意做得好，更难得的是总为他人着想。”烤肉店附近的商户张继宗告诉记者。因为公共厕所距离较远，周边的商户平时解手很不方便。今年8月，阿卜杜拉利用装修餐厅的契机，把自家店里的卫生间改造成临街开门，让大家都能免费使用。

“帮助别人，也给自己树立了形象。我的每一个门店，都要做民族团结的窗口。”阿卜杜拉表示。

回　馈

“新疆和江西，都是我的家，一样的家，一样的亲。”阿卜杜拉说。

为带动更多乡亲增收致富，在江西和新疆两地党组织的支持下，阿卜杜拉挑起了和田籍务工经商人员管理服务工作队队长的担子。对有意愿来内地务工的乡亲，阿卜杜拉先安排到自己餐厅跟班，学习烹饪、烧烤等技能，并为表现优异者提供无息创业基金。阿卜杜拉还投资数万元，与西湖区丁公路街道合作创办国家通用语言培训中心，目前已举办六期培训班，200多人参加培训。

曾在阿布拉江烤肉王餐厅做过服务员的如则托合提夫妇，去年从和田老家来到南昌，经过一年多学习，今年5月选择“单飞”，开了一家属于自己的烧烤店。“租门面、搞装修，都是阿卜杜拉一手帮我弄的，还提供了两万元启动资金。”谈起眼下的生活，如则托合提非常满意。

扎根红土地，开出团结花。通过南昌市民族宗教事务局穿针引线，阿卜杜拉与一些困难户结成对子，逢年过节都会带着新鲜的羊肉和慰问金走访看望。餐厅员工们还自发成立志愿服务队，资助贫困学子，慰问孤寡老人，并到南昌市第十七中学为新入学的西藏班学生宣讲民族团结第一课。

今年国庆节当天，丁公路街道在阿卜杜拉的餐厅举办了“同吃国庆面暨观看国庆阅兵活动”，共有100多名外来务工人员参加。

“在党员兄弟的帮助下，我顺利开了店，生意越来越好，我也想像他们一样。”阿卜杜拉在入党申请书中这样写道。经过党组织的培养考察，今年8月，阿卜杜拉终于如愿以偿，“能在革命老区成为一名共产党员，我倍感荣幸。”

（郑少忠、戴林峰，《人民日报》2019年12月19日）

附（记者自析）：

讲故事要善用听觉叙事

讲故事的“讲”，本就是一种诉诸听觉的叙事表达，传播学者称之为“听觉叙事”。听觉叙事“以耳代目”，古今中外文心攸同。《道德经》以“鸡犬之声相闻”形容“邻国相望”近在咫尺；英国人对“伦敦佬”的定义是，“出生在能听到圣玛丽勒博教堂钟声的地方的人”；《大唐西域记》提到一种叫“拘卢舍”的印度长度单位，这是人们大吼时声音能够传播的最远距离，大约相当于现代的四公里；信息社会的“先知”麦克卢汉认为，“地球村”是全世界已经融合为一个共同的听觉空间，“地球人”借助无线电通信技术成为能“听”到彼此动静的邻居。

空间原本是视觉的基础，为何人们要借助听觉将其转化为想象中的“看”？

中国科学院心理研究所官微2022年9月刊发一篇题为《你会在看到文字的同时“听到”声音吗？》的科普文章提出：**“大脑是亿万年进化的产物，具有加工听觉语言的脑区；然而文字仅有数千年的历史，大部分人能够使用文字仅仅是数百年的事情，因此大脑并没有进化出专门进行阅读加工的脑区。**

在阅读中，我们需要将文字转化成‘声音’，以便听觉语言脑区进一步加工。”

听觉叙事触发听觉感官，为二维的方块字赋予了三维立体声。由此便不难理解，为何古代帝王处理政务称为“听政”、官员审案断狱称为“听讼”、票友们上戏园称作“听戏”，这些活动其实都不只诉诸耳根，人们更愿意“以耳代目”，以听的名义来囊括各种渠道信息的接收。

或许，正是基于听觉叙事为文字阅读带来的丰富体验，钱钟书才会在其论著《通感》中感慨：“我们说‘光亮’，也说‘响亮’，把形容光辉的‘亮’字转移到声响上去，就仿佛视觉和听觉在这一点上无分彼此。又譬如‘热闹’和‘冷静’那两个成语也表示‘热’和‘闹’、‘冷’和‘静’在感觉上有通同一气之处，牢牢结合在一起”。

善用听觉叙事，阅读和写作时都得“竖起耳朵”来听。诺贝尔文学奖得主莫言的演讲合集以《用耳朵阅读》命名，莫言直言“用耳朵阅读获得的意象可能比用眼睛阅读来得更深刻”；地方部费伟伟副主任为“如何增强现场感”系列业务研讨所作的第一篇即是《用耳朵来写》，费主任提出“写出‘现场感’，要善于变无声为有声，而巧妙使用象声词，能让现场环绕起‘立体声’”，同时举了我采写的两篇报道的例子：

一篇是《扎根红土地　开出团结花》（2019年12月19日）

> 噗！一团火焰从炉中蹿出，羊油滋滋作响。
>
> 阿卜杜拉·吾拉西木有节奏地翻转着成把的肉串，信手抓起一小把孜然，均匀撒下，香气扑鼻。

另一篇是《井冈山翠竹青青产业壮》（2020年2月7日）

> “哗啦啦”，一声脆响，枝叶翻飞，竹香扑鼻，左秀发余光一瞥，一节斜口竹筒棱角顿现。

“先声夺人！象声词用在开篇伊始，自然格外夺人耳目。”费主任在业务研讨中鼓励道。其实，这离不开费主任在改稿过程中的循循善诱。犹记稿子刚传回地方部，开头部分就先被“枪毙”了，原因是缺少现场感，没体现出“现场短新闻”的栏目定位。我心里咯噔一下，赶紧按要求改好后方才过关。不必赘言，对比一下原稿开头，高下立见：

一根毛竹，制成扁担，将30多万斤粮食挑上井冈山，打破了敌人封锁，解决了红军给养，这就是彪炳史册的“挑粮运动”，朱德的扁担由此得名。

90年后，老区人民依靠毛竹增收致富，一根竹竿插到了底。2019年，井冈山市竹木加工产值约4.5亿元，精准扶贫向下扎根，美好生活拔节向上。

原稿开头看上去有些声势，读起来却听不到半点声音。首段一起头便过多的回顾历史，陷在故纸堆中拔不出来，如同一部失聪的默片。有了前车之鉴，再着手写另一篇年货主题的新春走基层稿件时，我绷紧了现场感这根弦，能从场景描述切入的，不拖沓介绍背景，能用动词的，不堆砌形容词。2020年1月24日农历除夕，这篇题为《新年货折射新变化》的稿件在要闻四版头条见报，后获评2020年“新春走基层”活动中央新闻单位优秀作品。且看稿件三个部分的首段：

嘿吼嘿吼，抡起大槌，捣米打粿，三蒸百杵。腊八过后，在南昌市西湖区盈石广场举办的年货大集上，每天都能见到几位头发花白、皮肤黝黑的老汉现场表演打年糕，50多斤重的实心木槌，3个人才能合力抡起。

开袋试吃嘎嘣脆，开水沏茶雾氤氲，开怀引吭歌一曲，开场直播满屏赞。1月15日，农历腊月二十一，在江西德兴电子商务孵化基地，一场特殊的年货销售正通过某知名电商平台向全网直播。

“大家看镜头，三、二、一，过年啦！”伴随着相机快门的“咔嚓”声，萍乡市湘东区白竺乡大丰村村民周小兰期待已久的“全家福”瞬间定格。

用好听觉叙事，稿件耳目一新。“嘿吼”“嘎嘣”“咔嚓”——三个部分的首句均以拟声词开头，说的是口语、讲的是白话、读起来顺畅，让声音“在场”，稿件有了声响，喧嚣热闹的年货现场跃然纸上，为读者营造出可听可感的“同期声”，使其在字里行间中声临其境，近距离感受喜迎新年的浓浓烟火气。

常言道，字字珠玑，掷地有声。每一段文字都有属于自己的声音，金声玉振或清音幽韵，炳炳烺烺或雷霆万钧……当这些字符汇聚成文，便有了化声为形、听声类形、以声类声等拟声修辞，演化出“音景”“聆察”“声象”等文学概念。试想，若《诗经》不是以“关关雎鸠”的鸟鸣声起头，《木兰诗》不是以“唧唧复唧唧”的机杼声开篇，这些作品留给读者的印象或将平淡不少。

新闻报道亦是如此。从《记中央人民政府成立盛典》里的“人们随着军乐队奏出的解放军进行曲的响亮节奏拍着手，合着拍子，发出这样那样的声音，几十万的脉搏同速地挑动”，到《谁是最可爱的人》“身上、帽子上冒着呜呜的火苗向敌人扑去”；从《县委书记的榜样——焦裕禄》“踏着积雪，一边走，一边高唱《南泥湾》”、任凭“北风响着尖厉的哨音”，到《铁人王进喜》“石油工人一声吼，地球也要抖三抖”的纵情呼喊：“开钻了”……这一段段融入我们记忆的听觉叙事，为历史留声，和时代共鸣，与共和国同频共振。

文字本无声，却能“造响于无声”，使读者“于无声处听惊雷”。讲故事善用听觉叙事，无形的声音就能转化为有形的视觉联想，为文字打开纵横驰骋的想象空间。

（戴林峰）

让人物动起来

“人物特写”是新闻中一种极富表现力和生命力的体裁，就像电影中的特写镜头，抓住人物最生动的部分，用文学笔法“特别放大”——细致地描绘，写出人物的主要特点，让人物动起来，使读者如临其境，如见其人，如闻其声，获得深刻的印象。也有把“人物特写”称作“人物速写”。“速”者，动作迅捷也，精髓即在“动”。

人物特写受版面制约，篇幅一般都较短小，又要写出鲜明生动的形象，所以尤其要求记者多作动态性描写，宜动不宜静。

那么，如何让人物“动”起来呢？在《漫湾有个“霸”队长》（见附文）这篇人物特写中，我重点写了成就“霸”队长张自祥威名的抢筑导流洞边墙一仗，在叙述上特别注意强调事件发生的过程、场景，动作的进行状态和现场富有人物个性的语言。

江水漫到了有的工人的脚边。上级领导让他迅速带队伍撤出。

“我有把握！”张自祥一挥手，大吼一声，“嗵”地跳进已没到小腿的江水里，指挥队伍继续抢时间猛干。

20多个小时过去了，轮换上阵的工人们也已累得不行，有的干着干着就瘫软在泥水地里睡着了，有的人没信心了，困极了想偷偷溜走。连续苦战了20多个小时的张自祥，虎着黑脸，往泵车上一站：“哪个敢走，老子就给他一石头！”

"哪个敢走，老子就给他一石头！"这样充满霸气的语言，与"霸队长"的身份和性格是吻合的，也把现场那种紧张气氛展现在了读者眼前。

相对而言，只要作者有了这种意识，选择具有冲突性的事件，写出动感是比较容易的，难的是一般性叙述。有一个增强动感的重要方法，就是多用动词。

赶上浇筑洞顶，人只能猫在仅有五六十厘米高的钢筋和顶壁的缝隙里，一点一点退着往里填浇混凝土。

上涨的江水已吐着白沫接近导流洞围堰的堰口。

在人物报道写作中，描摹人物所处的场景是不可或缺的。场景描写就是去抓取当时的视觉感受、听觉感受、嗅觉感受和触觉感受，用好动词也就尤为重要。

一个"猫"字，力图刻画出混凝土工工作环境的严酷。一个"吐"字，在描绘江水汹汹而至的场景时，旨在写出那种骇人的声势。这样的场景，才能烘托霸气外露的张自祥的形象。

而这样的动词并不是在办公桌前能憋出来的，它来自采访中的细致观察。

在这篇特写中，对比手法的运用也比较突出。对比是一种修辞手法，运用得当，同样能增强文章的动感。就好比坐在奔驰中的车辆中，由于有了路边的房子、树木作对比，感觉速度便快了许多。

既不魁梧，也不高大，当了14年混凝土队队长的张自祥，在国家"七五"重点工程——云南漫湾水电站工地上，得了一个"霸队长"的绰号。

文章起笔就是对比的写法，对比便生冲突。接下来：

在工地的施工队伍中，唯有混凝土队清一色全是汉子，平均年龄不到35岁；而且，混凝土队的汉子们都天不怕、地不怕。

然而，这些汉子们却怕他们的队长。

还是通过对比、冲突进一步烘托。

说来不信，大名鼎鼎的“霸队长”张自祥，在工地还以“惧内”出名，既“惧”妻子，更“惧”孩子。

这是用对比的手法宕开一笔，去展现“霸队长”的另一面。把劳模工作中、生活中的形象对比着写，“霸队长”这个形象就越发鲜明生动且丰满了，这个人物也就真正站到了读者面前。

当然，强调“动”，并不是完全排斥环境、摆设、布置等静态描写，关键看这种描写里是否有能够展现人物性格的生动细节。古人云：“山之精神写不出，以烟霞写之；春之精神写不出，以草树写之。”“烟霞”“草树”即细节。

他的老大本来考上大学的把握是很大的，结果高考前突然病了，妻子不巧也卧床不起，张自祥在工地上得知消息后，只比平时多抽了一棵烟。

“只比平时多抽了一棵烟”，一个看似平常的细节，简简单单的一笔，但却很能展现人物性格、气质，透过这样的细节，你可以直抵人物的内心世界。这是一个富有特征性的细节。这样的细节，胜过一打形容词。

此稿曾获新华社中国记者杂志社主办的“国家重点工程建设者风采”报道一等奖。当时担任评委的人民日报社新闻协调部主任曹焕荣回来后告诉我，你这个一等奖，评委们投了全票。

附：

漫湾有个“霸”队长

既不魁梧，也不高大，当了14年混凝土队队长的张自祥，在国家“七五”

重点工程——云南漫湾水电站工地上，得了一个“霸队长”的绰号。

张自祥中等身材，皮肤晒得黝黑，是水电十四局六公司的一员虎将，1985年9月，第一批进的漫湾电站。

混凝土队的活儿，在水电工地上是最苦的：打眼放炮，扎钢筋，浇筑，哪一项都是高强度，而且危险。比如在山洞里浇筑混凝土，混凝土凝固过程中不断散发热气，温度高达40多摄氏度，工人们只穿一个裤衩还像水里捞出来似的；赶上浇筑洞顶，人只能猫在仅有五六十厘米高的钢筋和顶壁的缝隙里，一点一点退着往里填浇混凝土。光脊梁直对着破碎的岩石，身下又是支棱着的钢筋，哪回干活身上都免不了拉几道血痕。有一次浇交通洞出口的混凝土时，洞顶砸下的石头无情地夺走了两位混凝土工的生命。所以，在工地的施工队伍中，唯有混凝土队清一色全是汉子，平均年龄不到35岁；而且，混凝土队的汉子们都天不怕、地不怕。

然而，这些汉子们却怕他们的队长。

1988年5月23日，漫湾水电站上游连降大雨，澜沧江水量猛增，如果水量增势不减，两天时间江水就会越过围堰毁灭性地淹没施工现场，后果不堪设想。

留给工程建设者的时间最多两天。唯一的办法就是在洪水到来前抢先浇筑好二号导流洞进出口边墙的混凝土，让其分流。

张自祥带队伍赶到导流洞时，上涨的江水已吐着白沫接近导流洞围堰的堰口，张自祥往洞口最危险的地方一站，指挥若定。一班下来，江水漫到了有的工人的脚边。上级领导让他迅速带队伍撤出。

“我有把握！”张自祥一挥手，大吼一声，“嗵”地跳进已没到小腿的江水里，指挥队伍继续抢时间猛干。

20多个小时过去了，轮换上阵的工人们也已累得不行，有的干着干着就瘫软在泥水地里睡着了，有的人没信心了，困极了想偷偷溜走。连续苦战了20多个小时的张自祥，虎着黑脸，往泵车上一站：“哪个敢走，老子就给他一石头！”

张自祥带着工人们拼尽全力，连续苦干36个钟头，终于及时完成了全部混凝土浇筑任务。

当这支精疲力竭的队伍撤出导流洞，还没走回宿舍，二号导流洞围堰就起爆了，刹那间江水汹汹直入。

张自祥由此“霸”名大振。他带的这支队伍也以敢打硬仗闻名漫湾水电站工地。14局承包的工程因山体塌落耽误了工期，张自祥带着队伍在混凝土施工时硬是把工期又给抢了回来，而且保质保量。施工难度极大的导流洞进出口两处渐变段浇筑，立模有8层，结果中心线误差竟达到零，令管理局质检人员啧啧称赞，一次检查就通过验收。1992年“五一”前夕，张自祥队的混凝土班，光彩地给大家伙儿捧回来一枚全国“五一劳动奖章”。

说来不信，大名鼎鼎的“霸队长”张自祥，在工地还以“惧内”出名，既“惧”妻子，更“惧”孩子。

张自祥有两个男孩，大的25岁，小的也21岁了，至今没叫过他一声“爸”，每次在家见了他，就是点个头，最多招呼一声：“哎，回来了。”

“霸队长”却答：“我对不起两个孩儿。”

张自祥算了算，他进漫湾电站工地9年来，在家只过了一次春节。

他的老大本来考上大学的把握是很大的，结果高考前突然病了，妻子不巧也卧床不起，张自祥在工地上得知消息后，只比平时多抽了一棵烟。

老二学习成绩也不错。张自祥长年在数百里外的工地上忙，连孩子在哪个班、哪个教师教都不清楚，更谈不上过问孩子的学业，结果，老二只上了技校。

干了32年水电，干了十几年混凝土队队长，活儿再累再苦，张自祥从没道过一声累。那回，老二在技校给他写来一封信，当了这么多年的父亲，第一次，张自祥听孩子在信里“叫”了他一声“爸爸”，在工地上读到这封信的“霸队长”，当着手下百十条汉子的面，禁不住掉下了眼泪。

（费伟伟，《人民日报》1994年11月6日，获1994年度全国五一新闻奖三等奖）

新闻也要勇于写“我”

看惯了中规中矩的新闻，报道形式方面任何一点变化，都会让人眼睛一亮。2007年1月10日第3版的《骨干用户是怎样炼成的》(《中国海洋石油报》)一文便是这样。这篇日记体形式的报道首先以其新颖的形式吸引了我。该报道由11则日记组成，我们不妨在此选读两则：

6月28日　天气：暴雨

今天第一次参加ERP最终用户培训。最终用户，听起来就跟最终战警一样，厉害！看着放在桌子上的一排排电脑，确实有点信息化的样子。输入用户名、密码，轻松搞定！接下来就是关键用户在系统里讲解操作，这下彻底把我搞晕了。那么多的命令、选项、指令，先点这儿，后点那儿，先选这个，后选那个，不能这样，不能那样……完了，我第一次感到自己是那么弱智，那么无助！

8月2日　天气：多云转晴

今天车间ERP操作系统出了问题，我去几分钟就搞定了，小菜一碟！我这个骨干用户还不是白当的嘛，自豪感油然而生，似乎看到国旗在我眼前冉冉升起，国歌在我耳边奏响，鲜花在我眼前飞扬……

头一回听到“最终用户”的说法，“听起来就跟最终战警一样，厉害！”听着复杂的讲解操作，冒出点畏难情绪，“完了，我第一次感到自己是那么弱智，那么无助！”第一次学以致用，手到病除，禁不住有点扬扬得意：“我这个骨干用户还不是白当的嘛，自豪感油然而生，似乎看到国旗在我眼前冉冉升起，国歌在我耳边奏响，鲜花在我眼前飞扬……”

如果说首先吸引我的是稿件的形式，那么后来令人一气读完且不忍释报的，就是“日记”里溢于言外的那种“我”的真情实感了。生动而细腻，且语言诙谐，令人莞尔。作者采用日记体这种形式，大胆展示自己的写作个性，从一个独特的角度真实地反映了ERP项目在基层企业中实施的情形。禁不住看一下稿件的署名，不是记者。

2007年1月17日第3版《我的2006》栏中，也有一篇写得很不错的短稿：

我有一张照片，蓝天白云下一道彩虹横跨文昌FPSO，曾经以这张照片向妻子炫耀油田的美丽风景。然而妻子却指出了照片中一个不和谐音符——火炬的黑烟占据了照片三分之一的画面。我无语，为此深深遗憾。当LPG回收改造项目正式启动时，我仿佛已经感到心中的那个结就要解开了。该项目要求必须在油田不停产的情况下进行施工改造，这在世界上是首创，没有任何资料可以参考和借鉴。我和同事们攻克了一道道难关，无数个不眠之夜换来了整个项目安全顺利地投产运行。现在，每次在现场进行安全巡检时，我都会望向已经浓烟不再的火炬，心中默默地祈祷——希望那道亮丽的彩虹再次光临文昌FPSO上空，我会将那一刻拍下来作为我永久的珍藏。

从骄傲地“炫耀”，到“深深遗憾”，到为之攻关而付出“无数个不眠之夜”，再到“默默地祈祷”，稿子虽短，但结构严谨，转换开合，首尾呼应。最重要的，是“我”的那份情感真挚而热烈。

这篇短文的作者，也是基层员工，不是记者。

似这样情真意切的稿件，在本报记者的报道中鲜见。为什么在同一张报纸上，会出现这种现象呢？

也许，是让一些所谓新闻报道的理念束缚住了？

眼下有些新闻理论囫囵吞枣地接受了欧美的某些新闻报道理念，片面强调报道的客观性，对新闻报道中的“我”一概排斥。有这样一种说法，称新闻报道忌讳出现“我”，记者要善于把自己隐身文后，借助别人的口来表达自己的立场观点。

道理说得不错，但具体问题还要做具体分析，不能绝对化、教条化。

众所周知，我国的“新闻报道”内涵、外延远比西方的丰富，它还负有宣传、教育、正面引导的功能，即除了西方新闻理论定义的新闻报道外，还要加上一大块“宣传性报道”的内容。这种特点在党报、行业报、企业报中体现得尤为突出。

事实上，即使是西方新闻理论指导下的新闻界，其大量报道也不是一概排斥“我”的。新闻毕竟是现实社会生活的反映，抽掉了能够活色生香的“我”，只冷冰冰地强调所谓“写实”，是不招人待见的。读一读那些获普利策奖的报道，也许稿件里并不一定以“我”的面孔出现，但报道中充满了“我的情感”“我的观点”。中国近代报业的开路先锋梁启超就旗帜鲜明地主张：“笔尖常带感情。”一部《饮冰室全集》，文笔恣意洒脱，感情淋漓尽致，令人叹止。

党报、行业报、企业报的报道中，有相当部分是反映工作成就的，反映先进人物的精神风貌的，更是需要记者鲜明地、强烈地表达出自己的情感。如果硬生生地非要让自己“客观”于事外，报道怎么可能以情动人？如果情节很动人，报道对象的语言很感人，然而记者只是点到为止，不敢渲染，不敢纵笔挥洒，报道怎么可能写出那份情感的张力与冲击力？

新华社原社长、著名记者穆青生前极力主张新闻散文化。散文是一种最富个性化的文体，是要求鲜明地表达作者主观感受的文体。诚如散文家俞平伯所说，散文家“对于万有的趣味，都从人间趣味的本身投射出来的。这基本的趣味假若消失了，则大地河山，及它所有的兰因絮果，必落于渺茫了”。这里所谓的“投射”，就是作者的感情。即作者首先要被自己关注的物象所感动，登山则情满于山，观海则意溢于海，情动于中而形于言。

正好翻到一张企业报——2007年1月20日的《中国三峡工程报》，上面有篇题为《水电工人的手》的短稿：

> 一天，下班的大篷车上，混凝土工老李不停地搓沾满灰浆的手。那是刚从浇筑仓号出来还没来得及冲洗的手。
>
> 蒋电工打趣道：“别搓了，再搓也搓不掉拎振捣棒磨出的老茧呀！”
>
> 老李憨厚地笑道：“是混凝土蚀得痒，不是搓茧子。”
>
> 蒋电工看着自己的手说：“看看咱们这些搞土建工程的手，快赶上搓刀了。唉，回去你媳妇让摸不？”
>
> 旁边有人接了句：“不让，说只准用手背摸。”
>
> 一句话逗得满车人大笑。
>
> 话虽是玩笑话，我却感到鼻子发酸。看看身边灰头土脸、满身泥水、疲惫不堪的同志们，我心中感慨万千。……我们水电行业的多少兄弟姐妹，尤其是前方搞土建工程的，就这样一把土一把砂，一脸赤诚一肩风霜，用和着汗水和热血的青春，用坚强而有力的双手，在深山峡谷中捧出造福世人的璀璨明珠。……正是这些水电人一双双干枯且布满老茧的双手，才撑起一座座巍然屹立的拦河大坝；也正是这些水电人一双双粗糙、伤痕累累的手，才点燃了城市间的灯火辉煌。

工友们的话带着泥土味，很质朴。如果作者不是被自己关注的对象所感动，也就不会发现这普通的对话中那些不普通的东西。如果作者不把自己的“发现”表达出来，那么，读者恐怕也很难从这有些粗率的话语中读出质朴的大美来。

新闻散文化化什么？就是要在新闻中化入个人的感受，以更丰富、更深远的视角去洞察人世、洞察社会，使新闻更丰润、耐读。

因而，我们的新闻报道，也要勇于写“我”。这个“我”，当然不是说在报道中一定要有“我”这个字眼出现，而是说记者要勇于表达自己的观察与发现、感触与思索及或悲或喜之情。通讯报道如此，消息、言论也是如此。

人民日报社20世纪80年代发生过这样一个故事：

驻某省记者站的记者让人给编辑部捎来一篇消息稿，并附上一信——专为交代此稿的“重要性”。稿子穿靴戴帽，中规中矩，没什么毛病，但也没什么感情。信便不同，因为信是“我”文体，是作私下沟通的，注入了“我”的情感，记者把采访时眼睛看到的、耳朵听到的和心灵感触的活材料，都自然融进信里了，读来很是生动。信自然只是拣要强调的重点说，不如稿子说得全。后来，收信的编辑把来稿中的内容适当补充到信里编发了一稿，见报后大受好评。不过，也有人质疑，道是那个记者不可能写出这样精彩的消息稿，很可能是别人捉刀。编辑为洗清该记者的“不白之冤”，遂将此事和盘托出。

这个例子可以给我们这样的启示：新闻报道无论何种体裁，都应不囿于规范，不死守程式，不落入窠臼，而要勇于表达作者自己的真情实感。

不少人印象中觉得《人民日报》的文风最是正经八百。事实上，《人民日报》也是一直鼓励、提倡记者在写作中勇于融入“我”、表现“我”的。附上一篇《人民日报》上的报道《我帮小叔子卖菜》，请大家好好读读，细细想想：作为第一党报的《人民日报》都鼓励、倡导这种在报道中大胆表现“我”的文风，那么对于一张企业报来说，还有什么条条框框不能打破呢？

附：

挨冻、受累，还不能上厕所，一天挣了30元——

我帮小叔子卖菜

2月7日是星期六，天儿似乎格外冷。

菜摊上有青蒜、水萝卜、香菜……八九样菜全都摆得整整齐齐。就像平时改稿子一样，我把发黄的菜叶子择下来，把根茎上过多的泥土磕下去，并不断从身后的筐里挑拣出最鲜亮的菜，摆到顾客眼皮底下。没人光顾的时候也不能闲着手，今天我卖菜。

小叔子头天夜里骑了1个多小时的三轮车，才汗巴流水儿地从城郊的批发市场拉回这些菜。初来北京找营生，卖菜第一天，他嗓子都喊哑了，才挣了2元3角钱。

第二天，穿上旧棉袄，我和爱人去助阵。

一开始我们还只是帮忙找钱、装菜。可是眼见着时间一点点过去，生意还十分冷清，就有些着急。

“青皮萝卜赛梨甜喽……”我小声吆喝了一声。还好，没人注意我，倒有两个大妈朝我的萝卜瞟了一眼。环顾四周，卖菜的姐姐妹妹们哪一个不是在竭力地叫卖啊。

我放开了嗓门：“小菠菜，掐出水儿，一块钱一大捆儿……”“黄瓜八毛，顶花带刺儿！”

生意渐渐多了，我们应接不暇，甚至有些顾此失彼。

备用找零的钱哪儿去了？已经冻僵的手越急越发抖，对方不耐烦地瞪我。“敢情！你戴着皮手套呢。”我心里想。

一位打扮入时的妇女买了二斤二两萝卜，却只扔下二斤的钱。问她要，她却扔给我一句“你有病！”别砸了小叔子今后的生意。我强压怒火。一个小时后，客流又明显减少。

摊位在阴冷的大墙根下，头一天还埋怨写字楼中央空调太热的我，此时唯一的奢望是太阳快点升上来。

“就这还送了三条红塔山呢！”爱人指了指市场的几个边角摊位说：“那些摊子一个月也同样交400元摊位费。”抬眼望去，果然没什么生意。

“听说这个早市过一阵子也要解散了。”我旁边的一个摊主透露。“为什么？生意不是挺好的么？在居民小区里，谁的事儿也不碍，菜新鲜又便宜。”我很诧异。

“说要在附近建一个更大的菜市场，到时候摊位费肯定低不了。不过我们倒无所谓，涨菜价呗。”他歪了歪嘴说。

怎么无所谓呢？今儿个我卖菜，往后我还得买菜呢。

太阳升高了，我身上有了暖意，可菠菜的叶子给晒得越来越蔫。我们把摊子往后挪，又躲进墙根儿的阴影里。

日近晌午，快散集了，菜剩了不少，能不能保本，心里还没谱。

终于来了位大妈，好像对水萝卜感兴趣，我连忙搭讪。她把所有的水萝卜翻了一遍，指着一捆说："我只要几个。"水萝卜没什么利，我迟疑了一下，拆散了一捆，按她的吩咐，挑了其中最漂亮的六个过秤。

3角钱。我从她手中接过了3角钱。一瞬间，我的眼睛有些湿润。在我的生活里，从来都没有拿过面额小于10元的酬劳，也没有哪一次，让我如此赔着笑脸，满怀期待。

……

一盘点，30块钱。这30块来得真不容易，挨冻、受累，还不能上厕所。早市附近没有公厕，邻摊的人说，他们早上只吃馒头，不敢喝稀饭。30块钱能买什么呢？一瓶洗发水？一本时尚杂志？一杯珍珠奶茶？回家时，在小区门口看见几位收旧家具的农民工，一种亲切感在我心里油然而生。

脸被冻得又红又硬，我使劲儿揉搓。爱人在一旁打趣说："你们这些'城里人'总笑话我们'乡下人'的脸不干净，让你卖上一个月的菜，准冻得紫黑，到时候擦'SK—8'都没用！"

（曲哲涵，《人民日报》2004年2月15日）

附（编辑评析）：

一篇出色的讲故事的新闻特写

《我帮小叔子卖菜》这篇新闻特写虽然新闻性不强，却照样引人入胜，吸引人的有农民进城务工话题之"热"，有作者在文中直抒胸臆之"真"之"美"，而最关键的，是有故事，是作者用高超的语言艺术，讲述了一段真实的亲身经历，讲述了一个对读者具有普遍启示意义的故事。

讲故事应该是新闻工作者永恒的追求，好听的故事也是报纸永远的卖点，盖爱听故事，是所有的人与生俱来的“胎记”。

这篇文章的故事其实很简单，并没扣人心弦的情节，并没出人意料的结局，但作者却把这个普通人的故事讲得很好听，什么原因呢？

因为简练的概述中穿插着生动的对话，因为生动的叙述中穿插着变化的场景：

> 生意渐渐多了，我们应接不暇，甚至有些顾此失彼。
>
> 备用找零的钱哪儿去了？已经冻僵的手越急越发抖，对方不耐烦地瞪我。“敢情！你戴着皮手套呢。”我心里想。
>
> 一位打扮入时的妇女买了二斤二两萝卜，却只扔下二斤的钱。问她要，她却扔给我一句“你有病！”别砸了小叔子今后的生意。我强压怒火。

写新闻特写最困难也是最可贵的，在于抓富有特征的细节，并加以具体的描绘。而且这种细节最好是在新闻事件发生过程中出现的，是动态的，而不是静态的写生。如果概括多于描写，静态描写多于动态描写，一般性描写多于对富有特征的细节的描写，新闻特写的特性也就消失了。且看作者如何抓动态的细节：

> “青皮萝卜赛梨甜喽……”我小声吆喝了一声。还好，没人注意我，倒有两个大妈朝我的萝卜瞟了一眼。环顾四周，卖菜的姐姐妹妹们哪一个不是在竭力地叫卖啊。
>
> 我放开了嗓门：“小菠菜，掐出水儿，一块钱一大捆儿……”“黄瓜八毛，顶花带刺儿！”
>
> 终于来了位大妈，好像对水萝卜感兴趣，我连忙搭讪。她把所有的水萝卜翻了一遍，指着一捆说：“我只要几个。”水萝卜没什么利，我迟疑了一下，拆散了一捆，按她的吩咐，挑了其中最漂亮的六个过秤。

宋人陈骙著的《文则》曰：“事之载也，以蓄意为工。”意思是说，讲故事要有明确的目的性，要寓理寓情。作者在文章里把眼睛看到的、耳朵听到的和心灵感触到的活材料，巧妙地融入了故事，“蓄意”而不露痕迹。如上面讲到一位大妈把所有的水萝卜翻了一遍，“我……按她的吩咐，挑了其中最漂亮的六个过秤”，才卖出三毛钱时，作者水到渠成般很自然地发了几句议论：

> 3角钱。我从她手中接过了3角钱。一瞬间，我的眼睛有些湿润。在我的生活里，从来都没有拿过面额小于10元的酬劳，也没有哪一次，让我如此赔着笑脸，满怀期待。

收摊了，一算才挣了30元。作者慨然而叹：

> 这30块来得真不容易，挨冻、受累，还不能上厕所。早市附近没有公厕，邻摊的人说，他们早上只吃馒头，不敢喝稀饭。30块钱能买什么呢？一瓶洗发水？一本时尚杂志？一杯珍珠奶茶？回家时，在小区门口看见几位收旧家具的农民工，一种亲切感在我心里油然而生。

善讲故事的高手往往不仅能把故事讲得山环水复、柳暗花明，而且能恰到好处地穿插进幽默和情趣，像清人方东树所说的那样：“叙事能叙得磊落跌宕中又插入闲情，分外远致。”且看文章结尾：

> 脸被冻得又红又硬，我使劲儿揉搓。爱人在一旁打趣说：“你们这些‘城里人’总笑话我们‘乡下人’的脸不干净，让你卖上一个月的菜，准冻得紫黑，到时候擦‘SK—8’都没用！”

“咫尺应须论万里”。菜摊虽小，作者却让它以小见大，像多棱镜般折射出大千世界。从故事里，我们还读到了这样一些扎眼的情景：

一位打扮入时的妇女买了二斤二两萝卜，却只扔下二斤的钱。问她要，她却扔给我一句“你有病！”

按规定交费的摊位在阴冷的大墙根下，“就这还送了三条红塔山呢！”

早市过一阵就要解散，因为附近要建菜市场。市容和老百姓希望的繁荣就真的不兼容么？“我很诧异。”“怎么无所谓呢？今儿个我卖菜，往后我还得买菜呢。”

因此，这篇特写虽只有一千多字，读来却依然能让人感受某种深刻的东西。因为作者用朴素的文笔道来的都是自身亲历的事实。事实的深刻胜于思辨的深刻，深层事实出来了，深层思想也就自然产生了。

作者在讲故事时，内容上注意详略、宾主、虚实，写法上注意穿插、剪裁，并适当地夹叙夹议，使文章显得起伏跌宕，变化多姿。一个并没多少生动情节的故事，在作者感觉化、视觉性很强的叙述下，变得极富现场感和情趣感。事实流动起来、跳跃起来，故事也生动起来。加上第一人称的写作手法，不仅使作品更有个性，富于独特视角，也使文章更有亲和力，使读者既易感知，又能随着作者一起生发思考。

这是一篇出色的讲故事的新闻特写。

眼下，我们报上新闻特写不少，但是看不到故事。或是里面是蕴含着故事的，只是记者不知该怎么讲述。而掌握讲故事的本领，应该是一个记者必须具备的基本功之一。

因为，好的新闻作品都有好听的故事，不仅新闻特写应该讲故事，其他新闻也需要讲故事。比如经济报道，福布斯有一个著名的报道准则：

商业报道不只是一堆枯燥的数字，要生动地报道出数字背后的人，描述对象的个性特征，再适当地添上一两个生活小故事。

两份有“黑马”之称、读者反响较好的新经济类报纸，也都强调自己要“讲故事”。《财经时报》说：“我们希望新闻事件化，事件数据化，数据形象化。”《21世纪经济报道》称：“在报道内容上侧重于经济新闻的故事性和深度分析。”

经济报道通常被认为最硬、最枯燥，都应该以讲故事为追求，那么，又何况其他呢？

（费伟伟）

“三多”与“一少”

——浅析《16里村路，他一直在守护》一稿

腊月二十，天刚亮，81岁的王诗进扛起铁锹，握着扫帚就出了门。身后，老伴王运仙推着独轮车，步步紧跟。

前一晚，疾风骤雨。雨水顺着山势袭来，带下不少石子，散落在路上。

雨还在下，老两口却不在意，一个铲石，一个推车，沿路清理石子、杂草……

这是安徽分社记者游仪采写的“新春走基层”报道《16里村路，他一直在守护》（见附文）一稿的开头。

2021年的“新春走基层”活动，中宣部组织了一批资深媒体人和新闻院校的老师，对各媒体刊发的“新春走基层”稿及时点评。其中多次说到两个通病，一是稿件里的时间含混不清，二是现场感不强。

而显然，这篇报道没这两个毛病。从开头就可看出，记者十分擅长运用镜头语言，现场感特别强。

“16里村路，他一直在守护”，这个“一直”，贯穿了从修路到拓路再到护路前后40多年时间。没有对以往的交代，故事便会显得单薄，而往事交代一多，行文往往又易呆滞。作者巧妙地通过现场镜头与往事回忆穿插，让故事在动态中起承转合。比如：“巡完一段路，老伴靠在推车上休息。王诗进讲起了当年修路的事。”

从护路的现场镜头中，引出当年修路的事。

旧事重提，通常会犯用简单概述一笔带过的毛病。而“有一天，村民王冬玉捏着湿乎乎的茶叶找上门”这样的叙述里，令人眼前分明有画面闪现。

“跑前跑后，他终于把举铁锤、扛锄头的修路队迎进了山。”概述里有镜头，让人似乎走进那热闹的场景中。

记者将用眼睛捕捉到的各种细节，气氛、神态、动作等，营造出生动的现场感，从而轻松地把读者带进报道。

此稿的另一个特色，是“直接引语”多。报道的后半部分，几乎每段都有直接引语，人物神情笑貌跃然纸上。比如，讲到当年拓路的事。“自个儿是名党员，拓路又是好事，自己不带头，哪能叫别人先捐钱？”普普通通一句话，却让人看出了主人公的心胸，读出了他的境界。报道结尾，也落在今年已81岁的主人公的一句话——“10把新扫帚已备妥，今年还要接着干”。既是呼应开头，又意味深长，耐人咀嚼。

直接引语从人物口中道来，有很强的口语色彩。引语多，不仅能增强语言的生动性，事实上，它还能进一步强化现场感。文字报道是以“写—读”的方式传播的，而报道里的“直接引语”，能产生“说—听”的传播效果，让人阅读时如闻“同期声”，增强身临其境之感。

除镜头多、引语多外，这篇稿件还有一“多”——短句多。

> 路修了，管护又遇难题。山路蜿蜒，一面靠着高峰，一面临着山崖。路不护，容易杂石遍布，影响行车安全，还伤路面。
>
> 巡线长、工资低，还有风险，头3个护路员，一个都没能坚持下来。

王诗进修了路、拓了路，为何还来护路？作者只用两小段就说清了前因后果，大量短词短句的运用，让叙述生出了韵律，富于节奏感。

古人说：“始于意格，成于句字。”于句法则强调：“宜溜亮不宜艰涩，宜轻俊不宜重滞。”句短则文约，则字响，则笔触跳动、流畅。可以说，这篇报道通篇都体现了句短文畅的特点。

但品读此文时，也微微生出些许遗憾。那便是这篇报道的对象是山里人，说的也都是山里事，但字里行间，山里味感觉还是寡淡了些。

最近几年，一年一度的“新春走基层”活动结束后，地方部都要组织参与活动的记者做些总结，分享一下各自的经验。笔者注意到，游仪写了一篇很好的业务研讨文章《现场“画”人物　故事方精彩》。读罢我却忽然觉得，她报道里的山里味之所以寡淡了些，可能还是自我束缚了。

游仪在文里说：“描画人物，还得符合他的身份，语言便是人物性格的集中体现。既是山里人家，语言就得原汁原味。与老人家边走边聊，他的一些话语顺便原原本本记录下来。”

把老人家的话原原本本记录下来，就能收到“原汁原味”之效吗？

著名作家孙犁是写人物的高手，他的作品里往往几句话就能将人物的心理、性格鲜活地刻画出来。比如《荷花淀》中对几个年轻媳妇的性格刻画，就是通过她们之间的对话来展现的：“听说他们还在这里没走。我不拖尾巴，可是忘下了一件衣裳。”“我有句要紧话得跟他说说。”“我本不想去，可是俺婆婆非叫我再去看看他，有什么看头啊！”

简短几句对白，就使媳妇们截然不同的个性以及对丈夫的担心、思念和含蓄、羞涩跃然纸上，令人读之忍俊不禁。

有人请教孙犁，他坦言相告，话虽简单，都是提炼过的。

读过长篇小说《红旗谱》的人，一定会对其中有句话印象深刻：“出水才看两腿泥！”这句话本是河北农村的谚语，生动鲜活，富有哲理，小说中成了主要人物朱老忠的口头禅。每当遭受严重挫折的时候，朱老忠总是用这句“出水才看两腿泥”去激励失去信心的人，不要丧失斗志，只有到胜利之日才会见分晓。作家梁斌介绍创作经验时也说，这是作了提炼的。

因此，句短只是形，人物原话也还不等于“原汁原味”，须将那炼句、炼字、炼意结合起来，才能“一经锤炼，便成警绝”。

附：

16里村路，他一直在守护

腊月二十，天刚亮，81岁的王诗进扛起铁锹，握着扫帚就出了门。身后，老伴王运仙推着独轮车，步步紧跟。

前一晚，疾风骤雨。雨水顺着山势袭来，带下不少石子，散落在路上。

雨还在下，老两口却不在意，一个铲石，一个推车，沿路清理石子、杂草。不一会儿，两人就沿着山路走出去四五里地。

王诗进家住安徽省黄山市徽州区富溪乡新田村，入党已有55年的他，从修路到拓路再到护路，和这条村路较了一辈子劲。

村子偏，藏在深山，过去没路，出门得爬山，运输靠扁担。“那时候去汤口镇买粮，有35里路，要翻3座大山。早出晚归，兜里揣着苞芦馃，饿了就啃两口。”王诗进回忆，运茶去富溪乡的那条路，要蹚过18道河。

巡完一段路，老伴靠在推车上休息。王诗进讲起了当年修路的事。

“书记，咱村能不能修条路？”那是1978年，王诗进担任未撤并的田里村党支部书记。有一天，村民王冬玉捏着湿乎乎的茶叶找上门。挑着一担子干茶去乡里，不承想，过河时落了水，湿了茶叶，也误了事情，身形高大的汉子一时间难过地掉下泪。

这不是头一遭。王诗进和村干部拿定了主意，决定去乡里找农村信用合作社贷款。跑前跑后，他终于把举铁锤、扛锄头的修路队迎进了山。捶捶打打一年多，随着最后一声炮响，路有了，能容纳一辆板车通过。

有了“板车路”，村民们买粮运茶，方便不少。从“板车路”再到柏油路，还要说回到1999年。当时乡政府牵头拓宽路面，资金成了难题。钱不够，大家凑。王诗进第一个站出来，和老伴一起捐了1000元。“自个儿是名党员，拓路又是好事，自己不带头，哪能叫别人先捐钱？”

路修了，管护又遇难题。山路蜿蜒，一面靠着高峰，一面临着山崖。路不护，容易杂石遍布，影响行车安全，还伤路面。

巡线长、工资低，还有风险，头3个护路员，一个都没能坚持下来。“老书记，护路这个活儿，怕是只有你能接。”2005年，时任村支书江鑫找到王诗进。

“心疼啊。”路是心里的宝贝，王诗进一口应承下来。16个年头，16里路，无论严寒酷暑，王诗进每天早上都会出现在这条路上。这股劲儿，也鼓舞了王运仙，她心甘情愿陪着老伴干。

看他年事已高，村里新招了一个护路员，帮着分担一些活。王诗进也不服老，护路的事一点不耽搁，“10把新扫帚已备妥，今年还要接着干。”

（游仪，《人民日报》2021年2月7日，获人民日报2021年1—2月好新闻一等奖）

附（记者自析）：

现场“画”人物　故事方精彩

刚收到“新春走基层”子栏目“他们的名字叫奉献”约稿时，心里有点犯难，这个采访对象既得是恪尽职守、忠诚奉献的共产党员，故事又要足够精彩，能够打动人。赶紧联系宣传部的同志，请他们帮忙推荐。

收集来的线索中，有坚守大山，带领百姓脱贫致富的村支书；也有汛情期间，彻夜巡堤守护群众安全的乡干部……故事都不错，人物也典型，但总觉得少了点什么。思来想去，我发现，这些干部的“奉献故事”，一是缺乏新意，二是少了些纵深感。

恰在这时，当地又推荐了一位老党员：八十多岁高龄，仍在坚持每天护路。“这条路，就是在老人手里修建并扩宽的。过去没路时，挑着扁担翻山越岭，真不容易呐！”当地同志的一番话，激起了我的兴趣，“有了路，护路难吗？”“难啊！”原来，山路蜿蜒，一面靠着高峰，一面临着山崖。就是日常行走16里路，都非易事，更别说还要带上工具巡护。

从修路到拓路再到护路，老党员王诗进和这条村路较了一辈子劲，一生都在为村民奉献。用“路”将稿子串起来，岂不正好？

这篇“新春走基层”稿件的采访对象敲定了，怎么才能把人物“画”得生动逼真？我想，首先得实打实地走一趟，写出护路的现场感。

村子偏，藏在深山，进山的路，绕了一圈又一圈。一侧临崖，深不见底，隔着车窗不经意间往下望去，惊出一身冷汗。不实实在在走一遭，想象不出守护一条村路有多难。

黄山地区方言较重，加之老人有些紧张，刚一采访，就出现了沟通困难。为了缓解王诗进的心理压力，我便和他拉起了家常：聊聊新年新打算。

渐渐地，老党员打开了话匣子，主动提起自己为明年护路，早已备好了扫帚，“没有称手的工具，哪能把活儿干好呀！”他将我领到了屋外放置农具的小房间。10把扫帚，叠罗汉似的，摆放得整整齐齐，全是王诗进自己用捡来的毛竹一把把扎成的。老人家虽已81岁高龄，却半点不服老，“10把新扫帚已备妥，今年还要接着干。”

眼见王诗进放松下来，我便顺势提出，跟着他护一段路，边走边聊，既有现场感，也能亲身体验。老党员一口应承下来。他左肩扛起铁锹，右手握着扫帚出了门，老伴则推着独轮车，紧赶慢赶。从过去没路出行难，到后来扩宽路面筹资难，王诗进边巡护边介绍，将故事娓娓道来。

好诗不过近人情。描画人物，还得符合他的身份，语言便是人物性格的集中体现。既是山里人家，语言就得原汁原味。与老人家边走边聊，他的一些话语顺便原原本本记录下来。

传回初稿《一条村路，43年》，当晚就收到了地方部编辑老师的修改意见：稿件大段内容都是回忆过去，跟新春走基层的主题不太符合，变成了普通人物稿。可以增加一些现在的场景，将背景内容穿插其中。

确实，一开始的稿件中，从王诗进护路的场景，直接转到了他过去修路的艰辛，虽然结尾回到了老党员的新年新打算，可通篇读下来，立足当下的现场感却不强。既然是边走边聊，何不将现场与回忆穿插，让现场捕捉到的细节更多呈现，而体现记者跟访的现场感呢。

> 雨还在下，老两口却不在意，一个铲石，一个推车，沿路清理石子、杂草。不一会儿，两人就沿着山路走出去四五里地。
>
> ……
>
> 巡完一段路，老伴靠在推车上休息。王诗进讲起了当年修路的事。

从单纯回忆过去，到见报稿中现场与回忆反复穿插，应用叙事蒙太奇的手法，人物故事的起承转合也由此体现。

一次新春走基层，多了几重新感受。报道中，现场素描是人物当下状态的反映，穿插的历史回忆是人物“精气神”的支撑，再辅以反映人物个性与经历的语言，一位坚持不懈修建、守护村路的老党员的感人形象，自自然然便跃然纸上。

（游仪，《业务研讨快讯》2021年第19期，人民日报社地方部主办）

紧要之处得慢下来

王竹红站在桌前，围观者们屏住呼吸，生怕错过任何细节。桌上三个核桃，两只碗。碗底各扣住一个核桃，一只手把剩下的那颗核桃抓起来，做一个往里扔的手势。手里瞬间空无一物，把碗翻过来再看，碗底已变成两个核桃。核桃被眼睁睁地“扔”进倒扣的碗里。

这样的叙事就像拧紧了发条在讲故事，你会禁不住像那些围观者一样“屏住呼吸”。2020年4月25日第5版头条《魔术　让李峪村出了名》是一篇出色的讲故事的报道。

王竹红是村支书，报道讲述了李峪村怎么在他当家后变成魔术村、村民怎么收入成倍增长的故事。三个小标题脉络清晰：“小摊主苦练魔术手”“带着乡亲们一起干”“魔术小镇再升级”。在前面两个部分里，“魔术”这条红线很鲜明，讲述得也很精彩：

“娃娃们对这个感兴趣，学得也快。其实有些道具魔术门槛没那么高。”王竹红把几个“入门”的魔术教完后，节假日带着娃娃们出去表演。“一开始就是去周边的乡镇，谁家有个红白喜事，我就带着几个孩子主动找过去，免费表演。孩子们一场下来，都能拿到三五十块钱的红包。”他们哪知道，这钱是王竹红自掏的腰包。

王竹红娓娓道来，记者在转述中站到一边，让读者自己看着故事情节展开，真实、自然、生动。

郝兰英就是为数不多一开始就跟着“潮流”学魔术的。“我学的时候已经60多岁啦。”郝兰英上了年纪，但心态年轻，不仅因魔术上过综艺节目，还去参加了山西电视台的春晚，成功转型为一名道具魔术师。

如果说写学魔术的娃娃们好比是一个长镜头，写郝兰英便如一个近镜特写。故事在时长时短的镜头中展开，聚焦始终很清晰。

而在“魔术小镇再升级”这部分，王竹红这个主角依然扣得很紧，对魔术这根“主线”，聚焦便不够集中，给人模糊不清的感觉。

地雷大王王来法纪念馆门口，新抽出的细垂柳条爬上了墙。去年，这里接待了5万多名游客。王竹红和村民们也在筑牢根基：他们排练了一场一个多小时的红色主题演出，将魔术融在其中，定期在纪念馆对面的大礼堂演出，大获好评。紧接着，他们又利用村子东北角的地形，修建了一个露天场地，打造成地雷战实景演出场地。

红色主题演出是如何“将魔术融在其中”的呢？没说。

魔术是这篇报道的主线，可谓“文眼”。第三部分讲“再升级”，内容在递进，“文眼”按说也该相应而进，顾盼有神，“将魔术融在其中”是需要适当加以点画渲染的，因为这正是报道紧要之处。

或许有人会说，报道接下来那段说魔术了：

郝兰英也积极参与其中，她在魔术师和群众演员之间切换自如。最难忘的一次，她因离“空气弹”不远，“爆炸”后本能地扑倒在地，被全场观众评为最“入戏”的演员。

这个细节当然也挺生动，但只是和演出相关。相对于“将魔术融在其中”，倒是枝蔓了。

古人论文，有“炼句不如炼意”之说。意是管着全篇的，要意在笔先；意大句小，自当先着眼大处。而“意贵透彻，不可隔靴搔痒”（宋·严羽《沧浪诗话》），因此，为文时须在着意之处着力、着墨。

著名作家贾平凹在一次作家研修班上说过这样的话：

> 你看那些二胡大师拉二胡，不会说“哗啦”地就过去了，而是特别慢的，感觉弓就像有千斤重一样拉不过来。……在写一个场面的时候，也要用这种办法构思，故意把这个东西不是用一句两句、一段两段说完，你觉得有意思的时候就反复说，反复地、悠悠地来，越是别人着急的地方你越要缓，越是别人缓的地方你越要快，要掌握这个东西。大家都不了解的东西你就要写慢一点，就像和面一样要不停地和、不停地揉，和了一遍又一遍，写了一段换个角度再写，大家都知道的事情你就一笔带过。

报道当然不是写小说，不需要“写了一段换个角度再写”，但绝不能“‘哗啦’地就过去了”。

我们不妨比较一下本报两篇同为报道任长霞的通讯。2004年4月18日，本报头版头条就刊发了《人民的好卫士任长霞》，而戴鹏、徐运平报道任长霞的通讯《百姓心中的丰碑》，刊发在6月3日的第5版，“天时”“地利”都不占，但给大家留下的印象却更深。什么原因呢？“人和”——故事讲得好，细节生动，感情丰沛。

比如任长霞救助小春雨的故事，两篇通讯里都有。

> 2001年5月3日，大冶镇西施煤矿发生特大瓦斯爆炸事故，13名矿工遇难。年仅11岁的刘春雨的父亲也未能幸免。而此前，刘春雨的母亲已患病去世。看到刘春雨孤零零伏在父亲尸体上痛哭的情景，前来处理事故的任长霞心碎了。她为小春雨买来衣服并为她穿上，资助她上学，小

春雨在感谢信里亲切地称任长霞为“任妈妈”。为使失学孩子重新走进学堂，2002年，任长霞向登封民警发出倡议，在全局开展“百名民警救助百名贫困学生”活动。截至目前，登封已有126名贫困学生得到救助。

这是一个能够深刻揭示“人民的好公安局长”这个主题的故事，但这么平铺直叙一笔带过，很难给人留下印象。而后一篇则是“特别慢的，感觉弓就像有千斤重一样拉不过来”。

2001年5月，大冶镇西施村煤矿发生瓦斯爆炸事故，刘春雨的父亲不幸遇难。两年前失去母亲的刘春雨成了一名孤儿。任长霞在处理这起事故中得知这一情况后，眼含热泪拉过小春雨的手：“孩子，从今往后你就是我的亲闺女！”自此，任长霞独自承担了小春雨生活和学习的全部费用。

“任妈妈要是活着，她一定会给我送来生日礼物！”5月24日，记者采访小春雨时，这天正巧是她14岁的生日。她说，前年她过生日，任妈妈给她穿鞋的那一幕总是出现在眼前。

“2002年深秋的一天，任妈妈到我家来看我，给我带来一双运动鞋和一件粉红色棉袄。她蹲在地上给我穿鞋，见到我的袜子破了一个窟窿，就说，‘这咋穿哪，给你点儿钱去买双新的’。我的眼泪刷一下掉了下来，要不是当时旁边站着别人，我真想搂住她亲她一口，叫一声‘妈妈’。”

小春雨的故事写得真如春雨润物一般，很细致，有场景，有细节，直接引语里有画面，这样的故事，或者说细节，确实有以一当十之效。难怪《百姓心中的丰碑》一举摘得当年中国新闻奖一等奖，而人物通讯得一等奖是极难的。

《魔术　让李峪村出了名》一稿总体说来讲故事是成功的，如果“将魔术融在其中”也能像前面一样多点画面丰富的镜头，离精品便又近了一步。事实上，此稿刊在《假日生活》版，是有时间斟酌、推敲的。“意贯透彻”，关键是在写作的理念上必须透彻。

“疏可跑马，密不透风。”这是古人论画画的。写文章也是这样，紧要处须慢下来，让文字密实一些，让故事结实一些。写得越慢越细越感人，情感冲击力也就越强。

捎带再挑一处用词的微疵。

找碴之前还是要充分肯定，这篇稿总的说来在词句锤锻上是下功夫的。如：

浊漳河的水，哗哗地流，枯草甸的绿意冒出头。

山西境内，太行和太岳两山呼应，把夹在中间的武乡“拉扯”得褶皱不平。李峪村就坐落在这山水间。

语言自然顺滑，十分流畅。读这样的文字，真的是唇齿留香，足当“浮一大白”。但“地雷大王王来法纪念馆门口，新抽出的细垂柳条爬上了墙”，读来便觉牙齿被硌了一下。“细垂柳条”，一个“垂”字，已把柳条的特点说清了，垂柳何以又“爬上了墙”呢？

“新诗改罢自长吟”，稿件写完，也当“慢下来”，定要数诵于口，沉潜涵泳。能删则删，能简则简，务求顺达。

附：

魔术　让李峪村出了名

王竹红站在桌前，围观者们屏住呼吸，生怕错过任何细节。桌上三个核桃，两只碗。碗底各扣住一个核桃，一只手把剩下的那颗核桃抓起来，做一个往里扔的手势。手里瞬间空无一物，把碗翻过来再看，碗底已变成两个核桃。核桃被眼睁睁地“扔”进倒扣的碗里。

这只是开始。随着王竹红左右手翻飞，核桃像是凭空长了翅膀，不断被他忽视物理规律般地从左扔到右，从右扔到左，到最后，三个核桃“闪现”到了同一个碗底。围观者们目瞪口呆。

小摊主苦练魔术手

山西省武乡县李峪村，魔术在这里扎了根。74岁的郝兰英在旁边偷笑，向记者解释这叫“三仙归洞”。表演者王竹红比她小20岁，却是她和村民们魔术职业的领路人。

专业的表演，很难让人把王竹红和一个曾经卖油条、开小卖铺的村民联系在一起。

家境贫寒的王竹红，早早地开始做生意，“摆过地摊，卖过麻汤，也开过门市部。”可“魔术”这个东西，让王竹红尤其着迷。在那个信息闭塞的年代，他想尽办法问师、看“秘笈”，但在魔术这个圈子里，讲究“看破不说破”，一般人不愿意告诉他“法门”。

王竹红的手活是自己慢慢练出来的。“所谓‘鬼手’，要快，讲究速度，这离不开日复一日地练习。”一个看似简单的“硬币进玻璃杯”，他一练就是十年。

乡亲们都知道他手上有功夫，但除了一帮小孩子，没人觉得他“务正业”。2009年，那一年，刘谦登上了春晚舞台，帮助魔术走进中国寻常百姓家；那一年，王竹红担任了李峪村村支书。

带着乡亲们一起干

浊漳河的水，哗哗地流，枯草甸的绿意冒出头。

山西境内，太行和太岳两山呼应，把夹在中间的武乡“拉扯”得褶皱不平。李峪村就坐落在这山水间。

王竹红从小在李峪村长大。村子里有100多贫困人口。当上村支书的王竹红，第一时间就表达了他的想法：教会更多村民“魔术”，出去表演多挣钱。

但他清楚地记得李峪村两委会上，村民们满脸的不理解：“这种把式还能挣到钱？有那个时间，不如好好‘务’那几亩地。”

从一开始被寄予厚望，到被人戳脊梁骨议论，王竹红成宿睡不着觉。“我这头上的头发，就是从那会开始掉的！”王竹红开玩笑地摸着有些秃的脑袋。他想了个办法，决定从“娃娃”抓起。

“娃娃们对这个感兴趣，学得也快。其实有些道具魔术门槛没那么高。”王竹红把几个“入门”的魔术教完后，节假日带着娃娃们出去表演。“一开始就是去周边的乡镇，谁家有个红白喜事，我就带着几个孩子主动找过去，免费表演。孩子们一场下来，都能拿到三五十块钱的红包。”他们哪知道，这钱是王竹红自掏的腰包。

很快，孩子们靠魔术表演挣到钱的消息传遍了李峪村。郝兰英就是为数不多一开始就跟着“潮流”学魔术的。“我学的时候已经60多岁啦。”郝兰英上了年纪，但心态年轻，不仅因魔术上过综艺节目，还去参加了山西电视台的春晚，成功转型为一名道具魔术师。

一次，一个周边市企业主动找上门，邀请王竹红领着“魔术师”们去表演，并愿意支付5万元报酬。王竹红知道，自己迈出了转型第一步。越来越多的村里人看到一个直观的现实：跟着学魔术，就能多挣钱。

魔术小镇再升级

到2015年，这个不到千人的村子，有近1/3的人跟着他学会了简单的道具魔术。

“随便拉个出来，都能上台露两手。”随着王竹红带着他们不断去周边演出，村里人对他的质疑声音也越来越小。

但没有人知道，王竹红想当的不仅是舞台上的魔术师，也想做建设新李峪的魔术师。

“教会更多人魔术，打造一个‘魔术村’只是第一步。”王竹红早就想到了文旅结合：“武乡县是八路军总部遗址和八路军纪念馆所在地，我们村在两个旅游目的地的必经之路上。”

李峪村是“地雷大王”王来法抗战时期的工作地。当年，王来法在此成功试制了石雷、木雷、瓷雷、子母雷、连环雷等20多种地雷，重创敌人，先后毙敌123人，俘敌40余人。新中国成立后，先后有数十位政要来此参观。“先烈留下了的红色宝藏，我们为什么不能发扬光大？”

地雷大王王来法纪念馆门口，新抽出的细垂柳条爬上了墙。去年，这里接待了5万多名游客。王竹红和村民们也在筑牢根基：他们排练了一场一个多小时的红色主题演出，将魔术融在其中，定期在纪念馆对面的大礼堂演出，大获好评。紧接着，他们又利用村子东北角的地形，修建了一个露天场地，打造成地雷战实景演出场地。

郝兰英也积极参与其中，她在魔术师和群众演员之间切换自如。最难忘的一次，她因离“空气弹”不远，“爆炸”后本能地扑倒在地，被全场观众评为最“入戏”的演员。过去的两年，王竹红带着她参加室内外演出近两百场，她也因此增收上万元。

春分时节，桃花漫山遍野。这不，李峪村也迈上了新台阶，将打造升级版的“魔术小镇”。王竹红兴奋地说，“到时候民宿、餐饮、景点将一体化推进，村里的这些魔术手们，收入将成倍地增长！”

（《人民日报》2020年4月25日）

这个头版头条是怎么改结实的

2020年初，我国遭受新冠病毒疫情突袭。3月10日，习近平总书记赴武汉考察疫情防控工作，强调湖北和武汉疫情防控形势发生积极向好变化，取得阶段性重要成果。要求继续把疫情防控作为当前头等大事和最重要的工作，同时，加快建立同疫情防控相适应的经济社会运行秩序，积极有序推进企事业单位复工复产，把疫情造成的损失降到最低。

地方部3月中旬紧急部署，要求各分社抓紧采写一批地方有序推进企事业单位复工复产、推动经济社会秩序恢复的重点稿，供一版选用。

一版先后推出了广东、黑龙江、湖南、湖北等分社的来稿。“海南千方百计为自贸港建设开好局”，是各分社中最早发回的稿件之一，编辑平台立即修改，迅即呈报社领导审定。

社领导审阅后认为，主题清晰，内容结实，可上头条。

一周后，这篇拟供头版的稿件在头版头条刊出，也是这批分社复工复产稿中首个头条。稿件原来的采访就比较扎实，地方部编辑平台修改后使内容更为“结实”。上版前，总编室夜班也作了部分修改和打磨。

仓促间抢出了一个头版头条，那么，编辑是怎么修改的呢？下面简单做一分析。

海南千方百计为自贸港建设开好局

本报海口3月16日电 “何谓开好局？就是要知道做什么？知道要干出

什么成效？知道怎样才能干一件成一件？”11号的海南省委常委会上，省委书记刘赐贵在布局海南自贸港建设时向全省干部提出这样的要求。春光似泼、潮涌如奔，战“疫”的同时，海南自贸港建设正按部就班全面推进。

（首段删。将“要知道做什么？知道要干出什么成效？知道怎样才能干一件成一件？”——“三知道”调到后面文里。

古人说：“首句标其目，卒章显其志。”导语起手就拎出报道主题，颇见新意。删改主要是考虑这样几点：一、编辑部一直以来都强调报道中不要太突出主要领导干部个人；二、此时宣传的主基调是要突出防疫形势下地方抓好主要工作、推进复工复产，第二段写自贸港建设场景，与省委书记的“点睛之言”相比，报道切入口收窄，更易拉近与读者的距离；三、“三知道”一说虽是开门见山，但报道没有紧承这点展开，直到第五段才又峰回路转。因此把“三知道”调到后面，在行文上更紧凑。）

“建设团队比春节前还要拼，要把疫情耽误的工期抢回来。”3月15日，在海口美兰国际机场二期扩建项目施工现场，工人们正在调试飞行区的助航灯光，迎接4月的竣工验收，机器轰鸣，焊接声、切割声不绝于耳，项目现场总指挥潘建的声音却格外洪亮。

（通常写场景先出景，再出声。“先声夺人”当然也可以，但那样就要求这“声”得有点“夺人”的魅力，或内容、或情绪上有一定的冲击力。而现场指挥说的这句话很平实，放到后面更自然一些。

消息不能没有时间，考虑到做头版头条何时有机会推不确定性太多，而文中有“迎接4月的竣工验收”语，已作了时间上的暗示，故删掉“3月15日”。此稿版面作了最快推送，刊出已在一周以后。

场景描写里先有“机器轰鸣”，又有“焊接声、切割声不绝于耳”，还是写声音，故将“焊接声”改为“焊花飞舞”，增强视觉画面。“机器轰鸣，焊花飞舞”是粗线条勾勒，“工人们正在调试飞行区的助航灯光”

是细节，但并不生动，导语里场景描写点到为止即可，为精简篇幅故舍。

“潘建的声音格外洪亮”，和第一段中的“春光似泼、潮涌如奔”，都有拔高感，不够平实。改为“潘建说”。）

作为面向太平洋、印度洋的航空门户枢纽，美兰机场二期担负着海南民航扩容升级的重任，目标锁定5年后满足年旅客吞吐量3500万人次、年货邮吞吐量40万吨，是自贸港发展旅游业、空港物流产业的基石。是基石，可也是“硬骨”——疫情之下，缺工缺料。

缺工人，省市两级政府联动，帮忙对接工人所在地政府，给健康工人开具工作证明，出资包专车接人，不到半个月，工人由春节期间的1000多人增加至近2909人；缺物料，省直部门协同，专门成立材料设备进场协调组，开辟物料过海绿色通道，如期恢复生产供货。

（这两段的修改主要扣着两点：一是说顺。“是基石，可也是‘硬骨’”是过渡句，但由“石”到“硬骨”的联想不大自然，改用平实之语来过渡。二是说短。美兰机场“作为面向太平洋、印度洋的航空门户枢纽”，其地位作用已说清，可以涵盖“二期担负着海南民航扩容升级的重任”之意，故删之。战疫情，解决缺工缺料，目的都是复工，不一一说，读者也完全明白，故“如期恢复生产供货”也删。）

“三知道”是责任尺，量出责任，逼出速度。截至3月10日，海南省在建的重点工程已复工55个，全省规上工业企业404家，累计复工392家，复工率97%，全省20家重点外贸企业和16家水产加工出口企业全部实现复工复产，这些企业进出口额约占海南省外贸总额的90%。

“三知道”是催战鼓，闻鼓而动，战“疫”不懈。3月16日，海南已连续25天确诊病例零增加。在慎终如始严格防控的同时，海南更注重科学研判、精细管控、着眼长远。3月10日，英文版海南健康码正式上线，截至当晚20时已有15674境外人士申领成功。

（“三知道”的说法源自省委书记的讲话，原来放在开头，调到此处，衔接得更为紧凑。

“是责任尺”与“是催战鼓”两段顺序上颠倒了一下。因为此时工作重点首先是战疫情，宜服从这一叙事逻辑。

“催战鼓”，不是日常约定俗成的说法，不够规范，改为“督战”。）

既要干得成，更求干得好。发展高新产业是海口自贸港建设首要重任，为加速复工复产，全市高新企业返岗人员隔离期间生活补贴，政府掏钱买单；企业购买防疫综合保险，政府补贴7成；3月10日，海口国家高新区率先奖励8家高新企业，第二批奖励30家也正加紧审核。目前，海口全市414家高新技术企业中，已复工359家。

既要讲速度，更要讲创新。为了化解疫情所带来的不便，海南首抓政务服务创新，推行“承诺审批”、“容缺后补”、线上合同、隔屏签约。3月初，博鳌乐城国际医疗旅游先行区与全球10多家知名的跨国医药厂商“云”间“漫步”，依靠数据云与腾讯公司完成签约。

“保产业、抓项目、稳投资”。“三知道”下，海南自贸港建设三箭齐发，从容有序。物资供应、畅通运输、减免税费、优化审批、金融扶持一系列举措正源源不断。“今年前两个月，我们出口逆势上扬，同比增长75%，产品远销澳大利亚、欧洲。这得益于洋浦工委管委会出台优惠政策、简化检查审批手续，企业十分受益。”中石化（香港）海南石油有限公司副总经理刘俊栓说。至3月初，海南实际利用外资同比增长100.94%，海南共新设外资企业29家，涉及医药、康养、旅游、农业等多个领域。

（此文主题清晰，要求集中笔墨于自贸港建设，不枝不蔓。而“至3月初，海南实际利用外资同比增长100.94%，海南共新设外资企业29家，涉及医药、康养、旅游、农业等多个领域”，由自贸港逸入全省引进外资情况，一来扣题不紧，二来篇幅涣散，故删。

古人论作文，要求各部分“匀停”，“腰腹肥满”。“既要干得成，更求干得好”一段讲政府补助、补贴和企业复工情况。“既要讲速度，更要讲创新”一段概括说政府举措，但只有一个例子，而再往下一段里，所举的事例同样也是得益于政府的服务创新——“简化检查审批手续”。把这个内容提到前一段，两段内容上便显得比较“匀停”了。

两段首句用“既要……更要……”的句式拎一下，不仅有形式之美，也令内容更紧凑。但严重的疫情之下，做到如期复工已实属不易，“更要”的说法似有点不留余地，因此将“更要”改为“也要”，语气上平实一些。）

“加快推进自贸港建设是今年海南省委、省政府的首要任务，不论困难有多大，我们都将按照中央确定的时间表、路线图，做好自贸港政策承接和先行先试工作，分阶段分领域实施开放新举措。”海南省委表示。

（结尾是醒明主旨的机会，可以使主题得到深化。把上一段里的“‘保产业、抓项目、稳投资’。海南自贸港建设三箭齐发，从容有序”放到这一段开头，既是对全篇的一个概括，也为省委的表态提供一个有力的铺垫，从而令结尾内容上显得更结实。）

附（刊出稿）：

战疫情　保产业　抓项目　稳投资

海南自贸港建设加速推进

本报海口3月23日电　海口美兰国际机场二期扩建项目现场，机器轰鸣，焊花飞舞，工人们正紧张施工，迎接4月的竣工验收。“建设团队比春节前还要拼，要把疫情耽误的工期抢回来。”项目现场总指挥潘建说。

作为面向太平洋、印度洋的航空门户枢纽，美兰机场二期锁定“5年后满足年吞吐量旅客3500万人次、货邮40万吨”目标，是自贸港发展旅游业、空港物流产业的基石。遭遇疫情，工期进度如何追回？工程缺工缺料怎么办？

缺工，省市两级政府联动，帮忙对接工人所在地政府，出资为健康工人包专车，不到半个月，返岗工人由春节期间的1000多人增加至2900多人；缺料，省直部门协同，专门成立材料设备进场协调组，开辟物料过海绿色通道。

战疫同时，海南自贸港建设像美兰机场二期建设一样全面推进。“自贸港建设要开好局，就是要知道做什么，知道要干出什么成效，知道怎样才能干一件成一件！”3月11日的海南省委常委会上，省委明确向全省党员干部提出要求。

“三知道”是督战鼓，闻鼓而动，战疫不懈。3月23日，海南已连续32天确诊病例零增加。在慎终如始严格防控的同时，海南更注重科学研判、精细管控、着眼长远。3月10日，英文版海南健康码正式上线，截至当晚8时已有15674名境外人士申领成功。

“三知道”是责任尺，量出责任，逼出速度。目前，海南省在建的重点工程已复工55个，404家规上工业企业累计复工392家，复工率97%。全省20家重点外贸企业和16家水产加工出口企业全部复工复产，这些企业进出口额约占海南省外贸总额的90%。

既要干得成，也要干得好。发展高新产业是海口自贸港建设首要重任，为加速复工复产，全市高新企业返岗人员隔离期间生活补贴由政府掏钱买单；企业购买防疫综合保险，政府补贴七成；3月10日，海口国家高新区率先奖励8家高新企业，第二批奖励30家也正加紧审核。目前，海口全市414家高新技术企业已复工359家。

既要讲速度，也要讲创新。海南首抓政务服务创新，推行承诺审批、容缺后补、线上合同、隔屏签约。3月初，博鳌乐城国际医疗旅游先行区与全球10多家跨国医药厂商依靠数据云与腾讯公司完成签约。“今年前两个月，公司出口同比增长75%，产品远销澳大利亚和欧洲。”中石化（香港）海南石油有限公司副总经理刘俊栓说，这得益于洋浦工委管委会出台优惠政策、简化检查审批手续。

“保产业、抓项目、稳投资”，海南自贸港建设三箭齐发，从容有序。“加快推进自贸港建设是今年海南省委和省政府的首要任务，不论困难有多大，我们都将按照中央确定的时间表、路线图，做好自贸港政策承接和先行先试工作，分阶段分领域实施开放新举措。”海南省委主要负责同志表示。

（《人民日报》2020年3月24日，获人民日报2020年3—4月好新闻二等奖）

“水在变清”，稿在“瘦身”

——《山西：汾河水在变清》修改分析

“上个头条扒一层皮。”地方分社的同志常这样自嘲。“2020年5月5日第1版头条刊发的《宁波企业专注实业强韧性》，从报题、采写、修改、刊发，前后历经9个月、修改十几稿，最终能够在头版头条推出，并得到李社长的表扬，可谓‘过程不易、反响热烈’。”浙江分社社长李中文在一篇业务研讨中这样说。

而9月3日第1版头条《山西：汾河水在变清》却几乎一稿就过，地方部编辑组编完来稿，只要求分社补充几个数据，增加一处鲜活点的事例。

但拿这个头条的原稿与刊出稿作一下对比就会发现，虽没有“扒一层皮”，却是“掉了身肉”——原稿不包括后来补充的内容有1600多字，而刊出稿仅1000来字。

偏长、偏松，是我们稿件中的普遍现象，因此，分析一下这篇稿是如何“减肥”的，对怎么把稿子写短、写得简洁干净，或有启示。

解决偏长、偏松问题，最根本的一条，就是必须确立“伤其十指，莫如断其一指”的采写理念。对此，社领导也曾一再提醒：不要面面俱到，而要善于抓住其中的亮点。此前，有的分社在报道地方工作成就时，就出现过稿件里对地方“十个全覆盖”的惠民政策或是“五个全面”的发展战略一一道来、唯恐漏了哪一条的情况。在这篇报道的原稿里，也依稀可见这种思维的残余。

汾河变清的关键是抓住治污，这个关键，此稿抓准了，有详有略，叙述也很生动。习近平总书记在山西考察时提出让汾河“水量丰起来、水质好起来、风光美起来”，这个重要指示的核心就是让汾河变清，报道贵在体现指示的精髓，而不必逐字逐句对照着解读。但在原稿中，还有一块内容介绍汾河变清中如何让“水量丰起来”。大概也是说多了怕篇幅过大，所以记者尽量简略着说，只罗列了几个数字，但这样一来工作味也就更重了。因此，原稿倒数第三段内容整段被删：

> 加强水资源节约利用，减少汾河水的过度使用，实现“水量丰起来”。山西省用节水措施倒逼产业结构调整，今年底，全省万元地区生产总值用水量将比2015年下降15%以上，万元工业增加值用水量将比2015年下降13%以上。太原地下水位已经实现连续10年回升。

明确了“断其一指”，也不是说与“一指”相关的都得说，还得再“断”——突出重点，不要试图呈现“一指”的全貌。这样，才能腾出更多篇幅，把读者最关心的内容讲得更清、更生动。汾河是北方的著名河流，此稿要提供给读者的信息，就是山西汾河全流域的水质有了明显改善，如果一篇消息稿还试图去诠释汾河变清对北方河流治理的意义，这样的信息无疑属冗余。当然，这样引申开去也不是全无意义，关键在于它不适合挤在一篇消息稿里来说，说也说不清。因此，原稿最后一段整段被删：

> 生态环境部环境规划院副总工程师王东认为，汾河在北方河流中极具代表性，山西治汾首先抓住了水生态环境保护的主要矛盾，始终坚持将控源减污作为主攻方向；二是加大生态补水力度，据规划测算其中三分之一以上为天然径流，有效增加了河流的自净能力，三是将水生态保护修复摆在了更加突出位置。下一步，随着生态缓冲带全面建成、城镇污水收集系统进一步完善，健康美丽的汾河将全面重现在三晋大地。

管住“排污口”，可谓抓住了汾河治理的“牛鼻子”。“排污口”现象，有日常生活经验的读者都很熟悉，点到即可，会自动“脑补”。无须因为管住“排污口”这项工作重要，便对其作用、意义作过多诠释。

原稿：“表象在汾河，根子在流域。以排污口为突破，确保汾河流域水质全部退出劣Ⅴ类，实现‘水质好起来’。综治方面有很多，但最后都要经过一个‘牛鼻子’：排污口。‘不管是哪种类型的污水，不管是支流还是退水渠，脏水要进汾河，只能通过排污口。确保退出劣五类，排污口整治就是主抓手。’去年，经过三级生态环境部门为期5个月的排查溯源，共排查确认汾河流域入河排污口2039个。”

刊出稿：“表象在汾河，根子在流域。去年，全省三级生态环境部门进行为期5个月的全面排查，共确认汾河流域入河排污口2039个。”

这样三处删减下来，就去掉了400多字。还有200多字，便主要是在语句、字词上折腾。一是简化，二是模糊化。

原稿开头就讲了个生动的故事，用故事回答了汾河为何能用较短时间实现全流域水质明显改善。刊出稿这个故事都保留了，但同样三段，原稿425字，刊出稿322字，原因就在于能简则简。

原稿：“氨氮浓度达到35.4mg/L，超地表水Ⅴ类标准16.7倍，水质严重超标。”

刊出稿：“氨氮浓度达到每升35.4毫克，超地表水五类标准16.7倍。”

超标16.7倍，已涵有“水质严重超标”之意，故此句可删。

原稿：“文峪河地处吕梁，是汾河的重要支流，也是水质污染的重灾区——去年上半年全国水环境排名中，吕梁市倒数第一。经过市长约谈和磁窑河、文峪河突击行动，非法排污口也全部取缔，文峪河已数月没有断面监测出劣五类。”

刊出稿：“文峪河是汾河重要支流，经专项治理，去年已取缔全部非法排污口，好几个月没有断面监测出劣五类水质。”

报道主题是汾河水质如何治理，涵括了汾河重要支流文峪河的治理，因此文峪河治理的相关情况即便简略说来，也属于旁出的枝蔓。不枝不蔓，方显树干挺拔。

简化，还包括去副词、形容词等。

原稿：“调查范围被缩小后，李凌昇带队突击前往现场，在分段采样后，精准摸到了正在‘作业’的污染源企业，前后只花了两个小时。”

刊出稿：“李凌昇带队直奔现场，分段采样后查到正在排放的污染源企业，前后只两小时。”

“调查范围被缩小后”，这个修饰全句的副词，在这里可有可无。如果篇幅不成问题，从尊重记者个性表达特点来说，可用。但如果篇幅成为一个问题，那么，此类副词实际上导致了节奏放慢、语速放缓。节奏缓，便谈不上简，自然“可无”。

原稿中“李凌昇（的神经）不自觉地紧绷起来”“李凌昇粗略判断”，“不自觉地”“粗略”这样的形容词也属于可有可无，道理同上，不如“可无”。

再来说一说模糊化。

通常情况下，我们强调新闻语言要具体、精准，但对此绝不能僵化理解，将其泛化。有时使用模糊语言不影响意思表达，不影响读者解读，反而能收简约之效；如果使用明晰语言，反倒不太妥帖。

比如，此稿开头第一句为“一场大雨”，原稿则作精确表达：“今年5月6日夜间，山西省中部普降大雨。”且不说字数较之“一场大雨”多了几倍，紧接着“本报太原9月2日电”这个消息电头时间，就出现“今年5月6日”这个几个月前的时间概念，淡化了新闻味，显然不妥。

而最大的一处修改是末段。

原稿：“通过退地还河、拆违还绿、改陡为缓，统筹水利功能完善和河道防洪、种植结构优化和景观提升，实现‘风光美起来’。走在太原市汾河景区，通过四期改造，目前已形成了宽500米，长60公里的碧水绿色景观长廊，成为全国最长的城市公园，也是市民休闲健身首选场所。山西编制《汾河流域生态景观规划编制导则》，并提出在汾河干流河道水岸线以外原则上不小于一百米、支流原则上不小于五十米，划定生态功能保护线。”

刊出稿：“水好，生态好。汾河静乐段汇入8条支流，被称作‘汾河之肾’。‘水鸟多不多，是衡量湿地生态环境好不好的一个重要风向标。’静乐汾河川国家湿地公园服务中心主任徐文玉说，‘我们目前已观测到鸟类114种，包括国家一级保护动物黑鹳。’”

前者工作味很重，后者是故事化处理，新闻故事化是编委会多年来一直倡导的。事实上，故事化表达也是有语言学方面坚实基础的。虽然让分社补充材料修改后例子换了，但仍不妨就其语言的模糊化做点分析。“通过四期改造，目前已形成了宽500米，长60公里的碧水绿色景观长廊，成为全国最长的城市公园”“在汾河干流河道水岸线以外原则上不小于一百米、支流原则上不小于五十米，划定生态功能保护线”，这种语言所表达的概念，在外延上很清晰，但精准有余，生动不足。

而“水好，生态好”“水鸟多不多，是衡量湿地生态环境好不好的一个重要风向标”，这样的语言虽只是很模糊的概括，但包容性大，语义富有延展性，留给读者的想象空间极大，可谓语约义丰。

对语言模糊化，我们以前强调不多，主要是担心干扰了新闻语言要具体、精准这个根本。但尺有所短、寸有所长，关键看你在什么样的语境下用，“运用之妙，存乎一心”。常言道：“到哪座山，唱哪首歌。”话很俗白，其中的道理，则是很值得我们深思的。

附（原稿）：

山西：一泓清水入黄河

汾河全流域国考断面水质全部退出劣五类

据生态环境部中国环境监测总站数据，2020年6月，汾河流域13个国考断面中，一类到三类水质断面比例62%，劣五类水质断面实现全部退出，实现了“一泓清水入黄河”。

今年5月6日夜间，山西省中部普降大雨。山西省环保厅督查专员李凌昇不自觉地紧绷起来：按照经验，降雨天容易出猫腻。果然，第二天一大早，文峪河南姚出境断面自动站监测站触发警报：氨氮浓度达到35.4mg/L，超地表水V类标准16.7倍，水质严重超标。

文峪河地处吕梁，是汾河的重要支流，也是水质污染的重灾区——去年上半年全国水环境排名中，吕梁市倒数第一。经过市长约谈和磁窑河、文峪河突击行动，非法排污口也全部取缔，文峪河已数月没有断面监测出劣五类。

李凌昇粗略判断："只有一种可能——'合法'排污口在偷排。从指标看，大概率是焦化企业。"但流经9县、155公里长的文峪河，从何查起？李凌昇调取了后台监测，发现同一时间里，文峪河的支流孝义市南干渠从汾介路至入文峪河口段的氨氮浓度达230mg/L。调查范围被缩小后，李凌昇带队突击前往现场，在分段采样后，精准摸到了正在"作业"的污染源企业，前后只花了两个小时。最终，3名直接责任人被行政拘留，企业被高限罚款100万元。

如此高效地处理偷排事件，来自山西用两个月时间在沿线布置了71个地表水跨界断面水质自动监测站，并在汾河沿线布置了视频探头。这些设备的加持，让水质监测能够实时在线，帮助迅速锁定排污源。

汾河是山西母亲河，也是黄河重要支流。2017年习近平总书记来山西视察时，提出让汾河"水量丰起来，水质好起来，风光美起来"的要求。山西从去年开始吹响了治理汾河水质的"总攻号"，并在今年年初的人代会上，提出要在2020年6月前汾河水质国考断面退出劣五类的目标。

表象在汾河，根子在流域。以排污口为突破，确保汾河流域水质全部退出劣V类，实现"水质好起来"。综治方面有很多，但最后都要经过一个"牛鼻子"：排污口。"不管是哪种类型的污水，不管是支流还是退水渠，脏水要进汾河，只能通过排污口。确保退出劣五类，排污口整治就是主抓手。"去年，经过三级生态环境部门为期5个月的排查溯源，共排查确认汾河流域入河排污口2039个。

山西给每个排污口建了档，实施"一口一档""一口一策"。对已取得排污许可证的工业企业、城镇污水处理厂的入河排污口，实施标准化统一管理，备案建档；对于城镇生活污水和农村生活污水散乱排口全部截污纳管、集中处理、达标排放；对于工业企业雨水口、城镇污水处理厂进水管网溢流口进行非汛期管控，等等。以排污口为突破口，山西统筹推进饮用水源、黑臭水体、工业废水、城镇污水、农村排水“五水同治”。

加强水资源节约利用，减少汾河水的过度使用，实现“水量丰起来”。山西省用节水措施倒逼产业结构调整，今年底，全省万元地区生产总值用水量将比2015年下降15%以上，万元工业增加值用水量将比2015年下降13%以上。太原地下水位已经实现连续10年回升。

通过退地还河、拆违还绿、改陡为缓，统筹水利功能完善和河道防洪、种植结构优化和景观提升，实现“风光美起来”。走在太原市汾河景区，通过四期改造，目前已形成了宽500米，长60公里的碧水绿色景观长廊，成为全国最长的城市公园，也是市民休闲健身首选场所。山西编制《汾河流域生态景观规划编制导则》，并提出在汾河干流河道水岸线以外原则上不小于一百米、支流原则上不小于五十米，划定生态功能保护线。

生态环境部环境规划院副总工程师王东认为，汾河在北方河流中极具代表性，山西治汾首先抓住了水生态环境保护的主要矛盾，始终坚持将控源减污作为主攻方向；二是加大生态补水力度，据规划测算其中三分之一以上为天然径流，有效增加了河流的自净能力，三是将水生态保护修复摆在了更加突出位置。下一步，随着生态缓冲带全面建成、城镇污水收集系统进一步完善，健康美丽的汾河将全面重现在三晋大地。

附（刊出稿）：

监测显示全流域水质明显改善

山西：汾河水在变清

一场大雨，山西省生态环境厅监察专员李凌昇的神经又紧绷起来，凭经验，降雨天容易出现趁机排放污染物的情况。果然，文峪河南姚出境断面自动监测站一大早报告：氨氮浓度达到每升35.4毫克，超地表水五类标准16.7倍。

文峪河是汾河重要支流，经专项治理，去年已取缔全部非法排污口，好几个月没有断面监测出劣五类水质。

“肯定是有企业在排放污染物。从指标看，大概率是焦化企业。”李凌昇判断。但文峪河流经9县、长达155公里，从何查起？调取后台监测发现，同一时间里文峪河的孝义市南干渠从汾介路至入文峪河口段，氨氮浓度达每升230毫克。李凌昇带队直奔现场，分段采样后查到正在排放的污染源企业，前后只两小时。最终，3名直接责任人被行政拘留，企业被罚款100万元。

为何能如此快速处理排放污染物事件？山西去年用两个多月时间在沿线布置了71个地表水跨界断面水质自动监测站，并在汾河沿线布置了视频探头，水质监测实时在线，因此可迅速锁定排污源。

汾河是山西母亲河，也是黄河第二大支流。一段时间以来，工业排污、地下水超采、煤炭大规模开发等让汾河不堪重负，最严重时干流全线近70%为劣五类水质。

2017年6月，习近平总书记在山西考察时提出让汾河“水量丰起来、水质好起来、风光美起来”的要求。山西迅速行动起来，2018年出台《以汾河为重点的“七河”流域生态保护与修复总体方案》，2019年发布《关于坚决打赢汾河流域治理攻坚战的决定》，提出2020年全面消除劣五类国考断面。

表象在汾河，根子在流域。去年，全省三级生态环境部门进行为期5个月的全面排查，共确认汾河流域入河排污口2039个。对这些排污口，山西实施“一口一档”“一口一策”，以此为突破口，统筹推进饮用水源、黑臭水体、工业废水、城镇污水、农村排水“五水同治”：对已取得排污许可证的工业企业、城镇污水处理厂的入河排污口，实施标准化统一管理，备案建档；对城镇生活污水和农村生活污水散乱排口全部截污纳管、集中处理、达标排放；对工业企业雨水口、城镇污水处理厂进水管网溢流口加强管控。

据生态环境部中国环境监测总站数据，2020年上半年，汾河流域13个地表水国考断面实现劣五类水质断面全部消除，较2017年同期减少了8个，1到

6月水质创历年同期最优。7月，汾河流域国考断面继续实现劣五类水质断面全部消除，改善成效得到进一步巩固。

水好，生态好。汾河静乐段汇入8条支流，被称作“汾河之肾”。“水鸟多不多，是衡量湿地生态环境好不好的一个重要风向标。”静乐汾河川国家湿地公园服务中心主任徐文玉说，“我们目前已观测到鸟类114种，包括国家一级保护动物黑鹳。”

（《人民日报》2020年9月3日，获人民日报2020年9—10月好新闻一等奖）

第三辑　平实

按说话的方式来写

地方部评2020年3月份好新闻时，张忠主任肯定了3月31日第1版头条《各方齐发力　促进稳就业》。这篇话题颇为宏观的综述，是由福建分社记者颜珂执笔的。这对分社记者不啻是个考验，而且，小3000字的篇幅，时间又特别紧。张主任说："这个头条完全是抢出来的。"

我们不妨读一段：

> 福建晋江，信泰集团的订单已经排到了5月初。境外疫情呈加速扩散蔓延态势，让管理层多了几分担忧。"海外市场大约占一半，一旦订单下滑，压力不小。"集团总裁办公室副主任许剑飞说。
>
> 稳定就业系列政策措施接连推出，许剑飞一笔笔算账，添了不少底气：一次性稳定就业补助、银行贷款贴息补助、用电享受折扣，加起来近百万元；还有社保费、医保费、住房公积金减免缓交，增值税政策调整，真金白银，招招见实。

文字平实，也很结实，没有冗言赘词。

萝卜快了不洗泥。"抢出来"，仓促行文质量常打折，一快，往往导致繁杂文字堆积，或枝蔓太多，或语言啰唆，或用词不当，但这篇报道文字既平实也结实，简洁精准，自然流畅。相比颜珂以往写的那些通讯报道，这篇综述文字或少了些灵动跳脱，但"抢出来"仍能保持如此成色，事实上难度不低。

为什么这么说呢？因为目前分社来稿中，行文不结实、不平实的毛病依然普遍，即以一些见报稿为例。

2020年3月30日第8版，有多篇分社记者写春耕的稿件。

在石嘴山市惠农区庙台乡的机耕现场，发动机轰鸣，一片忙碌景象。

（《跨区机耕　赶抢工时》）

“一片忙碌景象”，到底是啥景象呢？

走进奔巴口村，一台台残膜回收机来回奔忙，拖拉机牵引着液压翻转犁紧跟其后，滚滚泥浪经过深松整地机的作业，平整宽阔的土地便呈现眼前。伴着泥土香，鲍丰农机服务专业合作社的工作正在紧锣密鼓地进行中。

（《规模主体　精准帮扶》）

相比上一篇，这样写“一片忙碌景象”，便具体了不少，颇有画面感。所谓一具体就结实，一具体就生动。

但“工作正在紧锣密鼓地进行”的说法，还是俗滥，“紧锣密鼓”并不具体，不能给读者以清晰印象。

2020年3月30日第1版《人员返岗多　物流更顺畅》一稿中，“顺丰速运武汉吴家山中转场偌大的仓库大厅内，货物并未堆积如山”。“偌大”是多大？“未堆积如山”有多大？

再看同日第2版《支持配套企业　畅通产业链条》一文开头，“走进潍柴集团二号工厂总装车间，机器轰鸣，工人们戴着口罩一字排开”，似乎较具体，但描写没到位，因为还是不够明确。所谓具体，是读者看了你的文字，脑海里就能浮现出清晰画面，知道说啥。我们都很熟悉海明威关于写作的“冰山说”，写作时见诸笔端的只要有八分之一就行了。但很多人似乎忽略了，海明威在强调省略前，还做了这样的交代，“想写的东西心里很有数，那么他可以省略他所知道的东西。读者呢，只要作者写得真实，会强烈感觉到他所省略的地方，好像作者已经写出来似的”。而“工人们戴着口罩一字排开”的场景，不熟悉生产线的读者怕是不会“强烈感觉到他所省略的地方”的，不大明白，所以就需要再具体一点。

还是这一段里，“潍柴集团尽早复工复产的步履坚定”，“步履坚定”这样的大词，或许更适合宏大叙事的大通讯。

不具体，文字就显得不结实，报道就会发虚；好用大词、形容词，身子小衣服大，同样也会发虚。这样的问题，有时同一篇报道里都存在。

2020年3月30日第4版有篇广东复工的消息，报道这样开头：

> 三月的岭南，满目繁花似锦，生产建设热火朝天。
>
> 在粤西，东海岛外海阔天空，我国重点建设项目中科炼化进入紧张收尾阶段，现场1.4万名施工人员为点火试产做最后冲刺；在粤东，韩江两岸郁郁葱葱，总投资过千亿的新产业、新基建及环保、民生领域重大项目全线复工，潮州重大项目复工率达100%。在珠三角，全国各地的产业工人正在汇集，生产车间深夜灯火通明……

“为点火试产做最后冲刺”，竞技场上的“最后冲刺”读者有感，建设工地上的“最后冲刺”是什么样？只可意会。同样，“生产建设热火朝天”，也只可意会。不具体就显得虚浮。

形容词不是不能用，而是尽量要少用，用形容词时心里一定要明白用它的意义。“东海岛外海阔天空”，似是很有气势，但接下来说的中科炼化项目是建在陆上的，那么，“海阔天空”用在这里是啥意思呢？好的文本不用读者猜。

报道接下来介绍行业有序复工情况，说到医疗器械领域，举了几个例子后这样概括：“广东先进制造业应急能力在此次疫情中全面迸发。”“先进制造业”是个大概念，“医疗器械”仅其中之一。以点带面、以一总万的手法我们做报道时常用，但要考虑这个“一”的代表性。比如芯片，比如智能制造等，这些是制造业公认的尖端，相比而言，用“医疗器械”这个“一”作代表来说明“全面迸发”，似是有点努着往高里拔了，也就发虚。

一言不实，百事皆虚。那么，怎么解决报道中这类文字不结实、不平实的问题呢？有一个办法，就是按说话的方式来写。

什么是好的语言？好的语言不是唯美，而是与读者契合和响应。口语就像一个朋友和读者说话，给读者的感觉是个别聊天，最富有交流感。这方面有些分社的报道可圈可点。

2020年4月1日第14版《林区巡护勤　虎豹日渐多》，文风朴实、叙事生动。比如：

> 赵岩说，现在天气已回暖，是山里比较舒服的时节。等到了夏天，林子里又热又闷，虫子还多。碰上蜱虫咬进肉里，就得用烟头把它一点点烫出来，“不小心烫到自己肉上，滋滋地疼到心里。”

读这样的语言，真有口齿留香之感。

口语化写作的死敌，自然是书面语，而书面语也是我们天天必打交道的，因此往往一不留神脚步就会自然走偏，须时时绷住那根弦才是。就在这篇报道里：

> 周文杰说，随着这几年野生东北虎豹种群稳定，其活动范围也在不断扩大，保护区不少地方都有了虎豹的身影。

这个“其活动范围”就出问题了，口语里通常是不会这么说的。这让人想起马跃峰获中国新闻奖的报道《老郭脱贫记》，报道朴实生动，口语特色鲜明。但有位领导给报道挑了一处小毛病。文中道，“封丘是国家级扶贫开发重点县，建档立卡贫困户1.86万户，5.8万人。该县对因病、因残等7种致贫原因分门别类”，这个“该县”，显然是书面语。虽只一字欠妥，终是白璧有瑕。马跃峰对这位“一字师”的批评心服口服，后来曾屡屡提及。

2020年4月3日第14版《修路四千里　劈山为脱贫》一稿中，“‘路一通，新房、水柜拔地起，千山万弄换新颜，山村群众的生产生活条件从根本上得到了改善。'大化瑶族自治县县长蓝胜说”。

“拔地起……换新颜”，也许这位蓝县长领导当久了，真的是这么说的，但这样的说法与日常口语表达习惯显然不大吻合，因此我们写进报道时，还应该把它改得更平实一些。

注意解决好口语化写作里的书面语问题，还只是在规避“硬伤”。口语化写作更要注意的，是去粗糙和漫不经心，同样要炼句炼意，力求质地精美。特别是要善于学习群众中活的语言，增强表现力。

2020年4月2日第12版《挂起锄头唱大戏　农家院里办剧场》一稿：

> “我们穿好戏服，摆好手势，台词都卡在嗓子眼等着往外蹦了，可从外地请来拉坠胡的师傅临时爽约，没有配乐没法演。”张顺利回忆。

“卡在嗓子眼等着往外蹦”，如果不是和群众面对面，定是听不到这样鲜活生动的语言的。

2020年4月1日第13版《进城贫困户　上岗能致富》一稿：

> 84岁的婆婆李小乖“站惯的山坡不嫌陡”，不愿意下山，还反而劝解粉珍夫妇要考虑长远：“你俩现在能打工赚钱，老了咋办？咱们山里有地，老了有底。”

“站惯的山坡不嫌陡”，这样接地气的话，定是来自记者的日常观察与积累。

2020年3月30日第8版《群里热闹　地里繁忙》一稿：

> 自家的食用菌基地里，锅炉烧了好几个小时，却依然没上热气。这可怎么办？
>
> 丁山列好问题，发在微信群“留坝菌药林”里。不一会儿，消息“叮

叮咚咚”。

“可能是锅炉烟道堵塞，温度没升起来。”

“可能是气口堵了，好好清理干净。”

465人的大群里，菇农、技术员、农业局干部纷纷出主意。

“消息‘叮叮咚咚’”，这是把拟声词动词化了，简明又简练，表达的内容很丰富。这样的口语，便是经了提炼的，堪称“质地精美”，用在这里既贴切又生动。

提炼，才能臻于完善，才会更有力量。

2020年4月1日第11版《在基层，越是出力越能长力》一稿，报道湖南株洲1.7万多名党员干部下沉一线参与疫情防控和复工复产。这个标题，来自文里的相关表述，既是口语的，又很精警有力。这让人想起海外版总编辑王慧敏在2014年昆明“3·01”暴力恐怖案发生后写的评论，文中引用一位维吾尔族干部微信里的话：“昆明火车站事件，让我们心痛，让我们愤恨。新疆各族人民同样勤劳善良、热爱生活，我们要像石榴籽那样紧抱在一起。”

评论的题目，就用了这位维吾尔族干部的话——《像石榴籽那样紧抱在一起》。评论受到习近平总书记的称赞，总书记后来讲话中也用了这句话。党的十九大报告讲到促进各民族团结时，也写进了这句话。

经过提炼的口语，生命力真的是无远弗届。

访谈稿要“谈”，用古诗要贴

访谈是《中国海洋石油报》习见的一个品种。不少访谈稿被访者的语言文稿化倾向严重，给人的感觉不是在谈，而是照着讲稿在念。访谈就应该谈，或侃侃而谈，或娓娓而谈，多用亲切、有个性色彩的口语。2007年5月份稿件中访谈类稿不少，让人印象深刻的是，好多稿经过记者们精心编辑整理，语言口语化，节奏感也增强了。

如30日第2版《“我们不能选择大油田，但可以把小油田做大”》：

> 新思路是发现大油气田的保证。油气田就储存于地质家的大脑里。想到了，可能就会发现油气田；没想到，油气田就可能和你擦肩而过。这就要求每个地质工作者的大脑里要存很多的模式，而且这种模式不是一成不变的，要和实际的地质资料结合起来进行修正，不能一味只唯经验。

这样的语言很上口，是口语体的，而不是报告体的。再如：

> 勘探实践证明老探区用老思路，肯定没有出路；老探区用新思路，肯定有道路。新的思路从何而来？来自不断的学习、积累。

这种经过记者加工的谈话录，并没有影响口语的原貌，反而使其显得更简洁、精练、生动。

访谈文章要让答者谈得生动，很关键的一点是访者要问得精彩，问得机智。当年世界各国政要中不少人以接受法拉奇的采访为荣，原因之一就是欣赏法拉奇颇具挑战性的提问。23日第1版访朱伟林稿，朱伟林的回答比较精彩，如：

> 勘探是一个“认识、实践、再认识、再实践”的过程，原来认为是贫瘠的构造，随着认识和观念的转变，杀个回马枪，就可能发现个聚宝盆。因此在勘探的过程中，既要抱“西瓜”，又要拣“芝麻”。尤其是要分析存在“芝麻”的原因。有时往往就是“芝麻”引出一系列“西瓜”来。

通读全篇，我以为，受访者答得精彩，是与记者在采访中通过自己睿智的提问所营造的轻松、融洽的气氛分不开的。比如记者提问时有这样一段话：“早听说您为勘探事业日夜操劳，患了高血压。冀东南堡油田发现的消息传出后，我想您的血压可能更高了。听了您这番话，似乎血压还处于平稳状态。”

朱伟林听了记者的话笑了。一个受访者面对一个对自己比较了解的记者，心态自然就会放松许多，表述时也就多了几分自如从容。因此，写出好的访谈稿，访前多下案头功夫十分重要。

就稿件体裁而言，消息稿创新意识稍差，通讯类稿记者在写作上下的功夫似乎多些。10日第1版《春风得意奋马蹄》，是一篇会议侧记，一反会议稿的沉闷，开篇便很轻灵：

> 4月28日至29日召开的中国海洋石油有限公司2007年内控及风险管理工作会，虽然赶上了几日淅淅沥沥的小雨，但与会人员一个个都神采奕奕，笑声爽朗，脚步轻快，真是“人逢喜事精神爽”。喜事！什么喜事？——经过三年的努力，有限公司顺利通过了2006年SOX404内外部的审计。

自问自答，短句长句交替，语言节奏富于变化。

这篇通讯在叙事上注意会上会下结合，把SOX404这个专业性很强的项目实施的过程和发生在会议上的一些生动的细节、场景融合在一起写，从而增强了报道的可读性。比如：

轮到丁小玲上台领奖，会场里响起甜甜的《鲁冰花》。台上的丁小玲，说着说着，就哽咽得失声了。台下坐着的人，都安安静静地等着，等她平静下来，一些情感细腻的成员，也跟着她一起哭了起来。

这样的场景生动鲜活，真实感人。

16日第2版《“钻台黑塔”的生日》是篇六七百字的小通讯，作者从谋篇到谋句，都颇用心。通讯抓住“钻台黑塔”于东海生日这天中午的几个时间点来结构全篇，形式新颖，叙述简洁。比如：

11：30，像往常一样，他进行班前巡回检查，今天他检查得格外细心。“顶驱油泵的油有点低了，挡绳器滚轮调节绳需再调整一下，气绞车绳子没排整齐……”大家都说：“不服不行，他的眼里到处都是活儿。”作为老架工的于东海有句口头禅：“看不出活儿来，总让司钻和队长安排，多掉价！”

笔调轻松，令人莞尔。有些报道受题材制约不宜过分轻松，但多数报道是完全可以写得轻松一些的，比如这类工作侧记小通讯，尤其是没有左一个批示右一个指令的行业报，报社领导还反复要求把稿子写活一些。婆婆给笑脸了，媳妇干起活来咋不乐活些呢？

阅报中还发现一个问题，也想在这里说一下。

2007年7月13日通讯《精铸良弓射星辰》，作者特作题记说明：

苏东坡在《江城子》中这样抒发胸中豪情：“会挽雕弓如满月，西北望，射天狼。”对海油人来说，有限公司天津分公司“三千万方”的目标犹如璀璨闪亮的星斗，如何射摘这颗星子，则需精心打造一把“良弓”——一座现代化、国际化的渤海石油基地。

苏东坡这首词里的“天狼”，确是一颗星子，但天狼星是一颗灾星，古人认为它的出现主侵掠之灾。在这首词里用来代指经常在北宋边境侵扰掠夺的辽国和西夏。所以苏东坡既是雄心万丈，也是义愤填膺，欲满弓怒射。诗句所表达的情绪，不只是豪迈，还包含了苏东坡因与王安石政见不合而外放密州，雄才伟略无从施展、报国杀敌心愿难遂的愤激。故苏东坡的“挽弓射星”与曹操的“横槊赋诗”是大有差别的，它是具体有所指的，不能简单理解为只是抒发英雄气概。

因此，《精铸良弓射星辰》的题记和由此给通讯拟的标题，把东坡引弓怒射天狼星，反其“怒”意而作褒义，显然不大合适。这般不顾词句原意，取舍由我“翻案”，东坡居士知道了，保不齐是要“老夫怒发少年狂”的。

2007年6月29日通讯《东方化工城：画中作画》“引子”：

6月的海南东方，飘着白云的天空丝绸般透亮，湛蓝的海面鸟儿翻飞，沙滩上有人自由地嬉戏，风车不紧不慢在转动，槟榔飘香，闲鸥远翥，一幅浑然天成的南国风情画俨然在目。“晴日暖风生麦气，绿阴幽草胜花时”，此情此景，唯有古人诗句方可描摹。

记者的观察相当仔细，但文中所引用的古人诗句则不大妥帖。“晴日暖风生麦气”，描写的显然是北国风情，引用来描摹“南国风情画”，是风马牛了。“风生麦气”当是麦收之前，麦收时间大致在六月中下旬。用在此处，地点、时令皆不合。

对于古人诗词文，引用并且化用时，应先弄明白原意，然后在不违原意的前提下阐发或引申。引用得当，是可以既显原意之佳，又增新意之妙的。

扯点闲篇。大名鼎鼎的辜鸿铭，就是那个留辫子的北大教授，其人大家或许都有耳闻。其辫在当时则被视为“顽固”“保守”之象征。此人曾两番参与帝制复辟闹剧。1917年，也留辫子的军阀张勋复辟，辜鸿铭参与了，被封为“外交部侍郎”。结果复辟仅12天即草草收场。辜鸿铭在张勋66岁生日时，给他送了副对联。这位北大教授学贯中西，自己作个对子完全是信手拈来之事，却偏偏从苏东坡的诗中“拈”来两句：

荷尽已无擎雨盖，菊残犹有傲霜枝。

意思是说清王朝消失了，王公大臣们头顶上的官帽（擎雨盖）没了，唯有我们的辫子（傲霜枝）还留着。

苏诗原是送给好朋友刘景文的：“荷尽已无擎雨盖，菊残犹有傲霜枝。一年好景君须记，最是橙黄橘绿时。”用傲霜开放的菊花来表示对刘景文的敬佩。苏轼曾赞刘景文为“慷慨奇士”。

撇开辜鸿铭的立场问题，就事论事，其引用之妙，当时即令闻者多有称叹。盖此联既保留了原诗的赞美之意，又赋予了其新的蕴涵。既沾尽了东坡的光，又借力发力，别开生面，可谓曲尽引用之妙。

可见，古诗文引用好了，确能令文章增色生辉，但前提首先是要对诗文的原意真正理解。

顺便说一下。2007年7月3日第3版上有个小插题《沐风栉雨　爱船如爱家》，有点小问题，估计也是理解的问题。“栉风沐雨”是个成语，大多数成语的结构是不许随意重组的，偶尔有人为求押韵或是语感颠倒一下，但原则上总是以原装正版为好。从这个题的实际情况看，作者把这个成语“改装”，似没太大必要，恐怕也是对这个成语理解不够。

动人春色不须多

29个候选“十佳”班组和30个候选“十佳”班组长，近两个月相继在《中国海洋石油报》上亮相。读后总体印象是，班组长的亮相好于班组。

原因在哪里呢?

渤海石油实业公司迎宾馆厨师班及班长陈兴亮，此次分别候选“十佳”班组和“十佳”班组长。2007年9月5日通讯《麻辣小伙儿五味人生》中，介绍班长陈兴亮刻苦钻研技术时讲了这样一件事：

> 金鲤玉莲，这道获得全国饭店系统技能大赛中式烹调项目金奖的名菜口味甜美，但它背后的苦，只有陈兴亮自己知道。……金鲤玉莲，顾名思义就是要刻画一幅金鲤在玉莲之间穿行的画面，其中金鲤是两斤多重的鲑鱼去皮去骨，用刀背碾制而成，需要底蕴深厚的刀工和耐心细致的手法；而玉莲在色彩和制作手法上都体现着厨技与艺术的完美结合，莲花托用伊丽莎白瓜雕刻而成，雪白的莲花瓣和鲜红的花蕊分别用百合与红椒烹制而成。
>
> 这道菜从构思到成形是一个非常艰苦的实践过程。碾制鲑鱼的过程最为复杂，因为在保证鱼细腻的同时，还必须将鲑鱼中的每一根小刺剔出，每碾制一条鲑鱼都需要四个多小时的时间，陈兴亮经常一练就是一个通宵。

有详有略，内容有趣，细节生动，读来让人饶有兴致。

2007年9月12日通讯《炉边汗水　灶上名牌》是写班组的，其中也写到了这个“金鲤玉莲”：

2005年10月，他们代表天津参加全国饭店系统服务技能比赛总决赛，一道经过反复摸索打造成功的热菜“金鲤玉莲”，一举夺得中式烹调项目金奖。

上文提到的那些饶有趣味的介绍、生动引人的细节，在这里风干成“经过反复摸索打造成功”半句话。这样干巴巴的叙述还能给人留下多少印象呢？

再比如，两篇通讯中都提到了陈兴亮为了做好单位的事，对自己的小家舍弃了许多。

杨姐（陈兴亮的妻子）把孩子放在床上让她练习爬：“这孩子很听话，从她出生到现在她爸没怎么管过她。周末餐厅通常都有接待任务，一个月正式歇两天，可就这两天他还要跑回餐厅看一眼，生怕地球没他就不转了。他啊，已经卖给实业公司了。”……我看着床上才五个月大的小不点儿，不知道这位全国特级厨师的女儿今后能吃上几顿爸爸做的饭。

这是《麻辣小伙儿五味人生》中的一个片段。作者以陈兴亮妻子的一番嗔怪，侧写这个对自己钟爱的事业执着追求的年轻全国特级厨师，真实可亲。

这层意思在《炉边汗水　灶上名牌》中，是这样叙述的：

班长陈兴亮每晚都是一手抱着刚五个月的小女儿，一手拿着菜谱给自己充电。

孰优孰劣，一目了然。

那么，为什么班组长容易写好？大概因为一个人如一个点，笔墨易集中。而班组呢？虽然小，毕竟是个集体，如一个面。如果作者总想把这个集体中的几个人甚至每个人都点到，写一组群像，一来这些人物色调太靠近，二来一篇两三千字的通讯，留给作者腾挪变化的空间不够大，自然就很难出彩。或者总想着把这个集体的几个突出的方面都照应到，那么笔墨自然也就分散了。散则失重点，而文章没了重点，便极易流于一般。

在二十多篇刊出的写候选“十佳”班组的通讯中，2007年8月15日刊登的两篇——《虎山行——记中海油服技术中心FCT项目组》和《黑启动——记中海海南发电有限公司运行部C值》，在谋篇布局上很有特点，就是紧紧扣着一个“点”——一桩最能体现各自班组特点的事来组织报道。

《虎山行》写FCT项目组拼搏5年、研制出国内首台完全自主知识产权的钻井中途地层测试仪——FCT的故事，从文中几个插题就可以看出这篇通讯的组织架构：“失败：不只是记忆”“立项：闯进未知‘丛林’”“设计：把寂寞当快乐”“研制：酸甜苦辣”“再试：浴火重生”。

通讯始终围绕研制测试仪FCT展开，不枝不蔓。

《黑启动》选择了2005年9月强台风袭来的一个晚上，中海海南发电有限公司运行部C值在电网瓦解、全部电源中断、各项操作都只能靠手工操作的情况下，成功完成了我国电网史上第一例“黑启动”——在台风之夜成功启动备用柴油发电机组，让电网恢复正常。

看看这篇稿子的三个插题，便可明了作者的匠心：

> “2005年9月25日晚，30年一遇的特大台风‘达维’横扫海南岛，中心最大风力达每秒55米的台风开始击破海南道道电网防线”
>
> “9月26日凌晨1点22分02秒，海南电网出现故障，全面瓦解。海南岛的电力供应全部中断”
>
> “‘黑启动’实现第一步。窗外，风在吼，雨在下，洋浦电厂中央控制室气氛愈显紧张”

前一篇通讯凝聚于一个时间点，此篇同样也是一个时间点，并且聚焦于一个不同寻常的时间点——台风之夜。

两篇通讯都采用了集中讲一个故事的手法，报道主线清晰简洁，在一个一波三折的故事中，展现其班组在战胜困难的过程中所体现出的特别能战斗的风采。

对这样的结构手法，著名报告文学作家徐迟形象地称作“抓一刹那”，就是抓住事物的精华部分、最有光彩的部分。他在总结他写周培源的报告文学《在湍流的漩涡中》的写作过程时说，开始构思时他从周培源的20世纪30年代到70年代渐次写来，写了两万三千多字还没写完。痛感像流水账，“构思浮泛，文章必然拉杂”。他果断推倒，重新构思，“抓一刹那”，把事件集中在一个晚上，再用回忆和回述加以展开，使作品顺理成章，紧凑凝练，最终精简到七千多字。

我们再来看一下《黑启动》是如何“抓一刹那”的。作者把中海海南发电有限公司运行部C值这个团队高超的运行水平集中在那个台风之夜来展示：

> 外面一片漆黑，狂风夹着暴雨肆意施虐。值班员廖家锡、杨振祥接到值长吴为彪的命令后，扛上重达5公斤的大扳手冲出了主控室。钢格栅楼梯露天设置高达35米，有近10层楼那么高。他们一路攀缘而上，雨水顺着楼梯流下来，从头到脚，把他们浇了个透心凉。好不容易登上天台，在黑暗中蹚过十多米长的一段距离后，他们借助平时巡检时的记忆，凭感觉终于“摸”到了紧急放水门。在廖家锡的监护下，杨振祥抡起1米长的大扳手，使出浑身力气拧动阀门。五六分钟后，紧急放水门终于被关闭了……

这是《黑启动》中的一个段落，文字精练简洁，展现了值长的指挥果断，值班员的勇敢沉着，一个齐心协力、勇于战胜困难的团队的风采展现在人们面前。

在对台风之夜他们如何成功完成“黑启动”的描写中，穿插进介绍他们日常如何认真工作、严细管理的内容。比如第一部分说到值长要求全体值班人员“密切注视电网周波变化，随时准备实施‘黑启动’程序”后，作了这样几部分回述：一是解释何为“黑启动”，二是我国何时引入“黑启动”概念，三是C值对“黑启动”的准备。

C值员工对“黑启动”并不陌生，洋浦电厂紧急柴油机的英文名称就是“Black Start Unit”——黑启动装置。员工们平时注重学习、演练“紧急应急程序”，C值连续多年获评“无违章班组”。

每个新员工来到运行岗位的第一天，值长先发给一本国家对电力企业的根本大法——《电力安全规程》，并作为第一次考核的内容。

就在停电的那一刻……C值迅速按照曾经多次演练的预定方案，开始了我国燃气轮机发电厂首例实战“黑启动”。

这样，虽然通讯架构上有个明确的时间点——台风之夜，但通过回述插叙，文笔跳动，时空自由变化，将过去与现在整合成有机的一体。

这样结构文章，事实上需要掌握更大量的材料——在一个点上的深度开拓，往往难于多点采集。这不仅考验作者架构文章的功力，也考验作者前期采访的深度。

当然，班组作为企业基石，普通而平凡，很多班组大概是任你挖地三尺，也很难掘出事件性强的故事的，只能是多角度、多侧面地展示一个班组的风貌，用多重旋律组成丰富的和弦。但依然应该强调的是，在用多侧面的方法写班组时，还是贵精不贵多，要突出重点，讲好故事，抓生动细节。

2007年9月12日《击浪，在国际市场的大潮中——记中海油服钻井事业部南海二号平台钻井一班》一文，四个小标题写了四部分四个侧面，但每部分基本上都只讲一个故事，有所展开，有情节，有细节，比较丰满，所以同样生动可读。比如第二部分“用过硬本领赢得尊严，青春年华收获一份尊重”中，讲述了他们用高强的技术实际操作能力改变外国管理者观念的故事：

“John，让我来试一试，好吗？”在钻台上，看着急得团团乱转的MML公司总监，杨勇试探性地问道。

John抬起头，瞥了一下眼前这个身高块大的年轻中方司钻，嘴里重重吐出一个字："No！"

……

John无计可施，勉强同意中方员工的建议。

5分钟后，当第二次下压80千磅时，在震击器的辅助作用下，只见悬重猛增，井下钻具终于解卡。60多岁的John竟像孩子一样，高兴得跳了起来。他冲着杨勇直竖大拇指："Chinese Boy，Good Job（做得好，中国男孩）！"

从此以后，老外总监John彻底改变了对中方员工的看法。每次大型作业前，他都会主动征求中方队长和司钻的施工作业意见。

老外偏见的改变是在事件过程的展现中逐步揭示的，峰回路转，摇曳生姿，波澜起伏的叙述既强化了戏剧性，使文章的可读性大大增强，同时，也使读者对这个班组的技术实力留下了深刻印象。

古诗云："嫩绿枝头红一点，动人春色不须多。"写稿的道理也是这样，无论是写一个人，还是一个集体，不在于你讲了多少优秀的方面，举了多少个好例子，而在于你有没有抓住那一两件最重要、最典型的事，并且抓住其中最具特征的那部分予以强化，用最适合的方式生动地讲出来。也即古人总结写作之道时所强调的："以少总多，情貌无遗。"（刘勰《文心雕龙·物色》）

优美生动，莫如恰到好处

“试问九州谁作主，万众瞩目清凉山。”（陈毅元帅诗）2021年7月初，我到延安干部学院培训了半个月，离学院不远就是清凉山——党的新闻事业的摇篮，报社有好几位老同志当年就曾在党中央机关报《解放日报》工作。每次外出搞现场教学时路过那里，总会别生一番滋味，令人对党的新闻事业的传统和现状，多发几分幽思。

宿舍里的小书架有不少写延安的书，我在一本讲述毛主席延安文艺座谈会上讲话对文艺界影响深远的书里，看到中国美术学院教授吕胜中说他在陕西采风的事：

> 我住在陕西安塞的一个农家，一天女主人给我很一本正经地介绍一个来串门的中年妇女，强调说：“她哭得可好听了！”那妇人连连摆手道：“不好不好！人家谁家的媳妇哭得那才叫好听哪！”
>
> 我觉得很有意思，打趣说：“反正我们谁的也都没听过，你就哭给我们听听好吗？”那妇人很认真地犹豫了一会儿说：“不行！没有伤心的事哭不出来！”

“这其实不是个取乐的笑话”，吕胜中接着说：

> 伤心才哭——而哭又要好听；好听违背了死者——哭声又娱悦了生

者；哭相难看——哭声悦耳。真与假、善与恶、美与丑，在互相对立中统一于一体，是中国民间艺术美学的基础。

读到这里不禁沉吟良久。我想，如果能够学习、领会这个“中国民间艺术美学的基础”，对我们写好报道也是极有帮助的。

“哭相难看”和“哭声悦耳”是可以于对立中统一的，关键在于“有伤心的事”，没有内容——真情实感，为哭而哭，就不会好听。而内容不具体，事实不丰满，徒有语言等表现形式上的生动，也不会是一篇好的报道。便想起一篇也和陕西有关的报道。

陕北入冬，天色渐寒。延安宝塔区孔家沟村，山窝窝却孵出了热腾腾的“金蛋蛋”。

村头收购车的喇叭下，苹果堆成小山。个头圆润，果味清甜。脱贫巩固户刘延安抱起自家“宝贝疙瘩”，过磅、装车、数钱。当晚，这些“论个卖”的苹果，就跨出黄土地，直奔广州城。

“东奔西跑打工忙，不如上山建‘银行’。”登高俯瞰孔家沟，2800亩苹果树竞相勃发，缀满起伏的山峦。孔家沟一年营收1200万元，全靠这漫山遍野的“摇钱树”。

刘延安和延安，同步告别贫困，苹果当记头功——延安苹果产量占陕西1/3，全国1/9；分拣、冷藏、加工、销售，延长产业链、提升价值链，年产值达128亿元。黄土高原的川梁沟峁里，100多万老区百姓，携手擘画山区果业“大手笔”。

这是陕西分社发来的一篇反映陕西即将全面脱贫的消息的开头，从广为人知的延安苹果切入，语言流畅，跳脱轻快，整篇报道都是这样的文风。如果单从语言角度论，可以说是一篇很不错的美文。

然而，这篇消息所要反映的，是陕西这片曾经深度贫困的土地，终于战胜重重困难，即将迎来“到2019年底，所有贫困县全部摘帽”。而在这样的报道里，让人感受到的只有脱贫摘帽的喜气洋洋。比如，文里写到“曾经‘穷惯了’的孔家沟”“东奔西跑打工忙”，那么，到底穷成啥样？曾有多少人外出打工，现在有多少人回乡？再无提及。记者或许担心，这样的成就性报道里再提贫困往事，会导致和脱贫成就这一主题的对立，因此笔底没流露丝毫黄土高原的人们攻坚克难的艰辛。殊不知，优秀的报道正是迎着时代问题而上的，在战胜矛盾中破茧而出，“在互相对立中统一于一体”。

地方部在对这篇稿件会审时提出的意见是：新闻不排斥美文，但更重要的是要用事实说话，不宜写得太虚，要有虚有实。脱贫报道还是要扣着一点“贫”，不应写成乡村振兴。

稿件过一阵子改回来了，但由于“到2019年底，所有贫困县全部摘帽”也是全国各地的共同目标，其间别的分社这一主题的稿件纷至沓来，陕西分社这篇文字很生动的稿子，最终错失了刊发的良机。

曾获普利策新闻奖的美联社记者约翰·M.海托华说过这样一句话：只有通篇报道具有优美生动的风格，只有主题需要优美生动的描述，才可以使用优美生动的语言。

有才情的记者总是让编辑们眼前一亮，但我们的报道毕竟要反映现实生活的当下，从内容到形式都要反对凌空蹈虚，太肆意地挥洒才情也是应该避讳的。最好的表达，就是恰到好处，尤其是新闻报道。

附：

陕西　产业脱贫孵金蛋

陕北入冬，天色渐寒。延安宝塔区孔家沟村，山窝窝却孵出了热腾腾的“金蛋蛋”。

村头收购车的喇叭下，苹果堆成小山。个头圆润，果味清甜。脱贫巩固户刘延安抱起自家“宝贝疙瘩”，过磅、装车、数钱。当晚，这些“论个卖”

的苹果，就跨出黄土地，直奔广州城。

“东奔西跑打工忙，不如上山建‘银行’。”登高俯瞰孔家沟，2800亩苹果树竞相勃发，缀满起伏的山峦。孔家沟一年营收1200万元，全靠这漫山遍野的“摇钱树”。

刘延安和延安，同步告别贫困，苹果当记头功——延安苹果产量占陕西1/3，全国1/9；分拣、冷藏、加工、销售，延长产业链、提升价值链，年产值达128亿元。黄土高原的川梁沟峁里，100多万老区百姓，携手擘画山区果业“大手笔”。

上山“摇钱树”，下地“黄金屋”。宝鸡陇县田家河村奶山羊养殖场里，打小放羊的王忠新照顾起100多只羊来，得心应手。“收鲜奶、卖羊粪，今年毛收入11万元。”自加入合作社，王忠新的奶山羊一年胜过一年多，“不光眼下脱了贫，今后还能‘发羊财’！”

陇县地处六盘山片区，是陕西的深度贫困县，却孕育出又一个“大手笔”——上百万亩草场里，奶山羊产业井喷式增长：饲草种植、良种繁育、羊乳深加工，全县奶山羊存栏33万只，全产业链产值36亿元。

一个个“大手笔”，源自一幅幅“大视野”。纵观三秦大地，黄土高原、渭北沟壑、秦巴山区，贫困多发、多样、多时。作为脱贫“牛鼻子”，产业扶贫，该当如何布局？

按照习近平总书记“扎实推进特色现代农业建设”的重要指示，陕西比照自身资源禀赋，2018年正式启动“3+X”工程。“3”，指发展“以苹果为代表的果业”“以奶山羊为代表的畜牧业”“以棚室栽培为代表的设施农业”三个千亿级产业；“X”，指各市县因地制宜，发力茶叶、魔芋、核桃、红枣等区域特色产业。

“‘3’是大规模、大优势，重在架构引领；‘X’是小区域、小特色，重在精准覆盖。”陕西省农业农村厅厅长黄思光言简意赅，“辅以财政保障、金融创新等诸多支持，‘3+X’护航脱贫攻坚，更着眼未来乡村振兴的提前布局。”

秦巴山深处，特色产业助力，乡村振兴紧锣密鼓、呼之欲出。

安康岚皋县蒋家关村，郁郁葱葱的槐树林里，9200亩富硒魔芋漫山遍野。

村里90%的农户，加入到标准化的林下种植。“别看魔芋黑乎乎，它可是深山里的‘金疙瘩’。”村民陶德全眉开眼笑，“我们村‘万亩示范园’眼瞅就实现，乡亲们不用出山，家门口也能挣大钱！”

放眼山大沟深的安康市，超过70%的贫困群众，靠着极具特色的富硒产业，成功脱贫。富硒魔芋、富硒粮油、富硒果品……深山里的各个村落，兴起了“瞄准未来”的特色产业。

如今，三秦大地“3+X”特色农业，发展势头正劲：陕西苹果产量1100万吨，占世界1/7；猕猴桃产量140万吨，占世界1/3；奶山羊存栏240万只，羊奶产量、羊乳制品占有量全国前茅；设施农业规模全国第六；贫困地区种类众多的特色产业，全部精准覆盖……

陕西定下目标：2019年底，所有贫困县全部摘帽。每个贫困户，至少有1项脱贫产业。“脱贫只是起点，振兴才是远方。”陕西省扶贫办相关负责人信心十足，“果蔬鲜美、牛羊塞道，产业兴旺的三秦大地，早已瞄准乡村振兴的宏阔前景。”

讲故事要有“事”，还要有“情”

《中国能源报》于2009年6月正式创刊，我任副总编辑。报纸新，队伍也新，采编人员90%都是刚出校门的学生，做新闻几乎是空白，能源专业方面的知识，更得从零开始积累。因此，写稿行文很是谨小慎微。

“初望殿堂，但求平正，既知平正，务追险绝”（唐·孙过庭《书谱》），这是前人对学书法提出的要求。做报道也是如此。起步伊始，当然先要注重内容充实。这个基本要求达到后，就要追求表达形式上的突破创新。写文章过实则滞，文气不畅，所以不少读者反映我们的报道读来很累。

为此，我在内部评报时常常提醒，同时，碰到机会，自己也动动笔，以期引导。中华人民共和国成立60年大庆前夕，《中国能源报》开了一个栏目“我看能源60年”。《难忘那些期盼的眼神》一文，便是给这个栏目写的。不是总说报道要讲故事么，这讲故事不只是要有“事”，故事里还要有“情”。这个名称有“我”的栏目，给写作留下的空间是较大的。

《人民日报·海外版》此前推出一个新栏目“微观中国”，要求记者通过亲身体验把自己的感受写出来。这个栏目受到读者的好评。时任海外版总编辑詹国枢认为：

> 用第一人称写，不仅仅是一种写法，也是我们开辟“微观中国”的初衷：采访者一定要走进去，成为他们中的一员，去真实地体验，在体验的基础上，再进行描述。这样做，好处起码有二：其一，成为一员和

旁观采访，效果大不一样。只有成为一员，才能真实地“体验”到采访对象的内心，也才能真实地写出他们的所思所想，所作所为。掏出一个本子，冷静地在边上记，是发掘不出最真实的东西的。其二，成为他们的一员，这个“成为”的过程，也是读者关注的一条副线，他们也会感兴趣的。……碰到一些具体的事情时，记者是怎么想的，等等，都会引起读者兴趣。

在和记者阐释“我看能源60年”这个专栏名称时，我把詹总说的这番话也推荐给了他们。

但记者们写完交来的稿，大多还是只见“我的事”，不见“我的情”。于是，我撷取以往采访中的旧事，赶写了《难忘那些期盼的眼神》一稿，以期给年轻记者一点启发。

“既知平正，务追险绝”。做报道，尤其是经济报道，内容是第一位的，没有充实的内容，文辞再精美也无所附丽。但好的经济报道总是内容和形式统一的。“文虽深，理虽当，词不工者不成文，宜不能传也。”（唐·李翱《答朱载言书》）

这个道理，人民日报原总编辑范敬宜在为我2003年初出版的新闻作品集《体验生命》作的序中，说得比较清楚：

我发现在费伟伟的经济报道作品中，总是贯穿着一条“文脉”。具体地说，他正在努力求索如何更多从人文的角度来反映经济成就，分析经济现象、解释经济问题、预测经济走向。打个不一定恰当的比喻，就像著名科学家杨振宁那样，善于用中国传统文化现象（包括书画）来诠释最深奥的科学原理；像著名资深记者梁厚甫那样，善于用林语堂式潇洒的文笔来纵论世界政治、经济形势。再专业、再艰涩的学问，在他们笔下都活了起来，变成不同层次、不同职业的读者都能接受和理解的东西。这是一种新闻的高境界，也是我心向往之、梦寐以求而始终难以望其项背的高境界。这个愿望，只能俟之后来者去实现了。

写到这里，我想就“文脉”再说几句。所谓文脉，是指流动在一个人血液中的全部文化积淀，是长期蕴藏积在胸臆的古今中外文化气息在他从事的各种活动中的流露。积之于中，则形之于外。形之于外，包括新闻写作，就成为一篇篇耐人咀嚼的好作品。尤其是经济报道，缺了这一点，要么枯燥无味，不忍卒读；要么云苫雾罩，不知所云。几十年来，尽管许多有志之士都在力图改进经济宣传，无奈很少有人触及文化这个层面，只能老在如何“写活”“软处理”方面转圈子，始终收效甚微。其主要原因还是没有领会古人“言之无文，行而不远”的道理。

多引了一些范总的话，因其所论确实涉及了新闻报道中一个常人极少言及的问题。范总离开任上后，一有机会也总是强调这个问题。他认为当下媒体浮躁的原因就在于缺少文化。在上海的“解放文化讲坛”上，他甚至强调新闻工作者还要多懂一点艺术：

现在我们的媒体处理新闻不大讲究艺术，通病就是：只知道旗帜鲜明，不知道委婉曲折；只知道理直气壮，不懂得刚柔相济；只知道大开大阖，不知道以小见大；只知道浓墨重彩写英雄，不知道轻描淡写也能写英雄；只知道浓眉大眼是美，不知道眉清目秀也是美；只知道严加批驳是力量，不知道点到为止也是力量；只知道大雨倾盆是优势，不知道润物无声也是优势。这都是新闻工作者思路单一狭窄的弊病。

“文脉”，“多懂一点艺术”，说法不同，其理相通。

范总后来和我通信时又提到这篇序：“那篇关于‘文脉’的书序，竟在多家报纸上转载，真是没想到的事。”

其实也不难想到，因为所论切中媒体时弊，所以有识者乐见其论矣。

附：

难忘那些期盼的眼神

“我国第一座千万千瓦级风电示范基地在酒泉开工”，一个多月前，这条新闻频频见诸媒体，我在本报也亲手编辑了这一报道。

面对“千万千瓦级”，不少媒体还引用了一个通俗的说法“陆上三峡”，盖其规模堪与三峡水电站匹敌。由此还引发出一个令人担忧的话题：这个基地过几年建成后，当地肯定消纳不了那么多的电量，外送通道怎么解决?

这，让我不禁想起上世纪80年代的一段旧事。

1987年底，我随人民日报和国家民委联合组织的“民族地区纪行”报道组，到酒泉附近的肃南裕固族自治县采访。赶巧，巴丹吉林沙漠里有户牧民办喜事。我们乘一辆吉普长驱五六个小时，天黑前赶到了新娘家——小海子村。

说是村，从新娘家房前房后极目远眺，再也看不到一间屋子。上百位“邻居”赶来参加了这个婚礼，最远的，听说骑着骆驼要走几天。

婚宴就摆在新娘家打扫干净的羊圈里，房梁上点了盏汽灯。然而婚宴开始不久，我们带来的车子就喧宾夺了主。几个年轻人把车推到场地中央，大开车灯。并将车上的音响拧到最大。顿时，车灯撕开重重夜色，狂野的摇滚震开大漠里裹挟着沙粒碎石的狂风。先是十几个年轻人，后来人越来越多，他们哈着酒气，围着车灯，踩着乐拍，拍打着手，扭动着腰，踢腾着尘沙，在两柱车灯里尽情狂欢。

我们本是冲着民族特色的婚礼来的，可婚宴上的宾客越走越少。最终，也被吸引到了羊圈外的场子里。

默默伫立，默默看着那些灯光中腾挪的身影，看着他们被车灯映亮的活泼的眼神，我忽然读懂了牧人们凝视车灯的目光。那在倾诉对电的渴爱，倾诉那种对以电为标志的现代生活的期盼。

随着酒泉“风电三峡”的动工，我想，巴丹吉林沙漠里的裕固人，梦圆在即了。

两年多前，在四川凉山西昌卫星发射中心旁边的大山深处，我又一次看到了像裕固牧人那样充满渴望的眼神。

那是锦屏二级水电站正式开工前夕，承担该工程开发任务的国家开发投资公司，组织了几家中央新闻单位到施工一线采访。

汽车沿着锦屏河边临时修建的简易公路蜿蜒而行。因为大坝起来后，这里便是库底，所以路只修得勉强可走一台车。车一路走，只听车轮辗挤着碎石不停地击打着车底，尘土飞扬，真有点对不住车窗外如画一般的锦屏秀色。

忽然，前方出现一队放学回家的少先队员。

只见他们礼貌地退到路边，身后就是波急浪宽的锦屏河。当我们的车子从他们身边经过时，在呛鼻的车尘中，他们突然站正了身子，齐刷刷地举起小手，庄严地，向我们行礼，致以少先队员神圣的敬礼！

再一次，从他们清亮的目光里，我看到了一种曾经熟悉的眼神。

开车的师傅说，每次在路上碰到这些孩子时，他们都会敬礼。同行的宣传部的同志告诉我们，工程开始之前他们曾和当地政府做过沟通，学校老师对孩子们说，这些从山外来施工的叔叔、伯伯们，是来给我们送电的。有了电，我们就和山外一样，可以在电灯下做作业，就能看电视。所以孩子们见了我们总是特别亲。

车子已经开出好几十米了，透过车后扬起的尘土，蓦然发现仍有几个孩子，神情专注地望着我们的车子，小手高高地举在头顶。

刹那间，我的眼角有点迷蒙了……

锦屏二级电站要装8台60万千瓦的机组，再过三年，首台机组就可发电。那时，那些少先队员们，就能在明亮的电灯下，温习高中的课程了。

（费伟伟，《中国能源报》2009年9月21日）

“一切景语，皆情语也”

果核干硬，果肉鲜美，大自然赋予果肉鲜美的口感以吸引动物来吞食，而目的却是为了让果核满载的DNA信息得以传播开去。

新闻的思想性与可读性就好比果核与果肉。果肉只是手段，果核才是目的。果肉鲜美，惹人喜爱，方能传播更远；而抓住内核，才能让新闻的思想与价值凸显。

社领导针对“‘十四五’，我们这样开局起步”专栏提出，场景描写要与文章主题紧密关联。地方部值班编辑毕京津在一周采编业务述评中，就这一要求援引王汉超业务研讨文章里这一果核与果肉的比喻加以阐释。

毕京津在周评里说，鲜美的果肉必须能够包裹住果实，才有价值；场景描写必须能够将读者吸引到我们想要表达的内容上面，才有意义。场景描写绝不能简单随意来一段描写，必须为下文做铺垫，必须牵着文章走，切不可流于形式，将笔墨浪费在没有意义的描写上。

景物描写的形式要与内容——文章主题紧密结合，其实，这一点不只是针对“‘十四五’，我们这样开局起步”这个专栏，社领导的指示是具普遍意义的。因此，接着毕京津这个话题，我想再絮叨几句，以使大家加深一点印象。

毕京津在文中强调，景物描写“切不可流于形式，将笔墨浪费在没有意义的描写上”。何为没意义？比如这篇报道的开头：

砂石路上，一辆皮卡车飞驰而来、停在房前，刚从治沙工地回来的敖特更花，从车上走了下来。

今年42岁的敖特更花，家住内蒙古鄂尔多斯市杭锦旗独贵塔拉镇道图嘎查。从2003年开始，她就在库布齐沙漠治沙搞绿化，是独贵塔拉镇288个治沙民工联队中唯一的女队长。16年来，在她的带领下，3万亩荒漠化土地披上绿装，焕发出勃勃生机。

（《“种树的感觉特别美！”》，《人民日报》2019年12月31日）

试将第一段场景描写删掉，再琢磨一下，是不是于报道也没啥影响？因此，这样的场景描写便没有意义。

事实上，即便描写契合主题，有意义，也贵约，当简，惜字如金。

我们都在课本里学过鲁迅先生的《故乡》，那个景物描写的开头令人印象深刻：

渐近故乡时，天气又阴晦了，冷风吹进船舱中，呜呜的响，从篷隙向外一望，苍黄的天底下，远近横着几个萧索的荒村，没有一些活气。

“阴晦”“呜呜”“苍黄”“萧索”等交织着色彩和音响的词语，勾勒了故乡沉寂荒凉的氛围，以及当时令人压抑的社会境况，刻画出作者悲伤的心境。

极简的写景，好比一幅速写，只三两笔重点勾画一下主要特征，而摒弃掉了那些平淡的细节。

《洞庭人家幸福转身》（《人民日报》2020年12月7日）一稿的开头是这样的：

金色余晖中，船从沅江与西洞庭湖交界处顺堤向东，芦苇摇曳，水波荡漾。

而原稿则为：

> 傍晚时分，船从沅江与西洞庭湖交界处，顺着大堤，向东开往洞庭湖深处。金色余晖，芦花摇曳，天地苍茫；除了船底的马达声，偶有飞鸟掠过，长鸣打破了大地的寂静。

比较一下修改前后可以发现，删掉的正是“那些平淡的细节”。

毕京津在文里还提了一个重要观点：“场景描写必须能够将读者吸引到我们想要表达的内容上面才有意义。”但怎样把读者吸引过来呢？可惜没能多展开。

“楼台亭榭着人意，花卉山水总关情。”写景就是为抒情，写景都是有寄托有情思的。景与情，情与景，二者相因相成，相互交融，不可分离。

2021年2月14日第1版的《高原绿电送中原》，原稿这样开头：

> 雪，宛如柔曼的轻纱般覆盖在塔拉滩。青豫特高压青海段业主项目部常务副经理赵国仲来到这里，再看一看青豫直流工程的起点，“在我心中，这就跟个孩子一样。”
>
> 赵国仲所说的“青豫直流”工程，就是青海—河南±800千伏特高压直流输电工程。

刊出稿把这个开头直接删掉了。为什么？

就在于开头的景物描写不仅无助于“将读者吸引到我们想要表达的内容上面”，而且会削弱主题。

“雪，宛如柔曼的轻纱般覆盖在塔拉滩。”柔曼的轻纱给人什么感觉？事实上，高原之雪对工程建设者来说，一点也不“柔曼”。就像报道里说的：

> 平均海拔4000米左右的山顶上白雪茫茫，氧气稀薄，别说动工，连走路都费劲。“大家背上氧气瓶，干一会儿歇一会儿，没有一个人退缩。

施工到哪里，帐篷就扎在哪里，有些车辆到不了的地方，就人扛马驮，连马都上不去的地方，硬是一步一步把设备运上去。”

写景是为了着意写情，写情又是为了着意写意。因此，景的内涵要与情吻合，与意相融。

记者调查《离监探亲的回家路》(《人民日报》2018年3月23日)，反映安徽让服刑人员春节离监探亲的一项探索性举措。报道开头描写服刑人员家属徐丽，在监狱门口迎候获准出狱探亲的丈夫的情景。原稿为：

> 一阵寒风吹过，刺透了徐丽加厚的棉衣，一个多月前的那个清晨永远定格在她的记忆里——那是腊月二十九，在安徽省合肥市庐江县青山监狱外，她抻着脖子，焦急地向监狱大门张望，紧张、期待……

“一阵寒风吹过，刺透了徐丽加厚的棉衣”，此情此景，是冷的，而文章所要表达的徐丽内心的情感，显然是暖的。所写之景与人物的内心意境不合，也就情景难融。

因此，见报时改为：

> 最冷不过腊月风。而一个多月前的那个早晨，站在阵阵寒风里，徐丽的心里满是激动和温暖，那个场景永远定格在她记忆里——腊月二十九，在安徽省合肥市庐江县青山监狱外，她抻着脖子向监狱大门张望，紧张、期待……

这样的景物描写，在寒与暖的冲突中渲染此情此景，有助于表现人物的内心意境。

因此，王国维在《人间词话》中说：“昔人论诗词，有景语、情语之别，不知一切景语，皆情语也。”

附（原稿）：

建设特高压　绿电送中原

雪，宛如柔曼的轻纱般覆盖在塔拉滩。青豫特高压青海段业主项目部常务副经理赵国仲来到这里，再看一看青豫直流工程的起点，“在我心中，这就跟个孩子一样。”

赵国仲所说的“青豫直流”工程，就是青海—河南±800千伏特高压直流输电工程。

“青豫直流”工程起于青海省海南藏族自治州共和县塔拉滩，止于河南省驻马店市上蔡县，途经青海、甘肃、陕西、河南4省，全长1563公里。这是国家电力发展“十三五”规划的重点工程，也是全世界第一条专为清洁能源外送而建设的特高压通道。青海丰富的水电、光电、风电，将借此以“打捆外送”的形式，点亮中原大地。

去年初，顾不上春节假期结束，赵国仲就和同事们四处协调，一方面做好物资供应，一方面马上联系已经返乡的工人。2月23日开始复工、3月底工人全部到岗，机器的轰鸣声重新响起，沉寂了一个月的工地终于恢复了往日的火热。“平日里那些叮叮当当的金属声，成了我那段时间最喜欢听到的声音。”赵国仲爽朗大笑。

然而，与之伴随的是，施工也迎来了最难的阶段——要在一座座高山上立塔架线。

时值三月，平均海拔4000米左右的山顶上白雪茫茫，氧气稀薄，别说动工，连走路都费劲。“但没有一个人退缩，大家施工到哪里，帐篷就扎在哪里，零下三十多度，每个人带着八床被子，铺四床，盖四床，有些车辆到不了的地方，就人扛马驮，连马都上不去的地方，就靠人一步一步把设备运上去。”赵国仲回忆道，“大家吃上‘红景天’，背上氧气瓶，干一会歇一会儿，等到晚上躺下的时候，已经连眼皮都懒得睁。”

"不过最难忘的还是我们组装和运输主变压器的时候：300多吨的大家伙，一个就要9000多万，颠不得潮不得也碰不得，安全起见，我们打破惯例，将所有组件运到西宁，边实验边安装，经过六十余次的摸索，终于实现了世界上首次在工厂外组装特高压设备的突破，完了又联合交管部门，前后左右四辆重卡，连拉带拖将设备运到工地。从西宁到共和县，150公里的路，整整走了三天两夜，那场面，霸气十足又让人提心吊胆。"

困难重重，而"保护生态"的这根弦始终没松！

由于当地生态脆弱，一旦破坏，很难恢复，为了尽可能地减少对植被的破坏，赵国仲和同事们将钢板铺在棕垫上，然后再让车辆通行，一段一段地往前挪。"咱不能以牺牲绿色的代价输送绿电，我们已经在所有施工地区播上了草籽，等夏天，又会是绿油油的一片。"赵国仲指着脚下说。

2020年12月30日，赵国仲终生难忘。

7天、502项调试，青豫直流工程顺利通过考核，正式进入±800千伏全电压运行状态。

"随着这条'绿电'专用的'双向八车道高速'正式通车，预计每年有400亿千瓦时的清洁电力，将从青海出发，昼夜兼程，'一站式'到达中原大地。"赵国仲说起来，难掩兴奋，这是河南省八分之一的用电量，相当于减少1800万吨燃煤、减排2960万吨二氧化碳、关闭了8座100万千瓦的发电站……

"以前想过许多种庆祝工程投运的方式，最重要的就要请兄弟们好好喝上一顿，但真的到了那一刻，大家都很平静，都想赶紧回家，因为许多人已经半年多没有见过家人，甚至有的媳妇生产时都没能在身边。"赵国仲红了眼圈，顿了顿说，"虽然没有预想中的热闹，但那天晚上工作群里红包纷飞、表情包不断，群聊一直持续到深夜，后来大家开玩笑说，庆祝的最好方式就是集体失眠。"

零伤残、零死亡、零安全质量事件！与此同时，进行风积沙复合地基研究、创新外敷降阻策略、完成世界上首次特高压换流站现场组装……青豫直流工程的建成投运，也为世界在高寒高海拔地区建设特高压工程积累了经验。

“青海省建设清洁能源示范省恰逢其时，青豫直流工程的建设也才是一个新的开始……”雪霁天晴，高原的阳光打到赵国仲古铜色的脸庞上，不惑之年的他显得更加坚定自信。

附（刊出稿）：

高原绿电送中原

赵国仲终生难忘这一天——2020年12月30日，经过7天、502项调试，青豫直流工程顺利通过考核，正式进入±800千伏全电压运行状态。“这意味着以后每年有400亿千瓦时的清洁电力从青海出发，通过这条‘绿电’专用的‘双向八车道高速’到达中原大地。”

在青海省海南藏族自治州共和县塔拉滩，青豫特高压青海段业主项目部常务副经理赵国仲对记者说。塔拉滩是青豫直流工程的起点，青海丰富的水电、光电、风电，正是从这里“打捆”出发，途经青海、甘肃、陕西等省份，抵达河南。

大雪初歇，赵国仲在值班室外绕着换流站走了走，雪地里留下一串脚印。他说，过去的一年太不容易了，那些足迹令人难忘。去年2月23日工程复工，3月底工人全部到岗，机器的轰鸣声重新响起。不容他松口气，随之而来的是施工中一个又一个难啃的硬骨头。

时值3月，平均海拔4000米左右的山顶上白雪茫茫，氧气稀薄，别说动工，连走路都费劲。“大家背上氧气瓶，干一会儿歇一会儿，没有一个人退缩。施工到哪里，帐篷就扎在哪里，有些车辆到不了的地方，就人扛马驮，连马都上不去的地方，硬是一步一步把设备运上去。”

“最难忘的还是组装和运输主变压器。300多吨的大家伙，价值昂贵，颠不得也潮不得。为安全起见，我们打破惯例，将所有组件运到西宁，经过60

多次的摸索，终于在工厂外完成组装特高压设备。”赵国仲说，“从西宁到共和县，150公里的路程，整整走了三天两夜。”

“保护生态”这根弦也一刻不能松。为尽可能减少对当地植被的损害，赵国仲和同事们将钢板铺在棕垫上，然后再让车辆通行，一段一段往前挪。“咱不能以破坏植被为代价输送绿电，我们已经在所有施工地区播上草籽，等到夏天，又会是绿油油的一片。”赵国仲指着脚下说。

青豫直流工程创造了世界上在高寒高海拔地区建设特高压工程的宝贵经验。

“知道每年400亿千瓦时清洁电力是啥概念吗？这相当于减少1800万吨燃煤、减排2960万吨二氧化碳。青豫直流工程建设是一个新的开始。”赵国仲说，青海建设清洁能源示范省，我们大有可为。

（《人民日报》2021年2月14日，获人民日报2021年1—2月好新闻二等奖）

“作文之体，初欲奔驰”

报道在《人民日报》头版头条刊出，还不眉开眼笑？可我才溜一眼，便锁上了眉头。

夸张了吧？

开头一半文呀！

2021年3月15日，我带队采写的通讯《成都发展迈向高质量》刊出，但稿件开头部分删改颇多。

原稿开头部分这样：

> 年均增长7.1%！全国15个副省级城市中，体量仅次于深圳、广州！“十三五”，成都交出这样的成绩单。
>
> 新时代比拼的是新经济、新动能。2020年，成都新登记市场主体61.8万户，增量居15个副省级城市第一，其中新经济企业已逾45万户，新经济活力指数、新职业人群仅次于北京、上海。面向“十四五”，成都站上这样的起点。
>
> 城市发展，核心在人。“十三五”期间，成都年均新增常住人口37万；连续12年，荣登“中国最具幸福感城市”榜首。2020年甫一开门，成都春节接待总人数1447万人次，旅游总收入127.6亿元，均居全国第一。
>
> 成都何以如此满是活力？

见报稿开头这部分将第一段删去，改为：

新经济蓬勃发展，新动能加速壮大。2020年，四川成都新登记市场主体61.8万户，居15个副省级城市前列。全市新经济企业已逾45万家，2020年实现新经济增加值3655.3亿元，占地区生产总值比重21.5%。"十四五"开局起步，成都站上这样的起点。

立足新发展阶段，贯彻新发展理念，构建新发展格局，成都正行稳致远迈向高质量发展。

所谓"敝帚自珍"，抑或难免，但真还不是自以为这个开头多好，令人眉头直锁的，只是改稿不问青红皂白的那种随意。有的删改一眼可辨，是版面出于压缩篇幅所需，比如删去原第一段、原第三段。所以被保留的是怎么改的，便格外让人在意，会去琢磨一下其中的"有理有据"。

第二段起句是"新时代比拼的是新经济、新动能"，用这样较有概括力、思想性的话拎一下，目的在于造就文章的一种起势（原第三段以"城市发展，核心在人"领起，也是此意），而代之以"新经济蓬勃发展，新动能加速壮大"，正确固然正确，但无非是读者熟悉的大话套话，新意无存，文势顿失。

同样，最后一段，原稿"成都何以如此满是活力"，是以简洁概括作过渡转换。改为"立足新发展阶段，贯彻新发展理念，构建新发展格局，成都正行稳致远迈向高质量发展"，作正大状，行庄重文，确是"行稳"了，但显然并没有"贯彻新发展理念"，老话、套话，同样有失文势。

原稿第一段是上版后才删的，其中的改动也颇耐人寻味。改稿是这样的：

地区生产总值年均增长7.1%！在全国15个副省级城市中，经济总量仅次于深圳、广州！——"十三五"末，四川成都交出这样的成绩单。

"年均增长7.1%"与"地区生产总值年均增长7.1%"，乍一看只是多了

"地区生产总值"6个字，但气势小了不少，短句如锤呀！"年均增长"这个概念用在此处，确是有所省略，但爱看此类经济报道的读者自会脑补。唯恐不全，唯恐不准，怕是我们对读者的智商估计太低了。"体量"者，块头大小也。用"经济总量"替代口语感更强的"体量"一词，看似更准确，但"体量"所赋予阅读的形象感，没了。

古人说："作文之体，初欲奔驰。"（宋·欧阳修）何谓"奔驰"？要义之一便是写出气势。清代文艺理论家李渔说过："开手笔机飞舞，墨势淋漓，有自由自得之妙，则把握在手，破竹之势已成，不忧此后不成完璧。"（《闲情偶寄》卷三）

开头要写出点气势，一篇综述一个地区经济发展经验和成就的报道尤其如此。此文长达3600余字，构思写作时开头若没点儿气势，便很可能"朝气昏昏，到晚终无晴色"（李渔语）。

这篇报道开头部分的改动，还有一处也令人蹙眉。原稿中，对"新经济"发展做进一步说明时，没有简单用数据，而用了一个读者能够理解、感知的概念——"新经济活力指数、新职业人群仅次于北京、上海"，简洁明了。这主要是考虑前文已用了"61.8万户""15个""45万户"三个数字，再用数字，一来是怕让读者陷入连串数字引致的阅读疲劳，二来是直不愣登的数字总让人觉得少了点温度，而"新经济活力指数、新职业人群仅次于北京、上海"这样的表达，本于数据，又比数据直观，内涵则丰富许多。经济类报道不用数据就没有说服力，但如果只是罗列枯燥沉闷的数字，就会让读者味同嚼蜡，难以卒读。因此，得讲究点技巧，运用多种手段，尽可能让数字以一种可感知的形式出现。

而改稿"偏向虎山行"，删掉"新经济活力指数、新职业人群仅次于北京、上海"这样比较直观易懂的说法，改为"2020年实现新经济增加值3655.3亿元，占地区生产总值比重21.5%"，又多了两个数据，似乎非要做成一个数据集束炸弹，把读者炸蒙不可。再说了，如果不与其他城市相关数据做比较，这样的数据能说明什么呢？其实仍是不明确的。而原稿的"仅次于北京、上海"，直接给出结论，无须读者再去判断"增加值3655.3亿元，占地区生产总值比重21.5%”这两个数据的意义到底是什么。

经济类报道免不了要用数据，宜少不宜多，用也要用得不隔。数据运用技巧成熟的标志，就是不能中断阅读。宜多一些形象，少一些抽象；多一些简洁明快，少一些腹中算计。

短句开头有气势

新闻报道当然要强调新闻性、时效性，拿最近发生的事开头。

2020年10月14日召开庆祝深圳经济特区建立40周年大会，要求会前发一篇综述稿。广东分社直到12日下午才来稿。稿子这样开头：

> 近日，《深圳建设中国特色社会主义先行示范区综合改革试点实施方案（2020—2025年）》印发。27项目标任务要求，为深圳指明了新时代改革开放再出发的新路径。
>
> 筚路蓝缕40年，深圳敢闯敢试、敢为人先、埋头苦干，成为我国改革开放的一面旗帜。特别是党的十八大以来，深圳贯彻新发展理念，践行高质量发展要求，改革不停顿、开放不止步，不断战胜各种新挑战。

显然，这个开头的写作逻辑是教科书式的，从最新举措写起，由眼下回叙过去，中规中矩。但作为一篇主题宏大的综述稿，这样的行文显然气势偏弱，甚至可以说，完全没有气势。

我上夜班才看到刚编完的稿，当晚稿子就要上版，来不及过多推敲，只好把句子的次序做点调整。第二天见报时，开头是这样的：

> 敢闯敢试、敢为人先、埋头苦干，筚路蓝缕40年，深圳成为我国改革开放的一面旗帜。

特别是党的十八大以来，深圳贯彻新发展理念，践行高质量发展要求，改革不停顿、开放不止步，不断战胜各种新挑战。

《深圳建设中国特色社会主义先行示范区综合改革试点实施方案（2020—2025年）》近日印发。27项目标任务要求，为深圳指明了新时代改革开放再出发的新路径。

（《改革不停顿　开放不止步》，2020年10月13日）

即把原稿第二段内容前置，开门见山就是一串短句，用具有思想力量的概括性内容领起，而把原先虽然新闻性强但语势偏弱的长句后置。同时，两段变三段，原第二段拆分成两段，将“特别是党的十八大以来”这一句独立出来，单独成段，醒目，显豁，增强重音和停顿，令文势顿现。

不难发现，一般文章中结论性的话，提纲挈领的话，画龙点睛的文字，总是偏爱用短句。

短句为什么会有这种突出、强调的修辞效果呢？倪宝元《修辞》一书中分析，“有两方面原因：一是将其独立出来，单独成句，醒目，显豁，不致淹没在长句之中；另一原因是，短句语气舒缓，语速慢，便于发音清晰，重音强调”（浙江人民出版社1980年版，第145页）。

语速慢，重音突出，自然便气势顿生。

短语用得漂亮，可以让叙述紧凑，塑造出清晰的形象，创造出张力，还可以使句型丰富多变。

需要提醒的是，不必刻意追求气势而用短句，铿锵之语未必就能成就一个好的开头，关键还在于形式与内容要吻合、贴切。

春潮涌动，碧浪拍岸，位于青岛市市南区南海路7号的中国科学院海洋研究所面海而立，今年60岁的俞志明已经在这里工作了近30年。

（《俞志明　愿做赤潮“消防员”》，2019年4月8日）

“春潮涌动，碧浪拍岸”，起句雄健，声韵铿锵，景象宏阔，勾起读者对某种宏大叙事的期待，而事实上记者只是对俞志明工作地点环境的描绘，内容偏窄，声与情不合，虽念起来朗朗上口，也只是声强意弱。

大手笔当写大气象，用斗笔粗毫去写蝇头小楷，不成墨猪，必然露白。

用短词短句须在情在理

初读《“阳光饭”，这样吃》（见附文），禁不住眉梢一动——一篇好报道！特别在语言上，记者显然狠下了一番功夫。而细细读来，又能明显感觉到还有瑕疵。虽说这篇报道总体质量还是较高的，但觉得说一说这些“瑕疵”还是很有必要，因为它颇能代表来稿中一些相同的问题。

这篇稿件形式上有创新，追求简洁文风，大量运用短词短句。但形式当服务于内容，不能为短而短。报道说的是什么地方呢？一直要读到第四段才会明白，这个小山村是“青海省海东市乐都区的杨家山村”。或许作者担心这个长长的地名过早出现的话，会影响短词短句所营造的语感，因此故意迟迟亮相。但由于亮相过晚，没有适时作相应交代，“许建杰”的出场，便显得突兀了，读者需看完这一大段才会明白，哦，原来许建杰是杨家山村的“第一书记”。

倒叙手法无非是要调动读者的好奇心而吸引阅读，如同相声里的“抖包袱”。因此，运用这一手法的前提，是报道内容多少得有些“悬疑”成分，得有“包袱”，如果内容很一般，没有那个持续的张力，那么刻意连续的倒叙，形式大于内容，反而会使文气过断，读来不够通顺流畅。还没等你抖出“包袱”呢，读者先“拜拜”了。因此，用倒叙手法，特别要注意拿捏好分寸。

好的语言总是简洁的，而简洁不只是简短、音调响亮，更重要的在于与读者的契合和响应。尤其是口语，给读者的感觉就像私聊，特别有交流感。在第三段里，“挨家串门，拉话问需，杨应合老两口身体残疾、日子紧巴，过冬都舍不得烧火炉”。其中“挨家串门，拉话问需”这种说法，作为书面语用在概述中可以，拿来放引语里，便给人用力过猛之感，不大符合日常生活口语的常情常理。

删繁就简三秋树。密不透风，便不能简；在次要的枝蔓处着墨太多，也不能简。

文中第七段里出现的青海省扶贫开发投资有限责任公司董事长张宏成，这个角色在报道中是比较次要的，文里说：“去年施工时频遭大雪封山，他每天起床头件事，就是拉开窗帘瞅天气、掐着指头算工期。”

如果把报道主题比作一棵大树，若在一片叶子、一个疤节处驻笔滞留过久，就会影响故事的连贯性，分散读者注意力，在一定程度上影响文章的洗练和阅读的流畅，所以在这个次要人物身上，无须过多着墨。

还有，无论怎么简，都不能失去精准这一前提。报道第一段里有个说法：近三成贫困户纳入“村财政”、当上“公务员”。

看得出，记者力求的是古人所倡导的“开头宜响”。但“公务员”的说法，生动有余，准确不足。从报道看，实指“公益性岗位”，这和“公务员”的差距着实不小，虽然记者给它打上了引号，如果后文里不适当做些铺垫、交代，还是容易令人如堕五里雾中。既非必需，便也不妨删之。

应该如何追求字词的精练呢？威廉·斯特伦克和E.B.怀特在他们合著的《文风揽要》一书中，有一段论述颇为精当：

> 文章的气势在简洁。句中不应有无用之字，段中不应有无用之句，正如画中不应有无用之墨、机器上不应有无用之零件一样。这并不要求作者把每个句子都写得很短，也不要求他避免一切细节仅仅概略地交代主题，而是要求他使每个字都产生效果。

另外有一点也是应当提醒的，短词短句短而有力，多用确实能令文风简洁，有的分社写稿时强调一句话不要超过十字，很有道理，但要正确处理好原则性和灵活性的关系，千万不要理解成短句就是每句都要短。著名散文家汪曾祺说过："语言的奥秘，说穿了不过是长句子与短句子的搭配。一泻千里，戛然而止，画舫笙歌，骏马收缓，可长则长，能短则短，运用之妙，存乎一心。"

宜长则长，宜短则短，这，才是活的辩证法。

附（原稿）：

青海发展光伏扶贫，过半贫困人口受益——

"阳光饭"，这样吃

一座小山村，37个公益性岗位，近三成贫困户纳入"村财政"、当上"公务员"。

几年前还是集体经济"空壳村"，杨家山哪来的底气？

"空壳"之苦，许建杰备尝。2015年秋天驻村，"挨家串门，拉话问需，杨应合老两口身体残疾、日子紧巴，过冬都舍不得烧火炉。"想帮一把，村会计杨富贵面露难色："账上只剩三百来块……"咋办？工作队凑钱，好歹拉来两吨煤，"咱这第一书记，当得窝囊！"

过去基础差。山大沟深、土地贫瘠，青海省海东市乐都区的141个贫困村大多靠天吃饭、产业薄弱。

如今有底气。"靠的是高原天，吃的是'阳光饭'"，许建杰遥指远山。

跋涉上山，景象一振：海拔3100米的山顶，光伏板如鱼鳞阵列、蓝海翻涛。

"这些'鳞片'超过10万块，使用寿命25年，去年6月并网发电，年底已头次分红……"喘着粗气，同行的青海省扶贫开发投资有限责任公司董事长张宏成，对记者仍如数家珍。可不，去年施工时频遭大雪封山，他每天起床头件事，就是拉开窗帘瞅天气、掐着指头算工期。"喏，这是箱式变电站"，他指着那火车厢般的"大家伙"，"两辆挖掘机，一个拽，一个推，这才运上山。”

眼前占地上千亩的光伏电站，只是青海31个村级光伏扶贫电站中的一个。

光伏扶贫，高原发展有优势，青海建设有特色：

有别于常见的村村房顶架光伏，地广人稀的青海，采取政府投资、县域联建、确权到村模式，不搞“分布”搞“集中”。“乐都区建这一座电站，发电收益分配到全部141个贫困村，运维仅仅需要10个人”，现场负责人祁小明给记者算了笔账，“而全省31个电站辐射1622个贫困村，与各村分布式发电相比，人力、线路损耗等成本降低了40%以上。”

省下的更要用在刀刃上。

来自青海省扶贫开发局的统计数据令人振奋：目前，青海建成光伏扶贫项目装机规模73万千瓦，年发电预期产生扶贫收益5.7亿元，辐射28.3万贫困群众，占全省贫困人口的52.5%。

欣喜之余，“阳光收益”又该如何分配、使用？

“要是发到人头，人均也不过两千元”，张宏成直言，“不能‘撒毛毛雨’，更不能‘不劳而获养懒汉’。”

这不，贫困户杨元位种了一辈子洋芋，如今干起保洁员，“哪承想咱老汉也能领工资过活。”改善村容、生态管护、社会联防……朴实的乡亲们很上心。

“阳光收益”，青海要求分配到村，村均每年约30万元。这里面：

六成归村集体经济，用于发展产业、教育培训、临时救助、基础设施维修维护等。“一条腿发展，一条腿兜底”，许建杰如是理解，“这样村两委才站得稳、跑得快，贫困村摘帽后的长远发展也才有了主心骨、‘造血器’。”

四成作扶持资金，通过设立公益性岗位等形式“按劳分配”。“既帮助贫困群众持续稳定增收，不能‘饱一顿饥一顿’，也是激发内生动力，躲在墙角晒太阳可吃不上‘阳光饭’”，杨富贵已从会计升任村支书，“85后”思路活点子多，一心给杨家山乡亲谋个“富贵”。

“麦儿黄，沙果熟。”杨富贵在自家院里试种了一株乐都沙果树，如今已在山上嫁接出三百多株。杨元位家墙上挂的扶贫资料袋，有一张驻村工作队联系表，照片里五年前的许建杰，一头青丝还没有变得花白。发展经济作物、组建专业合作社……越来越有底气的杨家山村人，目光已瞄向未来——摘下“贫困帽”，渴戴“振兴冠”。

附（刊出稿）：

青海发展光伏扶贫产业，过半贫困人口受益

“阳光饭”，这样吃

一座小山村，37个公益性岗位，近三成贫困户纳入“村财政”。

这就是位于青海省海东市乐都区的杨家山村，该村几年前还是集体经济“空壳村”。村第一书记许建杰2015年秋驻村，“挨家走访来到杨应合家，老两口身体残疾、日子紧巴，过冬都舍不得烧火炉。”想帮一把，当时的村会计杨富贵面露难色：“账上只剩300来块……”咋办？工作队凑钱，好歹买来两吨煤。

山大沟深、土地贫瘠，乐都区141个贫困村当年大多这样，靠天吃饭，没啥产业。

短短几年，“村财政”为啥底气就足了呢？“靠高原天吃上‘阳光饭’了。”许建杰一指远山。

跋涉上山，景象令人为之一振：海拔3100米的山顶，光伏板如鱼鳞阵列、蓝海翻涛。

“这些‘鳞片’超过10万块，能用25年，去年6月并网发电，年底就分了一次红。”同行的青海省扶贫开发投资有限责任公司董事长张宏成指指火车厢似的“大家伙”说，“喏，这是箱式变电站，两台挖掘机，一个拽，一个推，这才运上山。”

眼前占地上千亩的光伏电站，只是青海31个村级光伏扶贫电站中的一个。

光伏扶贫，高原发展有优势，青海建设有特色：

青海地广人稀，采取政府投资、县域联建、确权到村模式，不搞“分布”

搞“集中”。“乐都区建这一座电站，发电收益分配到全部141个贫困村，运维仅需10个人。”现场负责人祁小明算了笔账，“全省31个电站可辐射1622个贫困村，相比各村分布发电，人力、线路损耗等成本降低40%以上。”

来自青海省扶贫开发局的统计数据令人振奋：目前，青海建成光伏扶贫项目装机规模73万千瓦，年发电预期产生扶贫收益5.7亿元，辐射28.3万贫困群众，占全省贫困人口的52.5%。

“阳光收益”该如何分配、使用？

“要是发到个人，人均不过2000元。”张宏成说，“不能‘洒毛毛雨’，更不能‘不劳而获养懒汉’。”

青海要求“阳光收益”照进村，村均每年约30万元。这里面：六成归村集体，用于发展产业、教育培训、临时救助、基础设施维修维护等；四成作扶持资金，通过设立公益性岗位等形式“按劳分配”。杨富贵说：“这既能帮贫困群众持续稳定增收，不会‘饱一顿饥一顿’，也能激发内生动力。躲在墙角晒太阳可吃不上‘阳光饭’。”

“麦儿黄，沙果熟。”杨富贵在自家院里试种了一株乐都沙果树，如今已在山上嫁接出300多株。发展经济作物、组建专业合作社……越来越有底气的杨家山村人，目光已瞄向下一步——摘下“贫困帽”，戴上“致富冠”。

（《人民日报》2020年5月15日，获人民日报社地方部当月好新闻奖）

写好的诀窍，就是删掉写得不好的地方

只有拥抱的批评是没有价值的。杨彦的业务研讨文章《从一篇稿件的修改说开去》，满怀真诚，由具体问题切入，分析了《看看老于咋脱贫》的改稿过程，批评到位，点穴精准：

“自从2016年底被识别成建档立卡贫困户，于海波就总是闷闷不乐，一天到晚总想着‘摘帽’。村里人都劝他，你吃低保、拿补贴、享受扶贫政策，别人争着抢着都要不来，你却要奔了命自己挣，傻！可不管别人说啥，老于却觉得扣个贫困户的帽子不光彩。他总说：‘咱腿残，可脑袋不能残！’”

这是《看看老于咋脱贫》第一稿的开头。应该说，这个开头，放在平时，也是不错的，有细节、有反差，人物性格通过短短几句话就突显出来。然而，（敲黑板！）这是“新春走基层”栏目稿件，部领导多次强调，要把“新春走基层”稿件定位为“现场短新闻”，现场是第一位的！这个开头从2016年开始写起，后面的段落也几乎都是过去时，现场感差，字里行间也难见记者身影。遂与记者沟通：改！

记者反应迅速，没几个小时，改稿就回来了。这回开头加上了现场：“凌晨四点多，于海波就起身进了厨房。把头天泡好的豆子磨成浆、滤除豆渣、烧起火开始煮豆浆。不一会，大铁锅里的豆浆开始翻滚，点卤水、压豆腐，他不停忙活着，灯光透过氤氲的雾气照下来，他额头上的汗珠闪闪发亮。”

可是，再往下读，又发现了问题：稿子一共9个自然段，前面的6个和文末的1个，讲的都是与于海波相关的事儿，折射到县里，体现的是当地发展牧业方面的工作措施。可第七第八自然段，却又转去讲另一个村子扶贫车间的事儿，明显游离了主题。同时，关于当地发展牧业工作措施的内容有些单薄，只写了政府提供贴息贷款一项措施。而我们知道，搞养殖，不是解决了钱的问题就可以，技术问题也是很重要的一个方面。再与记者沟通：改！

记者来的第三稿，有增有删，增加的是养殖技术指导方面的内容，删掉的是扶贫车间的内容。

有了这样的基础，改稿主要就是文字的打磨、语句的顺畅和结构的调整。记者来稿中，于海波这个人物塑造得比较充分，身残志坚的特点比较突出，但是从写人物转到写地方工作时，过渡得不是特别自然，于是编辑加上了“老于有志气，有想法，就是没有钱”“咋让我遇到这好事呢？”等过渡句。为了结尾有点余味，编辑将“他说”二字扩展成了“老于说，这一天要真到了，他梦里都会笑出声来。”最后，标题也改了。记者来稿的标题为《内蒙古突泉县：产业扶贫辟新径》，是一个主要体现地方工作的标题。编辑改为《内蒙古突泉县出实招拓宽贫困农户增收门路，身有残疾却不甘贫困的于海波就此脱贫——有志气，更有底气》，将角度扭到了于海波的身上；上版后，版面编辑进一步简化，最终改为《看看老于咋脱贫》。

稿件经过一番打磨后，传播效果相当不错。当日“学习强国”在首页推荐，点赞数为1.7万，40多人在文后留言评论。

（《从一篇稿件的修改说开去》，《业务研讨快讯》2020年第8期，人民日报社地方部主办）

但这篇周评对具体的编辑改稿环节——“主要就是文字的打磨、语句的顺畅和结构的调整”没有细说。事实上，此稿这方面下的功夫也颇多，并且这个问题也很有针对性，值得掰开来细说一番，或对我们如何打磨文字、畅通语句有所启发。即拿开头那段描写于海波一大早磨豆腐的文字为例做个剖析。

这个开头是杨彦指出“新春走基层”要写出现场感后，记者第二稿补充的，但补得很到位，相当精彩。

> 凌晨四点多，于海波就起身进了厨房。把头天泡好的豆子磨成浆、滤除豆渣、烧起火开始煮豆浆。不一会，大铁锅里的豆浆开始翻滚，点卤水、压豆腐，他不停忙活着，灯光透过氤氲的雾气照下来，他额头上的汗珠闪闪发亮。

这是第二稿原稿。见报稿有多处改动：

> 凌晨四点多，于海波就起身钻进厨房。豆子头一天已泡好，磨浆、滤渣，烧火煮起。大铁锅里的豆浆咕咕翻滚，点卤水、压豆腐……灯光透过氤氲的雾气照下来，映照着他额头上的汗珠。

好像差别不大，但你逐字逐句对照，就会发现，其实改动不少。

最显著的，就是描写做豆浆那番操作：“豆子磨成浆、滤除豆渣、烧起火开始煮豆浆。”改成“磨浆、滤渣，烧火煮起”。之前的“进了厨房”，改为“钻进厨房”；之后的“豆浆开始翻滚”，改为“豆浆咕咕翻滚”。

我们一直强调，“新春走基层”报道的属性是现场短新闻。如何突显现场感？最重要的就是用文字写出画面感，这个画面还不能是静止的，应该是变化的、跳动的。因此，用文字来表现现场感时，要注意多用动词，以加快叙事节奏。

这一段修改后，不仅“钻、泡、磨、滤、煮、滚、点、压”等动词突出了，而且，改后短句更短，长短错落，句型更富变化，叙述也更为紧凑，韵律感增强，塑造的形象更加清晰。特别是总编室编辑在上版时，把“豆浆开始翻滚”改为“豆浆咕咕翻滚”。

所谓画面感，就是要有声有色、如在眼前。因此，为了让读者能够直观感受报道内容，聪明的记者常常在报道中综合运用各种手法，让文字诉诸读者的五种感官：视觉、听觉、嗅觉、味觉和触觉。

“豆浆开始翻滚”，“开始”是静态描述，而改为“豆浆咕咕翻滚”，“咕咕”一词，就让这画面有了动静声响，既具视觉效果，又出听觉效果。

还有一处细微的修改，是“把头天泡好的豆子磨成浆、滤除豆渣、烧起火开始煮豆浆”，改为“豆子头一天已泡好，磨浆、滤渣，烧火煮起”，乍一看，似乎只是表述习惯的不同，而其实是有质的差别的。

我们知道，主谓句式读起来最流畅，原来是一句话，改后变成了两句话；“把”字式改成了主谓式，内容变得更容易理解，这样的句式更容易为读者所接受，因此也就会让人感觉语句更顺畅。

而读罢这样生动明快的描述，相信读者对于海波的勤快，已有了深刻印象，自然会生出“他不停忙活着”这样的感觉。因此，见报稿把原稿中这句“他不停忙活着”删了，因为那番生动描写已说明了这点，再强调已没意义。

目前已经刊出的几篇“新春走基层”稿，来稿都在一千六七百字，编辑中常被删去五六百字，如果把稿子放在一起对比的话，就会发现，删了那么多，却没伤筋、不动骨，硬核的东西都在，就因为，删掉的都是无意义的词句。

“新春走基层”作为现场短新闻，篇幅不大，行文务求简洁，每一字、每一句，落笔时都要琢磨一下它的意义（其实，各种体裁的新闻报道都应该这样要求）。于海波一大早磨豆腐，这个场景写得相当细致。为啥要费这么多笔墨？因为它生动体现了这个贫困户的鲜明个性——“咱腿残，脑袋不残！”让报道一落笔就紧紧扣着主题——“有志气的老于”。

而有些场景如果和主题扣得不紧，便无须展开太多。

《果熟牛壮日子甜》（1月14日），开头写“一排排沃柑树结满金灿灿的果，被压弯了腰。黄照发麻利剪下一个：‘尝尝！’”，之后有一段记者品尝沃柑的描写：

> 这种桔子又大又圆，拿在手上沉甸甸，剥开外皮，掰下一瓣，放进嘴里，轻咬一口，鲜嫩的果肉立即迸出，汁水四溢，酸酸甜甜的，甚是

可口。一番狼吞虎咽，清清爽爽的感觉蔓延到全身，打了个嗝，记者禁不住伸出大拇指：“好吃！”

品尝沃柑的感觉写得很细致，也很形象，画面感十足。但它对反映主题有多大意义呢？篇幅不小，扣题不紧，过于散漫，所以，刊出时改成了这样：

掰开轻咬，鲜嫩的果肉汁水四溢，酸甜可口，令人禁不住竖起大拇指：“好吃！”

也有报道本意或是为了深化主题，但如果文笔漂浮，叙述不实，反倒有添蛇足之弊。比如1月13日的《幸福路把幸福串成串》，现在报道是这样收结的：

“村支书全心帮扶，老党员一心带头，俺们村这条幸福路，真的是把幸福串成了串，过上好日子了！”闫春光说。

原稿中，此段后面还有内容：

走出春光家的小院，幸福路两旁，红墙黛瓦的店铺，装饰古朴的民宿，门前都挂起了红灯笼，年味渐渐浓！

该过年了。这是全面小康的一年！

记者的初衷，当是力求由点到面，从闫春光一家扩展到整条幸福路，文意递进一层，结尾也多一点余韵。但余韵当从结实的内容中自然溢出，而这番笔墨只及外景描写，内容不够结实，末句再直白地发声喊，更显得情辞外露。不如删之。

文字打磨、语句顺畅的要义是什么？著名作家契诃夫有一句话说得很清楚：“写作的技巧，其实并不是写作的技巧，而只是删掉写得不好的地方的技巧。”

附（原稿）：

内蒙古突泉县：产业扶贫辟新径

自从2016年底被识别成建档立卡贫困户，于海波就总是闷闷不乐，一天到晚总想着“摘帽”。村里人都劝他，你吃低保、拿补贴、享受扶贫政策，别人争着抢着都要不来，你却要奔了命自己挣，傻！可不管别人说啥，老于却觉得扣个贫困户的帽子不光彩。他总说：“咱腿残，可脑袋不残！”

于海波今年56岁，是内蒙古兴安盟突泉县永安镇永巨村村民。由于打小就得了小儿麻痹症，没力气种地，家庭一步一步陷入了贫困。

于海波和妻子有14亩田地，妻子一个人种不过来，就由亲戚帮着种。其中8亩算人家的，剩下6亩地的收成，除了口粮，剩下的粮食换成钱，还不够日常花销。

没办法，于海波自己用钢板和钢筋做了一副短小的铁拐，用布条缠在小腿和脚踝上，一瘸一拐地游街串巷捡破烂，换点零用钱贴补家用。可是前些年，收入毕竟有限，怎么也摆脱不了贫困的局面。“那时候，看别人搞养殖收入不错。可没启动资金，想啥都没用。”于海波回忆。

正当夫妻俩一筹莫展的时候，2017年，突泉县协调农业银行为贫困户发放贴息贷款，4万元用三年，不用还利息，这可帮了于海波的大忙。

他买来1头驴、1口猪和6只羊。当年，就接了1个驴驹子和6只小猪崽，这可忙坏了老于，他每天起早贪黑照看牲畜。功夫不负有心人，2018年，2万元的收入让老两口乐开了花。“过去可从来没挣过这么多钱，如今我家也有了自己的产业。”他说。

“脱贫攻坚还是要靠产业，才能实现稳定脱贫。”突泉县扶贫办主任屈彤年说，当地实施的“牧业再造突泉”工程，是曾经以种植业为主的突泉县为拓宽群众增收途径，开辟出的一条新路径。为此，当地协调农业银行，向有发展畜牧养殖意愿的贫困户和低收入边缘户提供无息和低息贷款支持，贷款额度5万元以下，期限在3年以内，贫困户不交利息，低收入边缘户贷款利息只需自付1厘，鼓励农户发展牛、马、驴等大畜养殖。力求引导低收入群众通过自身努力发展畜牧养殖产业，彻底解决贫困户缺少到户产业的问题。

为此，当地共发放贷款3.92亿元，购进大畜3.4万头，带动农户11180户，覆盖全县所有贫困和边缘户。全县形成了多种经营、多样增收、种养互补、良性循环的产业氛围。

同时，产业扶贫还要把钱花得更精准。突泉县鼓励有劳动能力的贫困户发展菜单式自主经营产业，帮助无劳动能力贫困户发展户企联合经营产业，扶贫产业施策实现全覆盖，形成了贫困户和企业联合发展的良性合作模式。

在突泉县天韵唐人家居用品五星村扶贫车间，17个工人中的12人曾是建档立卡贫困户。今年54岁的村民贾元香两年前刚来这里时，还在学习用缝纫机，每个月就能挣1200元，其中一半是政府补贴。如今，成为熟练工的她每月工资达到3000元，彻底解决了她家的贫困问题，她越来越有干劲了。

同样，牲畜越来越多的于海波也是干劲十足，他每天给自己规定的劳动时间是11个小时。除了照顾牲畜，他每天凌晨就起床做2盘豆腐拿出去卖。如今，他已经还清了贷款，正盘算着攒点钱，计划明年养10头驴、20口猪。“这样一来，我一年的纯收入就至少有8万块了！”他说。

附（刊出稿）：

看看老于咋脱贫

凌晨四点多，于海波就起身钻进厨房。豆子头一天已泡好，磨浆、滤渣，烧火煮起。大铁锅里的豆浆咕咕翻滚，点卤水、压豆腐……灯光透过氤氲的雾气照下来，映照着他额头上的汗珠。

于海波今年56岁，是内蒙古兴安盟突泉县永安镇永巨村村民。因他打小便得了小儿麻痹症，家里14亩地一直靠别人代种，年底返还点口粮，日子总不见起色。2016年底，他家被识别为建档立卡贫困户，享受到了帮扶政策，可老于还是闷闷不乐，“扣个贫困户的帽子有啥光彩？咱腿残，脑袋不残！”

于海波用钢板和钢筋做了一副短小的铁拐，用布条缠在小腿上，一瘸一拐干活。前些年捡破烂，后来卖豆腐。“除了重体力活，我啥都能干，啥都想干。”于海波说。

老于有志气，有想法，就是没有钱。“前些年，看别人搞养殖收入不错，也动过心，可是没有启动资金。”于海波念叨起过往。

就在老于一筹莫展的时候，2017年，突泉县协调银行为贫困户发放贴息贷款，4万元用三年，不用还利息，老于这回乐了。他买来1头驴和6只羊。这可忙坏了老于，每天都起早贪黑的。

咋让我遇到这好事呢？老于一打听，原来，是当地实施“牧业再造突泉”工程。

“有产业才能实现稳定脱贫。”突泉县扶贫办主任屈彤年说，以前县里的农民以种植业为主，为给群众拓宽增收门路，当地协调银行，向有发展畜牧养殖意愿的贫困户提供无息和低息贷款支持，鼓励农户发展牛、马等大畜养殖。截至目前，共发放贷款3.92亿元，购进大畜3.4万头，带动农户11180户，覆盖全县所有贫困户。

老于从没养过牲畜，可这几年却从没遇到过不去的坎儿。原因是当地建立了家畜改良诊疗120服务体系，及时解决贫困户养殖生产中的问题和困难，并从村两委、驻村工作队、致富能手、乡土人才中选聘产业指导员，为贫困户发展产业提供全程跟踪指导服务。技术员隔三岔五就到于海波家，从饲料配比到疫病防疫，“保姆式”服务让他家的牲畜年年都能顺利接羔保育、长大出栏。

眼下，老于家的母羊第三年接羔了。怕羊冻着，老于的妻子把羊羔一只只抱到火炕上，用炕席围在一角。老于卖完豆腐一进门，就急忙拿起奶瓶爬到炕上，给羊羔喂奶。“它们可是我的命根子。现在一年纯收入两三万，过去哪挣过这么多钱？”

老于如今干劲十足。贷款已经还清了，每天还是忙个不停。除了照顾牲畜，一大早还要做两盘豆腐出去卖，一心想着攒钱把摊子弄得再大点。“今年计划着再扩大规模。这样下来，一年收入就有七八万块了！”老于说，这一天要真到了，他梦里都会笑出声来。

（吴勇，《人民日报》2020年1月10日，获人民日报2020年1—2月好新闻一等奖）

多学几种笔法

头一回见王春芝是2005年4月，随中石油集团科技评估中心组织的专家组到锦州石化考察她的“膜法炼油污水回收利用项目”。

来自国企的专家们对这个民企项目疑虑重重，考察格外认真，研讨时屡发质疑。王春芝言笑自若，应答从容。这个身材发福、年已六旬的老太太身上那种精明干练劲儿，给我留下深刻印象。

第二次见是在北京中石油的一次活动上，吃饭时与王老太同桌，很轻松，时间也从容。零距离接触中，我对这个比爷们还爽、颇有几分侠气的女企业家倍生敬意。

王春芝打动了我。

那么，该用一种什么样的笔法来展现这个人的独特风采呢？一个快言快语的人，大概适宜短词短句文吧，我想。于是，尝试用一种半文半白的语言，似乎这样的形式，与内容有某种内在一致性。文言洗练、精粹，用短词短句表现人物时，益增硬朗气质。并且，适当掺入有一点艺术加工的文言因素，也可以改善文体的审美信息结构，丰富文章的底蕴。

台湾著名诗人、散文家余光中曾说过这样的话：

> 一位作家笔下，如果只能驱遣白话文，那么他的文笔就只有一个“平面”。如果他的“文笔”里也有文言的墨水，在紧要关头，例如要求简洁、对仗、铿锵、隆重等等，就能召之即来，文言的功力可济白话的

松散和浅露。……一篇文章到紧要关头，如能“文白相济”，其语言当有立体之感。所以我的座右铭是：“白以为常，文以应变。”如果作者还通外文，而在恰当之处又引进方言俚语，那“八字诀”还可扩到十六字，加上“俚以见真，西以求新”。一位作者能掌握这么多语态，他的筹码当然比别人多，而文言正是一张王牌。

余光中是把文言文视为其“写作语言的根底和骨架”的，我们这一代“文化大革命”中上学的人，古文底子很差，我又没一点家学，父亲是裁缝，家里最多比别人多几本服装样书。对这样高的“标杆”，自然只能是心向往之。对半文半白的形式做些尝试，或者在文章里引入一些文言因素，对我们这代人确是一种很大的挑战。但这种直面挑战的过程中，也有着很多的乐趣。

记得我在人民日报经济部时，有一次采访和经济日报记者詹国枢同行。老詹是文章高手，2010年以人民日报海外版总编辑的身份退休。他写文章好用短句，颇得古文精粹之韵。那天言及他日前作文炼字之事，神采飞扬。其文道：春节前老家有友来京，捎来一块腊肉。“一块？”“一条？”“一坨？”一个量词把老詹愁坏了。最后，他绞尽脑汁想出一个词。“一方腊肉。”老詹开心地说。望着老詹眉开眼笑之状，我仿佛看到了他想出“一方”这词刹那间的欣喜之情。

我写《欣将今生付治水》一文时也有这样的经历。王春芝年已花甲，是一个长相十分普通的老太太。我想用一句精练的话来概括这一点，却怎么也想不出，想出来几句也都不满意，只好暂搁一边。文章都写完了，还是没想出来。那天脑子里全是这件事，忽然之间想起中学课本上王安石的《伤仲永》，隐约记得里面有一句说仲永这个当年的神童现在和普通人一样了的话。于是赶紧找原文，一下子就看到了那句“泯然众人矣”。茅塞顿开，禁不住畅怀大笑。

于是，挥笔补入这样一段：

王春芝，女，今年适逢花甲。身材中等，体态微胖，上街则泯然众人。面不姣，貌不扬，而其过人处业内无不公认。盖非其表，而在里；非其风采，而敬其胆略。

常说记者要三勤：腿勤，手勤，脑勤。这手勤，恐怕不只是要多写，还要敢于去尝试着用多种笔法写，断不可轻车熟路一条道走到底。特别是文言，虽成不了“王牌”，总也能多握一张好牌。否则，你的文笔便永远只有一个“平面”。

附：

王春芝：欣将今生付治水

常言道：脏水易净，油污难除。污水处理之难，又以石油炼化为最。

我国石油炼化业内，第一家投用污水处理装置者，哈尔滨炼油厂；装置开发者，华春公司。迄今为止规模最大污水处理装置投用者，锦州石化；装置开发者，一期、二期均为华春公司。

华春公司，全称“哈尔滨华春药化环保技术开发有限公司”；董事长，王春芝。故人称王春芝为“炼化业治污第一人”。

举凡第一者，必有过人之处。

王春芝，女，今年适逢花甲。身材中等，体态微胖，上街则泯然众人。面不姣，貌不扬，而其过人处业内无不公认。盖非其表，而在里；非其风采，而敬其胆略。

人道四十不惑，王春芝逾四十方“下海”，砸锅卖铁，八方筹钱，从亲戚朋友一直借到自己学生，终于哈尔滨高科技开发区亮出华春公司牌子。时为1994年6月。

何以人生半世忽萌搏意？王春芝笑答：此前让癌魔拽到鬼门关走了一遭，猛醒做人一世总要给世界留下一二才是。

污水处理，投资大，风险高，初次创业何以便啃骨头？答：世代受松花江养育，忽闻母亲河污染，哈尔滨列严重缺水城市，震惊莫名。

王春芝快人快语，风风火火，欲做之事，虽千难万险不辞。公司挂牌之前，摸市场、访人才、查资料、做实验，已埋头苦干一千多日夜。故公司成立当年，即推出首台净化水装置且闻名遐迩。

1994年7月，黑龙江宾县大水，自来水奇浊，县城有水井人家一桶水卖5元，还须半夜排队。王春芝闻讯，急组精干队伍赶赴宾县，安装其自主研制中空纤维超滤装置，自来水浊度由170度降至0度，无色，无味，清澈透明，甘甜可口。日出净水40吨，连供3日，直至水厂正常。创业伊始，百废待举，最缺者钱，而此次专程“救水”，王春芝分文不取。

金杯银杯莫如口碑。1996年，亚洲冬季运动会在哈举行，净化装置生产厂家热聚冰城，角逐运动员饮水净化项目。此项目关涉国际，影响重大，负责人踌躇难决。王春芝示之“口碑”——哈尔滨兆麟小学30多名日本学生，原只饮瓶装矿泉，现书包告别矿泉水瓶；黑龙江上缉私之武警船只，原自带饮水常变质，现江水再浊亦无虞……此类披诸报端者，皆华春净化产品之功。王春芝又撂一“狠”话：万一出问题，法律责任我王老太独担！

亚冬会期间，或赛场，或各国运动员驻地，饮水装置皆为华春，至赛事毕而未见微澜。华春饮水装置由是大红，机关、医院、学校、企业……销售大有马蹄春风、江河经地之势。王春芝却拨调头，挥鞭直入炼化水处理领域。

哈尔滨炼油厂，日排污水7000吨，日需新水8000吨。王春芝叩门哈炼，毛遂自荐。哈炼治污心切，然犹存疑窦，虽允一试，但要华春公司自垫中试资金逾百万元。

其时，华春立户三载，年盈百万元，然投资科研，偿还旧债，几无余钱。而王春芝慷慨允诺，毅然再度举债，自国内亲朋，乡党邻里，一直借到海外诸友。

金光道已然，何苦还奔独木桥？众莫不责其疯，夫亦屡斥其狂。王春芝答：普通净水市场，熙熙攘攘，英雄无数。唯石油炼化污水处理，颇多空白，而国家急需。“知道吗？我国起步晚，这方面和国外还有不小差距！”王春芝至今说起，深痛仍溢于言表。

急企业急，忧国家忧。王春芝坦言此即自己不竭之动力。其治污法采用国际先进膜技术，攻关最艰之日，三楼实验室窗外，所弃废膜，窗口探手可取。

1998年7月，哈炼污水回用装置投产，原一次用水得以循环，污染受控，成本大降，企业眉开眼笑。王春芝携其团队研发之“膜法炼油污水回收利用方法及其设备”，亦获国家发明专利，获自主知识产权，列国家级火炬项目。

王春芝以此技术又携手抚顺石化、抚顺化塑二企业，再获成功。桃李不言，下自成蹊。锦州石化遂于2003年，与华春欣然签约，一举投资2000余万元，上马年处理回用炼油污水420万吨装置，当年底即投入运行。该装置年创效益982.8万元，两年即收回投资。遂又上二期，与王春芝再度携手。两期工程累计污水处理规模，居全行业第一。

2005年4月5日，中国石油集团公司科技评估中心组织业内专家数十，汇聚锦州石化，实地考察，反复质疑，认真研讨，鉴定该工艺技术已居国内领先水平，而作如下结论：

“该装置于2003年12月投用，已安全、稳定运行至今，成本较低，降低了吨耗水指标；提高了水资源利用率，缓解生产用水的紧张，取得显著的经济和社会效益，具有推广应用价值。”

目前，该技术纳入中国石油集团节水减排推广项目，并列为首选。

京城3月，春意盎然。国际水日前夕，王春芝来京，记者约访，晤谈甚欢。然其两部手机彩铃婉转，彼伏此起。王春芝屡屡致歉，盖来电者皆言合作。其欣然相告：今年以来所签合同，已逾亿元。

今日春风拂面，往昔岂无风雨？从来创业险难多。据悉，及至2004年，华春公司员工尚一度断薪三月。

十多年里是否也有意冷心灰、金盆洗手的念头？记者问。

“退？那不是我王老太的性格！”王春芝道，“啥叫成功？就是失败了一千次，第一千零一次爬起来还接着往下做。”

王春芝一笑，“我选择干这件事的那天起，就决定把一生都交给它了。这一生都会坚持去做的事，怎么会失败呢？何况我还在不断学习。”

王春芝拿出一本，系清华大学所办CEO研修班同学录。“瞧，我是我们班最老的学员。”入该班时，王春芝58岁。

此班俗称“老板班”，入学者多风华正茂辈，王春芝则苍颜而见白发。众老板通常研修一期，王春芝则连读两期。

“我从来没想过失败，我对成功坚信不疑，坚信能找到一条符合我国实际的治理炼化污水的路！”王春芝说话斩钉截铁。

“再说呢，你不知道吧？我属狗，‘土’命。金克木，土克水。命中注定了的，治污水这档子事，我行！”王春芝以肘一捅记者，朗朗大笑。

（费伟伟，《市场报》2006年3月31日）

铭记，为了“做最有品质的新闻”

请别伫立在我墓前哭泣
我不在那里，也没有长眠不醒
请别伫立在我墓前哭泣
我不在那里，也从来没有离开过你

这是作者曾在自己报道中引用过的诗，如今，他的同事把诗又献给了他。

2019年11月20日，这位编辑在工作中因心梗离世，引发新闻界哀思如潮。在他窄小的平台工位上，堆满了无数鲜花，那张椅背上，还搭着他常穿的黑外套；当天，夜很深了，还有上百人赶往医院看望；他的遗体离开医院时，单位里的男士们争相抢抬他的灵柩；11月23日，北京阵风8级，寒流滚滚，仍有不少人一大早赶到八宝山殡仪馆东礼堂外，只为再最后看他一眼……

编辑总是在幕后悄悄为他人作嫁衣，徐勇——新华社国际特稿专线新闻采编中心主任，也不大出名，但这些天一直在朋友圈刷屏。我和大多数人一样，并不认识他，是从他同事的一篇篇悼文里，认识了这个高贵的灵魂，一个极其敬业的新闻人，一个可以为一个词、一个短句死磕的人。他对新闻事业的执着，影响和帮助了几乎身边所有同人；他长期主管新华社国际特稿，那些特稿也深深打上了他的烙印：洗练，干净，一目了然。

他的同事们在自己的文章里这样怀念这位可以为新闻事业搏命的人：

——他改稿很严厉，“的得地不要留，形容词要删掉”，你不听从，往往要接受他一顿训斥。

——他说“的”字能不用就不用；要用短句，能短则短；少用形容词，多用直接引语和白描；穿插使用背景，避免长篇累牍。

——他说：“不要色彩，形容词是色彩，评价也是色彩，色彩会失真，伴随日月、角度和心情而失真，唯有轮廓，刻骨铭心。”

——他极其疼爱部下，但凶起人来毫不留情，几次把我骂得泪流满面。但挨骂的人都不会记得，因为他只对事，而且说得字字在理。

——谈到徐勇改稿子，别管是资深记者还是高级编辑，都会紧皱眉头，回忆片刻，酝酿一会儿，蹦出一句话来——“反正……徐勇吧……他给你改稿子，你服”。

他又是一位鼓励创新，有胸怀、有品位的人：

——写常德会战那一篇，我开篇一句：“南门外，常德城，62年前。”我特别不放心地给你发短信，要你千万别改成“62年前，常德城，南门外”。你回：“放心。我有品位。”你常说做新闻要有品位。你对文字、对稿件近乎刻薄的要求，都是因为你要做的，是最有品质的新闻。

写的人执着，编的人也执着。读到这里，我心里不禁一动。

“南门外，常德城，62年前。”这一语序上的小小突破，让人想起当年本报获中国新闻奖通讯《鲁布革冲击》的开篇：“云贵边界。深山峡谷。黄泥河上。372米落差。”

这种语序上的小小“错位”，让表达形式生出些许陌生，从而给人一种语言上的新颖感。这样的创新其实在我国古代诗歌中比比皆是，比如诗圣杜甫的《秋兴》之八：“香稻啄馀鹦鹉粒，碧梧栖老凤凰枝。”

正确的语序，显然是“鹦鹉啄馀香稻粒，凤凰栖老碧梧枝”。

杜甫作这样的颠倒，并非出自格律需要，正常语序也不违背律诗韵律的要求。之所以故意“错位”，无非为了使“香”“碧”这两个与美好相关并与感官相连的形容词突前，而强烈诉诸读者感觉。它除了有意义表达上的蕴藏性外，也增强了语言的陌生化效果，制造出事物的奇特惊愕感觉，令人倍加回味。

然而，我们在日常编辑中，会容忍“香稻啄馀鹦鹉粒”的破格错位吗？“南门外，常德城，62年前”，不是常就被改成了“62年前，常德城，南门外”，这样的例子还少吗？

因此，在那些沉痛的悼文里，我不只是在阅读一颗纯洁的灵魂，还在阅读一种眼下已十分罕见的职业操守和精神。然后，情不自禁地，就想写下这样一篇文字，忝作“业务研讨”，期望将徐勇——一个一生致力于“做最有品质的新闻”的逝者——那些宝贵的新闻理念，让更多同人认识并分享。或许，有些其实只是新闻常识，但我们很多人如今已不再坚持。

本文开头的诗句，引自徐勇为写《南京暴行》的美籍华裔女作家张纯如逝世十周年追思会写的特稿结尾的诗。

他的同事在纪念文章里说：

“那首诗，想必是你现在想对我们说的话。”“你要传递的，必不是哀伤，而是新闻人的精神光芒，是阔别已久的激情、搏命、梦想与荣光。”

我深以为然。

“种下一团火，散作满天星”，最了解徐勇的新华社专特稿人，在花圈上写下这样的挽联。

徐勇必不会哀伤，只要在“做最有品质的新闻”这条路上，跫音不绝。

编后小记

这是新华社特稿部编辑徐勇去世后，我发在人民日报内网《业务研讨》专栏里的一篇文章。徐勇非人民日报同人，这篇文章也不大像业务研讨，但我还是忍不住写了，发了。借此向一位真正的新闻人致敬的同时，也希望他坚守的新闻专业主义的精神，给还在这条长路上砥砺前行者以启示。所以，文中刻意多引了一些徐勇改稿的例子。

附：

张纯如，不曾离去

徐　勇

我不在那里，也没有长眠不醒
我已化身为千缕微风
徜徉在无限宽阔的天空……

这首诗原作以英文写成，名为《请别伫立在我墓前哭泣》，11月9日华裔作家张纯如去世10周年，由一名女主持人在追思会上诵读。

10年前同一天，这名《南京大屠杀》作者结束自己的生命，时年36岁，却以这本借助历史考证方式写成的英文著作存续一份记忆，向美国以至世界揭示一桩战争暴行。

我是冬天闪烁在雪花上的钻石
我是秋天照耀在稻穗上的阳光
和温和的秋雨……

深秋，阳光充溢，10周年追思会，由张纯如的母亲张盈盈召集，在旧金山以南60公里一座墓园的小礼堂内。与听众相对，一张桌子上，摆放一幅照片，2003年，即去世前一年摄入镜头，张纯如侧立、笑颜……

60多个座位，老人、中年、少年，甚或婴儿车内婴儿；多数人与张纯如、与她家人不相识；有早早到来者，有闻讯临时赶来者，以至迟到。

当你在破晓的宁静中醒来
我是疾捷仰冲的飞燕

在你的头顶飞翔盘旋……

小礼堂内，响起琵琶独奏，曲名《飞花点缀》。

演唱歌曲、演奏器乐、诵读诗歌，分享张纯如家书以及演讲稿和其他文字节选，是追思会全部内容。

父亲张绍进介绍，张纯如晚上开始写作、直到第二天早晨，然后与远在异地的父母通电话。一封短笺，1998年5月5日，作家道歉，因为接妈妈电话显得匆忙，因为没有给妈妈买母亲节礼物。那一阶段，她奔走各地，推介《南京大屠杀》，“像一名战士，打一场6个月的战争”。

夜幕低垂时，我是守护你的闪闪星眼

所以，请别伫立在我墓前哭泣

我不在那里，也从来没有离开过你

10年间，张盈盈出版传记《张纯如：无法忘却历史的女子》。

追思会上，重温张纯如10多年前演讲稿：“我要强调，《南京大屠杀》一书实际以两场暴行为内容。第一场暴行60年前发生；第二场暴行针对历史和正义，正在延续。”

“我希望《南京大屠杀》能够让公众警醒。除非我们真正理解那些暴行怎么会发生，否则，我们无法确信这种事情不会再次发生。”

罗杰·斯科特，诵读讲稿者之一，认定张纯如所做，是呼唤“人类集体良知”。

小礼堂外，蓝天之下，小山坡上，青青草坪，长条墓碑，镶嵌照片，镌刻铭文：“张纯如，Iris Chang，爱妻和慈母，作家和历史学家、人权活动家，1968年3月28日至2004年11月9日。”

追思，些许忧伤，没有哭泣。

10年过去，张纯如不曾离去，不会离去。

记者手记：

感受一种沉重

时而，不知道谈及什么话题，会有人提起张纯如。

10年前报纸专版和世界抗日战争史实维护联合会纪念册，依稀透着纸香、墨香。

10周年追思会，一小页纸“节目单”，11个项目，歌曲、诗作，声乐、器乐，诵读……简洁，看似轻松。

只是，一位摄影师，听歌、听诗、听诵读，看人、看物、看环境，一时无法抑制，泪水在眼中涌动，离开现场5分钟。

这一切，默然发生，没有人出声，没有人啜泣。

同样，做文字，观察、聆听、记取，落笔前所未有迟钝、艰难、沉重。

间隔一个多星期，身处不同场合，两次听同一首歌，《茉莉花》。上一次是11月1日，在世界抗日战争史实维护联合会卸任会长彼得·斯塔内克（中文名“思比德”）的追思会上。

无论张纯如、还是思比德，无论先贤、或者今人、以至后人，捍卫历史真实，呼唤“集体良知”，绝非容易事。

2014年11月9日

（陈贽、梁相斌主编《记者徐勇》，新华出版社2020年2月第一版）

对《大道康庄》系列报道的一点浅见

未出师，已出名，是宣传报道的一种高境界。人民网《大道康庄》系列报道，堪称是这样一个成功的策划。《大道康庄》，主题鲜明深刻，独具匠心，气势恢宏。据悉，此次共组建31支采访队伍，先后赴31个省区市和新疆生产建设兵团采访。整个采访组织井然有序，声势足、阵容强、分量重，各组报道文、图、视频并茂，真实、全面地展现了中国共产党带领中国人民如何打赢这场震惊世界的脱贫攻坚战的伟大实践。来自社会各界的热烈反响证明，这一系列报道成功体现了最初的策划意图，取得了相当喜人的传播效果。

人民网领导希望我结合《人民日报》组织同一类大型系列报道的做法，对《大道康庄》作个点评，我便奉命斗胆直言，说说《大道康庄》报道在哪些方面还有提升空间。

《人民日报》采写此类大型综述系列报道，在范敬宜任总编辑时开始，逐渐形成了一套比较成熟的采写方法，很多同志通过采写实践，作了多种精辟概括，比如“三结合说”——宏观与微观结合（共性与个性，大主题与小切口）、亮点与难点结合、内容与形式结合（生动的内容与或雄健或灵动的文笔），“三度说”——高度、力度（典型事例、夹叙夹议）、温度（大时代中的小人物），“三点说”——站点、落点、亮点（包括难点），等等。说法不一，概括梳理一下，表达的大致有这么几点意思。

一、站位要高

站位体现在总体策划（总主题），也反映在各篇主题（分主题），以及内容的思想性等。重大系列报道确定主题并不难，难在篇与篇之间如何构成主题线。“文脉通则文章达”，找到主题线，也就找到了贯穿全组报道的文脉。

《人民日报》的做法主要是从领导人的重要讲话和重要文献中找依据。比如2020年4月《人民日报》要闻第4版推出主题专栏——“决胜小康在基层”，从十八届五中全会的“十三五”规划建议中找到对“全面小康什么样”的5个目标要求：经济保持中高速增长、人民生活水平和质量普遍提高、国民素质和社会文明程度显著提高、生态环境质量总体改善、各方面制度更加成熟更加定型。这样，这个专栏5篇稿件各自的主题就清晰了，5篇报道构成了一个有机的整体。

就提供给我的8篇《大道康庄》的报道看，构建篇与篇之间主题线这个问题解决得还不是很好，主题线不够清晰。《吉林篇·农业金扁担　挑起绿水青山》，突出了农业现代化；《山西篇·掷地有声！山西这样兑现对“红土地”的承诺》，突出了革命老区；《海南篇·收官之年亦元年，海南正当年》，重点放在把脱贫作为建自贸港的底线；《湖北篇·三战并举　荆楚儿女力争质量更高成色更好》，突出了疫情之下这个新闻点。而有些则中心不是很突出，由于没有侧重，内容上就容易显得同质化，或只是体现了或南或北、或东或西地域上的差别。

事实上，让《大道康庄》各篇都见出鲜明主题，是有条件、有充分依据的，就在于习近平总书记这些年就如何打赢脱贫攻坚战发表过很多重要指示，如果每篇根据地方实际重点突出其中一点，那么整个策划也就能通过对鲜活生动的地方实践的系列报道，而比较系统地彰显总书记关于脱贫攻坚的理论体系，报道的思想性就会得到大大提升。

比如《山西篇》，开头就点明题旨：

“打不赢脱贫攻坚战，就对不起这块红色土地。”进入新时代，山西省委、省政府发出了决战决胜脱贫攻坚，向深度贫困宣战的最强音。

这是紧扣住山西省委、省政府的工作部署来报道，站位也不低，但事实上，这个站位完全还可以更高些。习近平总书记对革命老区的脱贫工作作过很多指示，是完全可以把总书记的有关指示精神体现在报道中的。

也就是说，在作此类报道的顶层策划时，如果不想让报道主题变成无法串接的断章的话，应该对相关主题进行深入、系统的学习和梳理，从系统论的角度建构起自己的整体意识和逻辑方法。由整体而碎片，碎片中便亦见整体。

二、突出特色

此类大型系列报道，不是一般的地方通讯，也非简单的全面综述，而要跳出地方工作，放在全局里考量、审视一地的特色，寓“普遍”于“特殊”中，把共性和个性相糅合。目前这组稿件，总体说来，在脱贫攻坚这个共有底色上，体现了各有侧重、点面结合，体现了不同省份的工作现状和各自特点。但就在大局下把握一省特色、真正贴近特色而言，尚存不足。

比如，提起陕西，你最先想到的是什么呢？很可能是荒凉的黄土高坡，是陕北的沟沟壑壑，是八百里秦川尘土飞扬。因此，陕西通过改变生态环境打赢脱贫攻坚仗最具标志意义的，是黄土高坡绿了，八百里秦川不再尘土飞扬，连陕西境内的毛乌素沙漠都“消失”了（陕西省林业局2020年上半年统计，沙化土地治理率已超过93%），陕西的绿色版图向北推进了400多公里。

但在《陕西篇·绿水青山就是金山银山的陕西实践》中，这个最具标志意义的内容没有得到浓墨重彩的展现，报道的主要篇幅放在了自然条件较好的陕南等地。也许地方介绍情况时便是这样，也许就陕西自身脱贫攻坚工作的重要性、所付出的努力言，这样的结构安排是有道理的，但我们说，这组报道很重要的一点，在于要有利于鼓干劲、激士气、增信心，通过打赢脱贫攻坚战，为共圆“中国梦”提供强劲的舆论支撑和精神动力。而不能就地方写地方，就工作说工作。如果能从不毛之地改变成绿水青山、再变成金山银山这样的逻辑线来架构这篇报道，一来更符合陕西的特点（读者印象），二来也更能增强文章的感染力。

还有，要善于运用新闻手法来彰显特色。

这样的大型系列性报道当然着重写“现在时”，着重反映现实下的实践和思索、看法和做法。但也不能排除“过去时”，适度铺垫历史、梳理脉络，同样可以彰显主题及特色。

比如《山西篇》，主标题就是“山西这样兑现对‘红土地’的承诺”，但对山西“红土地”的历史交代不够，如果能简略地穿插介绍一些这方面的情况当会更好。就报道本身而言，融入历史意识后更能拓宽视野、增强感染力。同时也能满足读者的需求，因为人民网的读者群相对《人民日报》或更年轻些，对山西红土地的历史未必都很清楚。

这篇报道里说：

> 在革命战争年代，吕梁儿女用鲜血和生命铸就了伟大的“吕梁精神”。如今，面对吕梁山多年来干旱少雨、多山少绿、沟壑纵横、土壤贫瘠，生态脆弱与深度贫困相互交织、互为因果的严峻现实，吕梁人把这种精神用在了脱贫攻坚的实践中。

“吕梁精神”的具体内容是什么？应该有所交代。脱贫攻坚的实践能和红色历史联系到一起，新闻背景自然就拓广、拓深了。比如《新儿女英雄传》，是一部反映抗战时期吕梁人民为民族解放敢于流血牺牲的著名长篇小说，如果报道里写到“吕梁山护工”时能够与此有所关联，那么这个吕梁人民在新时代打造的著名服务品牌，也就增添了更深刻、更有意义的蕴涵。

三、落点要实

落点是主题在报道中内容的具体体现。这组报道在反映各地脱贫攻坚这一主题时，没有泛泛而论，而是将宏观问题微观化，热点问题具象化，通过众多故事、人物体现各地的探索，大题材、小切口，虚实相映，“骨”“肉”相连，总体说报道深入浅出，比较生动。

但同时，这方面暴露出的问题也还不少。

一是故事、人物虽很多，但让人眼睛一亮的生动细节不多。

《四川篇·脱贫攻坚看凉山：山高路未远　水长业兴旺》重点突出，而且十分精准。作为深度贫困地区“三区三州”的一员，凉山州是四川乃至全国全面建成小康社会攻坚战中最难啃的“硬骨头”之一。采访组走进凉山，采访了多个颇具标志性的著名贫困村。比如，阿土列尔村，即广为人知的“悬崖村”。报道里是这样写的：

> 几年前，落差达800米的山崖上，幼童们背着书包攀着藤梯出入“悬崖村”的图片影像，让这个村子闯进大众视线。
>
> 17条藤梯构成的“路”不安全，也不能支撑全村人的生活生产发展所需。
>
> 藤梯不安全，那就让它变安全；现有环境不利于发展，那就创造新环境。
>
> 一根根钢管搬上悬崖，一条2500多级的结实钢梯从村里铺设到山脚；一栋栋有着浓郁彝家特色的新房在县城安置点拔地而起，搬出大山的梦想随着砖墙的垒砌一点点成为现实。
>
> 2020年5月12日至14日，“悬崖村”84户精准扶贫户陆续搬进80多公里外的昭觉县易地扶贫搬迁集中安置点，住进新房，开始山外的新生活。

概括多，粗线条的勾勒多，而基本看不到生动的细节。“悬崖村”因为出名，媒体报道也多，纵然囿于时间来不及做深入采访，也可以通过多一些资料、讯息的爬梳整理，给报道增添一些具体、生动的细节。查阅“悬崖村”在《人民日报》上的报道，便可以发现这样一些细节：

> “我们这里上山要爬9900多级铁梯，电话也打不通，以前村里出去打工的娃儿带女朋友回来，直接把姑娘吓跑了。”吉克曲日说，今后再也不用为打电话爬几座山了。

悬崖村隐秘在成都平原向云贵高原过渡的群山之中。全村500人通向外面的世界需要攀爬落差800米的藤梯。去年11月，藤梯被铁梯取代。即便如此，攀爬平均坡度70度的铁梯上山依然艰险，年轻人上下一趟需要4个小时。

（《悬崖村打通信息天路》，2017年7月5日）

好消息从“云上的村庄”传来——位于海拔1400米悬崖上的阿土列尔村告别悬崖和天梯，从高山上陆续搬进县城新居。

（《集中资源　合力攻坚深度贫困》，2020年7月28日）

《脱贫攻坚看凉山：山高路未远　水长业兴旺》里，只交代了“悬崖村”有800米落差，“悬崖村”到底多高？哦，原来海拔有1400米。钢梯到底有多陡？平均坡度竟达70度。难怪村里的打工娃带女朋友回来，“直接把姑娘吓跑了”。

当然，这组报道里大多数故事都基本做到了见人、见事、见细节，只是大多数的细节写得还不够生动，不够血肉丰满，鲜有能给人留下深刻印象的。

二是亮点很多，但往往只见结果鲜见过程。

党的十八大以来，我国贫困人口从2012年底的9899万人减到2019年底的551万人，贫困发生率由10.2%降至0.6%，连续7年每年减贫1000万人以上。世界上没有哪一个国家能在这么短的时间内帮助这么多人摆脱贫困，确实是人类历史上前所未有的奇迹。一位国际人士说，当未来的历史学家为这个时代撰写历史时，中国的精准扶贫事业应该被列为重要的一章。但是，如果我们的报道里缺失这一艰难曲折的过程，自然也就看不到“奇迹”，那种啃下最硬骨头的动人力量也就无从体现，为时代“立传”也就无从谈起。

比如《陕西篇》里，写的全都是亮点，但这些“青山绿水”是如何从“穷山恶水”改变而来的，则没有多少涉及，即使写到也只是匆匆带过。如在“老区遍种‘幸福果’”部分，讲到延安苹果是这样写的：

在延安种苹果，要从洛川县阿寺村李新安说起。

1947年，28岁的李新安用毛驴从河南驮回苹果树，在6亩7分地上建起了洛川县第一块果园。

“乡亲们不接受，他们笑我父亲拿回来的是‘干柴棒’。”“陕北苹果之父”李新安的儿子李蛇喜，讲起了那一段历史。认准的事情就要做好，让乡亲们尝到甜头自然就能认可。1951年，在李新安的精心管护下，他的苹果园挂了果。“为了大范围推广苹果种植，他入乡串户叫卖，‘逢人说苹果、行署送甘甜’。”在李新安的努力宣传和推动下，村民们逐渐开始了苹果种植，1951年至1955年，洛川全县苹果园发展到近百亩。

时至今日，洛川苹果种植总面积达到53万亩，农民人均种植3.3亩，居全国之首；苹果总产量93万吨，果农人均可支配收入13249元。

洛川老乡嘲笑李新安拿回来的是“干柴棒”，言下之意自然是当地的生态环境相当恶劣，不适合种苹果。可最终洛川“农民人均种植3.3亩，居全国之首”。这个奇迹的发生难道仅是时间的作用吗？显然不是。但我们在上述报道里只看到了一条时间线。很遗憾，“干柴棒”的故事没有一点展开。

延安的干部群众“用‘小苹果’这把‘金钥匙’，开启了果农增收、产业富农、脱贫奔小康的大门”，一个本来波澜壮阔的故事，由于抽掉了苦难、奋斗的过程，没有冲突，没有起伏，也就没有张力，从而变得平淡无奇。

没有感染力，也就没有说服力。

三是成绩说得多，问题鲜有触及。

中国的大规模脱贫为什么堪称“人类历史上前所未有的奇迹”？就因为难，困难重重，而且很多困难并没有因为一纸脱贫的宣告而消失。但是纵观《大道康庄》报道，成绩说得很充分，谈困难、说问题的地方很少。

比如《吉林篇·农业金扁担　挑起绿水青山》中“五谷丰登　农产品创品牌还需发力”这部分里：

“所有设备都是我们自主研发的，光流水线图纸我们就改了50多次。”

站在生产车间门前“做中国最好的有机木耳”大标语下，孙永芳讲得很有底气。

但立志用高科技重新定义行业标准的她也不得不面对品牌建设的难题：“我们的产品好，但这个行业还没有特别细分的标准，市场知名度不够高，很难做到优质优价。”

“最大的难点是销售问题。”孙永芳坦言。品牌建设归根到底还是落在“销售”上。

这种正视问题的写法，正可以展现当地干部群众攻坚克难、锐意进取的精气神。但就写法而论，还只是轻轻点到，如果展开一些，在想方设法解构矛盾、解决难题中来谈困难、说不足，就更能给其他地方以借鉴和启发，也更能加强报道的深度和力度，使报道跌宕起伏、引人入胜。

而更应指出的是，《吉林篇》即使这样只是点到为止，在整组报道中也已属难得。

事实上，难点也是看点，也是亮点——困难和问题意味着矛盾，意味着冲突，从问题中写出思路，从纠结中找到突破，把发展的瓶颈写足，把地方的思考写透，对怎么认识和破解矛盾抽丝剥茧、淋漓着墨。“迎着问题上”的写法不仅能凸显报道的思辨性，提升其借鉴意义，还能增强文章的吸引力，让报道产生“溢出效应”。

人民日报社原副总编辑卢新宁在《为转型期中国提供辩证思维》一文中认为：“正面宣传要有问题意识，才会有影响力。”

长期以来，我们有一个误区，那就是认为正面宣传不能谈问题、说矛盾、讲不足。

马克思有句名言：“问题是时代的声音。”刘云山同志曾提出宣传思想工作要有“问题意识”。党的十八届三中全会上，习近平总书记更是指出，改革是由问题倒逼而产生，又在不断解决问题中得以深化。对于转型期中国而言，没有问题意识我们的东西就不那么可信，不容易说服人。

具备问题意识是改革者的基本素质，也是我们做好评论工作的基本要求。

如何让我们的舆论引导产生效果？问题牵动人心，问题需要解答，只有抓住了问题，报道和评论才更有针对性和公信力，在工作层面才能够主动设置议题，形成话语场，把握主动权；在传播层面才能够引起广泛共鸣，形成和扩大共识；在社会发展层面才能够引发思考，寻求对策，推动社会进步，维护群众利益。

卢文的反思主要针对评论，但同样也是我们正面报道中的顽症，值得我们深入思考。

四是锤炼文笔。

《大道康庄》系列报道内容丰富，文字也比较讲究，特别是各篇的开头。

或沉雄大气，如《四川篇》：

透过云层，俯瞰横断山脉的东北缘，峰峦叠嶂，河谷幽深。这里，坐落着中国最大的彝族聚居地——四川省凉山彝族自治州。

或清新明快，如《陕西篇》：

日出东方，晨光如画。

陕北清晨的薄雾中，宝塔山正迎着和煦的朝阳，熠熠生辉。

沃野千里的关中平原舒展画卷，在秦岭与渭河间清晰起来。

或灵动别致，如《湖北篇》：

百里荷塘，千里稻香。

8月初的湖北，近8000万亩沃野一派欣欣向荣。

6：00，潜江腰河村9组村民邓友云从虾稻田里捞起沉甸甸的地笼网。里面是他从“建档立卡户”到“万元户”的致富虾。

14：00，国家5A级景区、武汉木兰草原总经理聂权坐着景区小火车查看客流。这个景区是湖北旅游从疫情中复苏甚至实现部分逆袭的缩影。

总体说来，开篇的文字在锤炼上好于结尾，结尾也有颇为用心的。如《青海篇》，精巧自然：

小康不小康，关键看老乡。

“孩子上好学，自己接到更多的装修订单”，是易地搬迁户白麻加的“小康”；

“让‘扶贫花’结出更多‘幸福果’”，是西宁市大通县朔北藏族乡边麻沟村党支部书记李培东和村民的“小康”；

“农家乐越来越红火”，是黄南州德吉村加太全家的“小康”……

如今，青海正全力“补针”“点睛”，进一步巩固脱贫成果。小康不是梦，小康就在老乡们努力奔跑、撸起袖子加油干的康庄大道上，小康就在大人、孩子的笑脸上。

但多数结尾或失之过于直白，如《山西篇》：

脱贫摘帽不是终点，而是新生活、新奋斗的起点。

收官之年不松懈，慎终如始战正酣。放眼三晋大地，响鼓劲催、旌旗如画。

或失之收笔太过匆忙，如《吉林篇》：

5年前，习近平总书记在考察吉林时指出，任何时候都不能忽视农业、忘记农民、淡漠农村。吉林省牢记总书记嘱托，挑起农业农村现代化“金扁担”，轻舟已过万重山。

开头、结尾是最能体现文字功力标志性的地方。但相比《人民日报》同类优秀的综述类系列报道，《大道康庄》在语言上的最大不足，还是通篇文字上下的锤炼功夫不够。

综述，严格说来也是评论这个大类里的，要求文字有一定的密度。一方面是见人见事，另一方面还要见思想。相比一般通讯，强调在感人故事中见理性，在新闻事实上见思想。所以通常采用夹叙夹议的手法，常常在稿件中大量使用在采访中获得的哲理性语言，并借力打力，“插句把两句议论进去，使看的人明白这件事的意义”（毛泽东语）。言简义丰，语约旨远，甚至让读者看完暗自咂摸半天。比如，前些年人民日报社地方分社与经济社会部合作的《春天中国》系列《广东：排头兵筑梦“升级版”》（2013年4月27日）：

> “用政府权力的‘减法’换取市场活力的‘乘法’。”继大部制改革后，广东在深圳、珠海、东莞、顺德等地掀起商事登记制度改革试点，取消企业登记注册所有前置审批事项，允许“零门槛”开公司。以前几个月都申请不到营业执照，现在一两天甚至几小时就能搞定；以前禁止在家里开公司，现在公司地址在哪儿都行……试点第一个月，仅深圳新登记企业就同比增长109%，其中民营企业占97.6%。
>
> “可别小看这项改革！过去30多年我们解决了是否允许市场主体存在的问题，而允许谁成为市场主体由政府说了算，现在改革把这个权力也还给了市场。”深圳市委书记王荣说。

“用政府权力的‘减法’换取市场活力的‘乘法’。”可谓金句，接下来说新闻事实。又用深圳市委书记的话进一步点明意义，叙议结合。

> “广州人每天要消耗8000吨蔬菜、1600吨鱼、2.1万头猪……”广州市委书记如数家珍，“但民生不仅仅是这些‘菜单’。广东人储蓄存款超过10万亿元，吃好穿好后，生态需求成为人们最迫切的民生诉求。在转型中，我们要保‘胃’，更要保‘肺’。”

让民生需求引领转型，让经济升级的过程成为民生同步升级的过程，这才是广东人渴望的“升级版”。

“在转型中，我们要保‘胃’，更要保‘肺’。”这样的话精彩又接地气，记者紧接着来一句评论，拓开文意。

在这篇报道里，还有不少精彩的采访者说的话，如“政府舍不得在环保上花钱，就会在医保上花更多的钱”“空间是什么？不完全是土地，也不完全是资源硬约束，创新就是空间”等。

这样富有思想性的金句，一方面来自采访的深入和用心，另一方面是精心锤炼、打磨的结果。

后记

热爱，拒绝“收官”

2022年底，人民日报出版社出版了由我主编的“人民日报写作课”系列丛书。丛书的内容，选自近一年多时间里，我带着地方部编辑室的同志，给人民日报社聘请的200多位通讯员所做的业务专题培训，每个专题粹选若干篇人民日报记者的业务研讨文章，加上相关报道，每周一期，花费了不少精力。

这项培训工作是从2020年11月开始的。

2020年底，我把《好稿怎样讲故事》的书稿送交人民日报出版社时，林薇主任问：“后面还有吗？”

“可能暂时顾不上了，”我说，培训通讯员的事忙得不亦乐乎，“退休后再说吧。”

或是这句“顾不上”吧，2021年7月，“人民日报记者说”系列丛书之《好稿怎样讲故事》，继《好稿是怎样“修炼”成的》《好稿怎样开头结尾》之后出版，出版社给这本新书作推广时，便有了“‘好稿’三部曲收官之作”的说法。

“收”一下，也合情理。毕竟，写书是工作之外的余事，本职工作已十分繁杂，培训通讯员工作强度也不低，持续不断，劳神费力；毕竟，除了“好稿三部曲”，我还先后主编出版了《典型人物采访与写作》和《增强“四力”专题解读》两本书，5年连续出了5本书。

然而，就像一位长跑选手跑了好多圈后精疲力竭欲生弃念，这时猛然响起的掌声、“加油”声，自会令他精神大振、斗志再生一样，《好稿怎样讲故事》一书出版后，鼓励、好评不断，让我有些欲“收”不能。

《好稿怎样讲故事》2021年7月出版，9月就上了全国新书目杂志社联合京东图书共同推出的“月度荐书单”社科类前十。

2021年记者节，我荣获第九届范敬宜新闻教育奖。获奖原因，诚如推荐我参选的中国社会科学院大学新闻传播学院的荐辞所称：“‘人民日报记者说’系列丛书……为新闻传播人才培养提供了高质量的专业教材和经验智慧。”该奖的颁奖组织者是清华大学新闻学院，常务副院长陈昌凤教授颁奖后握着我的手说：“希望早日看到你的新作。”

有同道看了我这几本书后说，这一方面看得出我在日常工作中很用心，另一方面，也见出我日常工作拥有的便利——所面对的是人民日报社国内各分社来稿这一取之不竭的“富矿”。而这个“地利”，退休了便不再拥有，当倍加珍惜。

一语点醒梦中人。

于是，我戴笠荷锄，走进矿苗遍地的田野，只恨自己的锄头太小，披星戴月，做不负光阴、不负最后一季的劳作。

在此，要特别感谢人民日报出版社的林薇主任，这位从人民日报记者行列中走出来的出版人，对新闻业务有着深刻理解，又是出版领域的行家里手，策划了“人民日报记者说”“人民日报写作课”系列丛书，为我的每一本书从内容到版式都付出了很多，让我的新闻生涯得到一份精彩的表达。

书稿送出时，我的退休通知也下来了。掂着厚厚一沓书稿，不禁想起北京冬奥会期间，那些报道运动员的稿子里常爱引的尼采的话：“每一个不曾起舞的日子，都是对生命的辜负。”

或许，自己也可以这样坦然地说：

39年的新闻职业生涯，我一直未曾辜负。